2023年全省持证残疾人基本状况调查"政策研究与成果展示"（项目编号：GZLDN-2023-C001）阶段性成果

事业单位
劳动人事争议典型案例分析与风险防范

齐艳华　郑锡国　翟培云 ◎ 主编

中国经济出版社
CHINA ECONOMIC PUBLISHING HOUSE
·北京·

图书在版编目（CIP）数据

事业单位劳动人事争议典型案例分析与风险防范/齐艳华，郑锡国，翟培云主编．—北京：中国经济出版社，2024.6（2025.4重印）

ISBN 978-7-5136-7710-3

Ⅰ.①事… Ⅱ.①齐… ②郑… ③翟… Ⅲ.①行政事业单位-劳动争议-案例-中国 Ⅳ.①D922.591.5

中国国家版本馆CIP数据核字（2024）第068314号

责任编辑	张利影
责任印制	李 伟
封面设计	任燕飞

出版发行	中国经济出版社
印 刷 者	北京艾普海德印刷有限公司
经 销 者	各地新华书店
开 本	710mm×1000mm 1/16
印 张	25.5
字 数	390千字
版 次	2024年6月第1版
印 次	2025年4月第2次
定 价	86.00元

广告经营许可证 京西工商广字第8179号

中国经济出版社 网址 http：//epc.sinopec.com/epc/ 社址 北京市东城区安定门外大街58号 邮编 100011
本版图书如存在印装质量问题，请与本社销售中心联系调换（联系电话：010-57512564）

版权所有 盗版必究（举报电话：010-57512600）
国家版权局反盗版举报中心（举报电话：12390） 服务热线：010-57512564

序 言

贵州北斗星律师事务所原名"贵州省经济律师事务所",1985年2月经贵州省人民政府批准成立,是贵州省司法厅直属的一家标准化大型律师事务所,也是贵州省成立较早的律师事务所。从建所到现在经过了49年,贵州北斗星律师事务所目前已发展成规模较大的一家律师事务所。2002年至今,贵州北斗星律师事务所连年被贵州省司法厅授予"省直属律师事务所目标管理考核第一名"称号。2005年6月,在中华全国律师第六次代表大会上,中共中央政治局常委、中央政法委书记罗干等中央领导向贵州北斗星律师事务所颁发了"全国优秀律师事务所"荣誉证书。

贵州北斗星律师事务所实力强大,现有注册律师85名,律师分别毕业于清华大学、中国政法大学、西南政法大学、厦门大学、贵州大学等著名高等学府,相当部分具有中高级律师、法学教授、中高级工程师和会计师等专业职称,人才济济。

贵州北斗星律师事务所是贵州省首家获国家"证券法律业务资格"和首批获国家"国有资产产权法律事务资格"及"集体科技企业产权界定法律业务资格"的律师事务所,是贵州省首家从事公司上市及证券法律业务的律师事务所,是贵州省为"三资企业"的设立及其公司并购提供法律服务最多的律师事务所,是贵州省为企业改制及企业破产清算提供法律服务较多的律师事务所。在参与现代企业制度建设中,贵州北斗星律师事务所为贵州省国有大中型企业并购、破产清算、股份转让、资本营运、房地产、金融保险、交通运输、知识产权、政府采购、招标投标、对外贸易、新闻出版等提供法律服务，取得了明显的社会效益和经济效益。贵州北斗星律师事务所建立了"劳动法讲习所贵阳运营中心"，是贵州区域"AAA人力资源风险防范体系""企业用工风险管理体系"的执行机构，为贵州区域规范企事业单位劳动用工、提高贵州企事业单位的人力资源水平作出了贡献。

贵州北斗星律师事务所积极弘扬社会主义法治精神，传承中华优秀传统法律文化，引导全体人民做社会主义法治的忠实崇尚者、自觉遵守者、坚定捍卫者。在贵州省营商环境、合规治理的大背景下，依据业务覆盖范围，编写了"合规治理案例研究系列丛书"，对充分发挥律师事务所的业务指导作用、指导律师提高法律实务能力、提升业务素质水平和办案能力、防范执业风险、保障服务质量、严守职业操守，均具有重要的现实意义和指导意义。

"合规治理案例研究系列丛书"是贵州北斗星律师事务所业务工作的最新尝试。这些成果对于法律的普及、执法水平的提高以及促进地方立法具有重要意义。

本套丛书内容丰富、系统科学、切合实际，具有很强的指导性和针对性，是理论与实践经验的结晶，是对律师实务经验交流的汇总，是对法律前沿问题的探讨，形成了独特的品牌，希望继续做下去，不断总结经验，持续提高业务水平，为律师朋友、法律顾问单位、其他法律工作者提供参考。

贵州北斗星律师事务所

2024年5月8日

前　言

2020年3月，最高人民检察院开始试点推行实质意义上的企业暂缓起诉制度。随着试点工作的深入推进，学术界也开始广泛关注合规与起诉制度之间的关系。企业暂缓起诉制度越来越多地被提倡和适用。目前，我国已逐步加强对各行业合规管理体系的建设，针对合规管理体系建设出台了多项法规。在大数据人工智能时代的背景下，国家提供规范化的制度导引，将企业内部合规治理的自治型制度融入国家对企业行为的规范制度体系，促成企业自治和法律规制的持续性互动，以融合共治、制度化引导企业行为合规。

针对各行业合规管理的现状，特编写"合规治理案例研究系列丛书"。本书是第一部关于事业单位劳动人事方面的合规专著。与企业人事管理不同，事业单位人事管理主要由体制内的聘用合同、后勤部门工作的工勤人员劳动合同、劳务派遣与劳务外包三部分组成。此外，还有特殊的用工形式，包括人事代理人员、外聘专家、外籍专家、离退休返聘人员、未聘人员、停薪留职人员、借调人员、事业单位工作人员的兼职等复杂情况。

实际上，合法合规是底线。在事业单位劳动用工中，聘用合同、劳动合同存在很大的法律风险。事业单位如果不能遵守法律法规，提前做好法律风险识别与防控、规章制度安排，就会面临诸多不利后果，不仅会给事业单位带来巨大的经济损失，可能还会涉及行政处罚，严重的还要承担刑事责任。为防止事业单位劳动用工过程中可能存在的风险，针对风险识别，本书提出了风险防范的建议。

事业单位的人事争议具有以下特点。

第一，事业单位实行聘任制和岗位制。从 2011 年起，中共中央、国务院出台了一系列深化事业单位改革的文件和政策，并对事业单位分类改革提出了意见。涉及的法律关系较为复杂，公办高校、公立医院、公立科研机构等事业单位人事争议和实行企业化管理的事业单位与职工发生的劳动争议有着本质区别。

第二，涉及的法律法规内容庞杂，新发布的规定较多。2020 年，为应对新冠疫情的需要，人力资源社会保障部办公厅发布《人力资源社会保障部办公厅关于订立电子劳动合同有关问题的函》（人社厅函〔2020〕33 号）；2023 年，针对事业单位工作人员考核机制，中共中央组织部、人力资源社会保障部印发《事业单位工作人员考核规定》。事业单位与实行聘用制的工作人员订立、履行、变更、解除或者终止劳动合同，法律、行政法规或者国务院另有规定的，依照其规定；未作规定的，依照《中华人民共和国劳动合同法》（以下简称《劳动合同法》）的有关规定执行。以《劳动合同法》为核心，我国不仅发布了大量新的法律、行政法规、部门规章、地方性法规、地方政府规章、法释、法函以及其他形式的法律规范，也废止了一系列法规、法释，更新较快，增加了法律风险防控的难度。

第三，只有部分人事争议才能提起仲裁和诉讼。只有事业单位与工作人员、社会团体与工作人员、军队聘用单位与文职人员之间因辞职、辞退及履行聘用合同发生的争议，才能提起仲裁和诉讼，其他争议如事业单位工作人员对涉及本人的考核、职务任免、职称评审、处分等人事处理，按照有关规定处理，不能提起仲裁和诉讼。

第四，与劳动合同的比较分析。例如，聘用合同试用期、军队文职人员试用期与劳动合同试用期的区别，签订至退休的聘用合同与无固定期限劳动合同的区别，聘用合同的延续与续订、病假与医疗期的区别，养老保险缴费年限的计算、聘用合同的违约金与劳动合同的违约金等内容，都有所不同。

第五，针对一些热点问题的案例进行分析。例如，高校的"非升即走"制度、教师轮岗、教师员额制与劳务派遣、"教师退出机制"，本书结合案例对其进行了深入细致的分析。

为使更多事业单位了解人事劳动法律风险防范方面的典型案例和法律实务，本书精选了事业单位与工作人员之间聘用、辞职、辞退方面的案例，全书共分为十二章，针对事业单位与工作人员的聘用合同、工勤人员的劳动合同、与特殊工作人员之间的人事代理合同、外聘专家的劳动合同、特聘专家的劳动合同、电子劳动合同的效力、高校近几年的"非升即走"制度与末位淘汰制、"教师退出机制"与聘用合同解除、教师轮岗与调岗、"真派遣、假外包"等热点问题进行了深入细致的分析，从案例导引、争议焦点、法律责任与后果、法律风险识别等方面，对从聘用合同的订立到解除的各个用工环节、人事争议受案范围、招聘广告、录用通知书与劳动合同的区别、劳动合同订立的程序等内容进行阐释和分析。

本书主要解决事业单位人力资源管理过程中出现的法律问题，通过阅读本书，读者会有以下收获。

第一，增强防范风险的意识。对事业单位而言，劳动人事法律风险的事先防范十分重要，要做到未雨绸缪，就需要事先了解风险、识别风险并规避风险。

第二，增强用工管理的意识。如果事业单位对人事争议纠纷处理不当，不仅会遭受经济损失，还会对其产生不利影响。例如，事业单位在辞退工作人员的案件中，如果不能提供有效的证据予以证明，就会出现败诉的结果。

第三，了解和熟悉用工各个环节的常见法律风险。对事业单位来说，了解和熟悉用工各个环节的常见法律风险，进而知晓自身存在的用工风险，能有效降低用工成本，防范法律风险出现。

第四，掌握消除常见劳动人事法律风险的方法。对于事业单位而言，对风险的了解不是最终目的，规避风险、防范风险才是最需要掌握的。通过对案例的分析，把握对证据的运用和法律的适用，厘清对案件的分析思路，对人事争议纠纷起到预防的作用。

本书由齐艳华负责全书的统稿、定稿、编写，翟培云律师参与编写第一章、第五章，郑锡国律师参与了部分章节的编写。特别感谢翟培云律师对本书提供的支持与帮助。另外，对贵州北斗星律师事务所和其他人员对本书给予的帮助和支持，一并表示感谢。

齐艳华

2024 年 5 月 8 日

目 录

第一章　事业单位招聘程序与体检程序的法律风险识别 …………… 1

　第一节　招聘程序的法律风险识别 ………………………… 3

　　一、年龄歧视 ……………………………………………… 4

　　二、学历歧视 ……………………………………………… 6

　　三、户籍歧视 ……………………………………………… 7

　第二节　体检程序的法律风险识别 ………………………… 10

第二章　事业单位聘用合同订立的法律风险识别 ……………… 15

　第一节　聘用合同认定与生效的法律风险识别 …………… 18

　　一、聘用合同的认定 ……………………………………… 18

　　二、聘用合同的生效 ……………………………………… 19

　第二节　聘用合同条款的法律风险识别 …………………… 23

　　一、聘用合同必备条款 …………………………………… 23

　　二、聘用合同约定条款——特殊物质待遇 ……………… 28

　第三节　聘用合同续订的法律风险识别 …………………… 38

　　一、未续订聘用合同 ……………………………………… 38

　　二、签订至退休的聘用合同 ……………………………… 41

　第四节　聘用合同效力的法律风险识别 …………………… 47

　　一、违反法律行政法规强制性规定 ……………………… 47

二、以欺诈手段订立聘用合同 …………………………………… 51

第三章　事业单位聘用合同试用期的法律风险识别 ………………… 55

　第一节　聘用合同试用期期限的法律风险识别 …………………… 57
　　一、受聘人员试用期期限 ………………………………………… 57
　　二、军队文职人员试用期期限 …………………………………… 59
　第二节　聘用合同试用期工资待遇与社会保险的法律风险识别 …… 62
　　一、试用期工资待遇 ……………………………………………… 62
　　二、试用期社会保险 ……………………………………………… 64
　第三节　聘用合同试用期考核的法律风险识别 …………………… 68
　第四节　试用期内解除聘用合同的法律风险识别 ………………… 72
　　一、受聘人员在试用期内解除聘用合同 ………………………… 72
　　二、聘用单位在试用期内解除聘用合同 ………………………… 73

第四章　事业单位聘用合同履行的法律风险识别 …………………… 77

　第一节　培训与服务期的法律风险识别 …………………………… 79
　　一、培训服务期协议 ……………………………………………… 79
　　二、服务期违约金 ………………………………………………… 86
　第二节　薪酬管理的法律风险识别 ………………………………… 95
　　一、基本工资 ……………………………………………………… 96
　　二、辅助工资 ……………………………………………………… 100
　　三、不计入工资范围的收入 ……………………………………… 102
　　四、拖欠支付劳动报酬 …………………………………………… 108
　第三节　社会保险的法律风险识别 ………………………………… 114
　　一、养老保险 ……………………………………………………… 115
　　二、工伤保险赔偿 ………………………………………………… 118
　　三、未及时为受聘人员缴纳社会保险 …………………………… 124

第五章 事业单位聘用合同变更的法律风险识别 …… 129

第一节 聘用合同承继的法律风险识别 …… 131
一、聘用单位名称变更 …… 131
二、聘用单位合并 …… 133

第二节 调岗的法律风险识别 …… 136
一、工作岗位调整 …… 137
二、岗位等级变更 …… 138
三、轮岗 …… 140
四、工作地点变更 …… 142

第六章 事业单位考核与规章制度的法律风险识别 …… 147

第一节 事业单位考核的法律风险识别 …… 149
一、年度考核 …… 150
二、聘期考核 …… 157

第二节 事业单位规章制度的法律风险识别 …… 163
一、内部处分 …… 164
二、内部管理制度 …… 166

第七章 事业单位聘用合同解除的法律风险识别 …… 171

第一节 受聘人员辞职的法律风险识别 …… 173
一、受聘人员行使单方解除权 …… 173
二、辞职违约金 …… 181

第二节 聘用单位辞退受聘人员的法律风险识别 …… 187
一、聘用单位随时辞退 …… 187
二、聘用单位提前30日通知辞退 …… 197

第三节 其他解除聘用合同情形的法律风险识别 …… 204
一、"非升即走"制度 …… 204

二、教师退出机制 ……………………………………………… 207
　　三、无固定期限聘用合同的解除 ……………………………… 209
　第四节　不得解除聘用合同情形的法律风险识别 ………………… 211
　　一、受聘人员患有现有医疗条件难以治愈的严重疾病 ……… 211
　　二、受聘人员患病在规定的医疗期内 ………………………… 212
　　三、受聘人员在孕期 …………………………………………… 214

第八章　事业单位聘用合同终止的法律风险识别 ……………………… 217
　第一节　聘用合同终止与聘用合同解除的区别 …………………… 219
　　一、聘用合同终止与聘用合同解除的相同点 ………………… 219
　　二、聘用合同终止与聘用合同解除的区别 …………………… 220
　第二节　聘用合同终止情形的法律风险识别 ……………………… 221
　　一、聘用合同期限届满 ………………………………………… 221
　　二、受聘人员达到退休年龄 …………………………………… 228
　第三节　聘用合同终止例外情形的法律风险识别 ………………… 231
　　一、在本单位连续工作15年且距退休不足5年 ……………… 231
　　二、服务期超出聘用合同期限 ………………………………… 233

第九章　特殊用工的法律风险识别 ……………………………………… 237
　第一节　人事代理的法律风险识别 ………………………………… 239
　　一、人事代理人员工龄计算问题 ……………………………… 240
　　二、人事代理人员建立劳动关系的时间 ……………………… 242
　第二节　受聘人员多重劳动关系的法律风险识别 ………………… 246
　　一、未聘人员安置 ……………………………………………… 246
　　二、停薪留职人员安置 ………………………………………… 251
　　三、借调 ………………………………………………………… 257
　　四、兼职 ………………………………………………………… 260
　第三节　特聘专家的法律风险识别 ………………………………… 264

一、高层次人才协议的法律性质 …………………………… 264
　　　二、住房补贴 ……………………………………………… 266
　第四节　退休返聘人员的法律风险识别 ……………………… 268
　　　一、退休人员返聘合同法律性质 ………………………… 269
　　　二、返聘人员劳动报酬标准 ……………………………… 271
　　　三、返聘中工伤保险责任承担 …………………………… 273
　第五节　外教专家的法律风险识别 …………………………… 277

第十章　人事争议处理的法律风险识别 …………………… 283

　第一节　人事争议与劳动争议辨析的法律风险识别 ………… 286
　　　一、民办学校与教师之间的法律关系认定 ……………… 286
　　　二、事业单位与编制内工作人员之间的法律关系认定 … 287
　第二节　人事争议仲裁的法律风险识别 ……………………… 291
　　　一、仲裁前置程序 ………………………………………… 291
　　　二、人事争议仲裁的时效 ………………………………… 294
　第三节　人事争议诉讼的法律风险识别 ……………………… 298
　　　一、不属于人事争议受案范围 …………………………… 299
　　　二、确认人事关系 ………………………………………… 309
　　　三、后合同义务 …………………………………………… 312
　　　四、举证责任 ……………………………………………… 315

第十一章　工勤人员劳动合同的法律风险识别 …………… 321

　第一节　工勤人员招聘与录用的法律风险识别 ……………… 323
　　　一、招聘广告 ……………………………………………… 323
　　　二、录用通知 ……………………………………………… 326
　　　三、抵押金条款 …………………………………………… 331
　第二节　工勤人员劳动合同订立的法律风险识别 …………… 334
　　　一、电子劳动合同 ………………………………………… 334

二、事实劳动关系 ··· 337

第三节　工勤人员劳动合同解除的法律风险识别 ············· 340

　　一、劳动者过错——试用期不符合录用条件 ············· 340

　　二、劳动者无过失 ··· 343

　　三、经济性裁员 ·· 350

第四节　社会保险和公积金的法律风险识别 ··················· 353

　　一、生育保险待遇 ··· 354

　　二、住房公积金 ·· 356

第五节　工时的法律风险识别 ······································ 359

　　一、加班费 ·· 359

　　二、年休假 ·· 363

第十二章　劳务派遣和劳务外包的法律风险识别 ············· 367

第一节　劳务派遣用工方式的法律风险识别 ··················· 369

　　一、劳务派遣单位资质 ·· 369

　　二、用工单位义务 ··· 373

　　三、劳务派遣单位与用工单位的连带责任 ················ 377

第二节　劳务派遣与其他用工方式的区别 ······················ 381

　　一、劳务派遣与劳动合同的区别 ····························· 381

　　二、劳务派遣与人事代理的区别 ····························· 381

　　三、劳务派遣与借调的区别 ···································· 382

第三节　劳务外包的法律风险识别 ································ 383

案例索引

1. 首例公务员报考年龄资格纠纷案 ⋯⋯⋯⋯⋯⋯⋯⋯⋯⋯ 4
2. 李某与某报社人格尊严权纠纷案 ⋯⋯⋯⋯⋯⋯⋯⋯⋯ 6
3. 全国首例户籍歧视纠纷案 ⋯⋯⋯⋯⋯⋯⋯⋯⋯⋯⋯⋯ 7
4. 全国首例乙肝歧视纠纷案 ⋯⋯⋯⋯⋯⋯⋯⋯⋯⋯⋯⋯ 10
5. 聘用单位与受聘人员聘用合同的认定案 ⋯⋯⋯⋯⋯⋯ 18
6. 朱某与某医科大学附属第一医院聘用合同纠纷案 ⋯⋯ 19
7. 王某与北京某医院聘用合同纠纷案 ⋯⋯⋯⋯⋯⋯⋯⋯ 24
8. 陈某与某工学院聘用合同纠纷案 ⋯⋯⋯⋯⋯⋯⋯⋯⋯ 25
9. 戚某与某医院人事争议案 ⋯⋯⋯⋯⋯⋯⋯⋯⋯⋯⋯⋯ 29
10. 林某与某技术学院人事聘用合同纠纷案 ⋯⋯⋯⋯⋯⋯ 31
11. 某大学与庞某人事争议纠纷案 ⋯⋯⋯⋯⋯⋯⋯⋯⋯⋯ 32
12. 李某与某大学辞职纠纷案 ⋯⋯⋯⋯⋯⋯⋯⋯⋯⋯⋯⋯ 34
13. 杨某与北京某大学人事争议纠纷案 ⋯⋯⋯⋯⋯⋯⋯⋯ 38
14. 王某与某小学聘用合同纠纷案 ⋯⋯⋯⋯⋯⋯⋯⋯⋯⋯ 39
15. 郭某与某医科大学人事争议纠纷案 ⋯⋯⋯⋯⋯⋯⋯⋯ 41
16. 张某等人事争议案 ⋯⋯⋯⋯⋯⋯⋯⋯⋯⋯⋯⋯⋯⋯⋯ 43
17. 黄某与某教育体育局教育行政纠纷案 ⋯⋯⋯⋯⋯⋯⋯ 47
18. 王某与某附属中学分校聘用合同纠纷案 ⋯⋯⋯⋯⋯⋯ 49
19. 某学院与徐某、雷某人事争议纠纷案 ⋯⋯⋯⋯⋯⋯⋯ 51
20. 受聘人员试用期期限争议案 ⋯⋯⋯⋯⋯⋯⋯⋯⋯⋯⋯ 57

21. 军队文职人员试用期期限争议案 ………………………………… 59
22. 试用期内工资待遇纠纷案 …………………………………………… 62
23. 李某与某技工学校劳动争议案 …………………………………… 65
24. 刘某与某医院聘用合同争议案 …………………………………… 68
25. 受聘人员在试用期内解除聘用合同纠纷案 ……………………… 72
26. 陈某与某地区公安局人事争议案 ………………………………… 73
27. 高某与某职业技术学院聘用合同争议案 ………………………… 80
28. 朱某与某人力资源和社会保障局人才引进安家费纠纷案 ……… 82
29. 某大学与张某人事争议案 ………………………………………… 84
30. 叶某与某县木材检查站聘用合同争议案 ………………………… 86
31. 某人民医院与周某聘用合同争议案 ……………………………… 88
32. 某医院与贾某人事争议案 ………………………………………… 90
33. 孙某与某大学人事争议案 ………………………………………… 91
34. 刘某与某学院聘用合同争议案 …………………………………… 96
35. 吴某与某县人民医院聘用合同争议案 …………………………… 98
36. 吴某与某大学人事争议案 ………………………………………… 100
37. 张某与某大学聘用合同争议案 …………………………………… 102
38. 某医院与段某聘用合同争议案 …………………………………… 109
39. 刘某与某计划节约用水办公室聘用合同争议案 ………………… 110
40. 黄某与某市人民医院聘用合同纠纷案 …………………………… 115
41. 安某与某社会保险服务中心不履行法定职责二审行政判决书案 … 117
42. 突发疾病工伤认定案 ……………………………………………… 118
43. 上下班途中工伤认定案 …………………………………………… 121
44. 徐某与某师范大学未及时缴纳社会保险纠纷案 ………………… 124
45. 霍某与某社区卫生服务中心人事争议案 ………………………… 131
46. 刘某与某乙中学人事争议案 ……………………………………… 133
47. 张某与某职业学院聘用合同争议案 ……………………………… 137
48. 徐某与某医院、某公司人事争议案 ……………………………… 138

49. 吴某与温州市某小学劳动争议案 …… 140
50. 某医院与赵某人事争议案 …… 142
51. 何某与某医院聘用合同争议案 …… 150
52. 倪某与某政法学院人事争议上诉案 …… 151
53. 钟某与某水利信息管理中心年终奖考核争议案 …… 154
54. 管某与某经济和信息化发展研究中心聘用合同争议案 …… 155
55. 某海洋学院与章某人事争议案 …… 157
56. 某海洋学院与杜某人事争议案 …… 159
57. 薛某与某医院聘用合同争议案 …… 164
58. 某医院与高某辞职纠纷案 …… 166
59. 某大学与刘某人事争议纠纷案 …… 173
60. 李某与某医院辞职纠纷案 …… 176
61. 原告董某与被告某中学聘用合同争议案 …… 177
62. 徐某与某医院辞职争议案 …… 179
63. 李某与某医院的人身争议纠纷案 …… 181
64. 王某与某医科大学附属第一医院聘用合同争议案 …… 183
65. 车某与某灌溉管理站辞退争议案 …… 187
66. 事业单位工作人员对开除处分不服争议案 …… 189
67. 受聘人员旷工被辞退的程序——某大学与王某人事争议案 …… 192
68. 受聘人员旷工被辞退的认定——某事业单位与徐某辞退纠纷案 …… 194
69. 张某与某卫生院人事争议纠纷案 …… 197
70. 谷某与A环境卫生管理处、B环境卫生管理处人事争议纠纷案 …… 199
71. 郭某与某大学人事争议纠纷案 …… 205
72. 卢某猥亵儿童案 …… 208
73. 孟某与某中学人事争议纠纷案 …… 209
74. 张某与某大学的辞退纠纷案 …… 211
75. 李某与某医院的辞退纠纷案 …… 212
76. 吴某与某设计研究院的辞退纠纷案 …… 214

77. 陈某与某医院人事争议纠纷案 ·· 221
78. 某青少年活动中心与姚某聘用合同争议案 ································ 222
79. 张某与某设计院聘用合同争议案 ·· 224
80. 张某与某学院聘用合同争议案 ··· 225
81. 保某诉某区人力资源和社会保障局、某镇人民政府其他行政行为案 ······ 228
82. 彭某与某动物研究所聘用合同争议案 ······································ 231
83. 刘某与某中学人事纠纷案 ··· 233
84. 邹某与某人力资源和社会保障局行政批准纠纷案 ······················· 240
85. 钮某与某教育培训学校劳动合同争议纠纷案 ······························ 242
86. 王某与某机耕队人事争议案 ·· 247
87. 王某与某医院劳动争议纠纷案 ··· 251
88. 某门诊部与翁某劳动争议案 ·· 253
89. 周某与某中学辞职争议案 ··· 254
90. 帕某借调案 ··· 258
91. 王某与某公司劳动争议纠纷案 ··· 261
92. 某工业大学与夏某劳动争议案 ··· 264
93. 朱某与某医院劳动争议案 ··· 266
94. 倪某与某技术学校返聘合同纠纷案 ··· 269
95. 王某与某医院离退休人员返聘合同纠纷案 ································ 271
96. 朱某与甲公司、乙公司返聘合同纠纷案 ··································· 273
97. 某大学劳务纠纷案 ·· 278
98. 陈某与某中学劳动争议案 ··· 286
99. 项某与某医院聘用合同争议案 ··· 287
100. 田某与某农业机械管理站聘用合同纠纷案 ······························ 291
101. 李某与某医院聘用合同争议案 ··· 293
102. 肖某与某医院人事争议案 ··· 294
103. 徐某与某大学聘用合同争议案 ··· 296
104. 李某与某科学研究院木材工业研究所聘用合同争议案 ··············· 299

105. 陈某与某教育中心聘用合同争议案 ⋯⋯⋯⋯⋯⋯⋯⋯⋯⋯⋯⋯ 300
106. 梁某与某光学精密机械研究所聘用合同纠纷案 ⋯⋯⋯⋯⋯⋯ 302
107. 杨某与某大学人事争议纠纷案 ⋯⋯⋯⋯⋯⋯⋯⋯⋯⋯⋯⋯⋯ 303
108. 王某与某科学技术研究所聘用合同争议案 ⋯⋯⋯⋯⋯⋯⋯⋯ 304
109. 高某与某报社聘用合同纠纷案 ⋯⋯⋯⋯⋯⋯⋯⋯⋯⋯⋯⋯⋯ 306
110. 唐某与某大学人事争议纠纷案 ⋯⋯⋯⋯⋯⋯⋯⋯⋯⋯⋯⋯⋯ 307
111. 孙某与某地质勘查院等聘用合同纠纷案 ⋯⋯⋯⋯⋯⋯⋯⋯⋯ 309
112. 王某与某妇幼保健院辞职纠纷案 ⋯⋯⋯⋯⋯⋯⋯⋯⋯⋯⋯⋯ 312
113. 某中心卫生院与张某聘用合同纠纷案 ⋯⋯⋯⋯⋯⋯⋯⋯⋯⋯ 313
114. 某儿科研究所附属儿童医院与林某聘用合同纠纷案 ⋯⋯⋯⋯ 316
115. 招聘广告与劳动合同不一致——李某与某学校劳动争议纠纷案 324
116. 录用通知书的效力——蒋某与某公司劳动争议纠纷案 ⋯⋯⋯ 327
117. 某大学与抄某劳动争议纠纷案 ⋯⋯⋯⋯⋯⋯⋯⋯⋯⋯⋯⋯⋯ 331
118. 田某与某公司劳动争议纠纷案 ⋯⋯⋯⋯⋯⋯⋯⋯⋯⋯⋯⋯⋯ 334
119. 田某与某职业技术教育中心劳动争议纠纷案 ⋯⋯⋯⋯⋯⋯⋯ 337
120. 张某与某发展委员会劳动争议纠纷案 ⋯⋯⋯⋯⋯⋯⋯⋯⋯⋯ 340
121. 郭某与某第一人民医院劳动争议纠纷案 ⋯⋯⋯⋯⋯⋯⋯⋯⋯ 343
122. 阚某与某市场监督管理局劳动争议纠纷案 ⋯⋯⋯⋯⋯⋯⋯⋯ 347
123. 王某与某部队医院劳动争议纠纷案 ⋯⋯⋯⋯⋯⋯⋯⋯⋯⋯⋯ 350
124. 安某与某实验小学劳动争议纠纷案 ⋯⋯⋯⋯⋯⋯⋯⋯⋯⋯⋯ 354
125. 康某与某镇人民政府劳动争议纠纷案 ⋯⋯⋯⋯⋯⋯⋯⋯⋯⋯ 357
126. 某国际实验学校与姚某劳动争议纠纷案 ⋯⋯⋯⋯⋯⋯⋯⋯⋯ 359
127. 杨某与某文物考古研究所劳动争议纠纷案 ⋯⋯⋯⋯⋯⋯⋯⋯ 363
128. 宋某与某后勤服务公司、某师范学院劳动争议纠纷案 ⋯⋯⋯ 369
129. 丁某与某人才服务公司、某中学劳动合同纠纷案 ⋯⋯⋯⋯⋯ 373
130. 某卫生计生培训中心与孟某、某人力资源服务中心劳动争议纠
 纷案 ⋯⋯⋯⋯⋯⋯⋯⋯⋯⋯⋯⋯⋯⋯⋯⋯⋯⋯⋯⋯⋯⋯⋯⋯ 377
131. 某公司与某大学劳务外包案 ⋯⋯⋯⋯⋯⋯⋯⋯⋯⋯⋯⋯⋯⋯ 384

01

第一章

事业单位招聘程序与体检程序的法律风险识别

第一章 事业单位招聘程序与体检程序的法律风险识别

根据我国《事业单位登记管理暂行条例》第 2 条规定：事业单位①，是指国家为了社会公益目的，由国家机关举办或者其他组织利用国有资产举办的，从事教育、科技、文化、卫生等活动的社会服务组织。事业单位工作人员②，是指事业单位在职在编的工作人员。

招聘既是聘用单位用人的起始环节，也是聘用单位劳动人事管理的重要步骤之一。聘用单位招聘受聘人员应当面向社会公开发布招聘信息，包括公开招聘范围、条件、程序与时间安排、招聘办法、报名方法等内容。

聘用单位很少在招聘环节关注可能存在的法律问题或者法律风险，导致发布招聘简章、组织面试、体检等环节存在问题。因此，聘用单位应当按照法律法规的规定，制定具有实操性、合法的招聘和录用程序。

第一节 招聘程序的法律风险识别

根据 2003 年《关于印发〈事业单位试行人员聘用制度有关问题的解释〉的通知》（国人部发〔2003〕61 号）第 9 条规定，"事业单位公开招聘必须在本地区发布招聘公告，采用公开方式对符合报名条件的应聘人员进行考试或考核，考试或考核结果及拟聘人员应进行公示"。

根据 2005 年人事部出台的《事业单位公开招聘人员暂行规定》第 10 条规定，"事业单位公开招聘人员，不得设置歧视性条件要求"。第 11 条规定，"公开招聘应按下列程序进行：（一）制订招聘计划；（二）发布招聘信息；（三）受理应聘人员的申请，对资格条件进行审查；（四）考试、考核；（五）身体检查；（六）根据考试、考核结果，确定拟聘人员；（七）公示招聘结果；（八）签订聘用合同，办理聘用手续"。第 12 条规定，"招聘计划由

---

① 事业单位在本书中的统一称谓是"聘用单位"。
② 聘用合同的当事人在本书中的统一称谓为"聘用单位"和"受聘人员"，工勤人员劳动合同当事人在本书中的称谓为"劳动者"和"用人单位"，人事代理合同当事人在本书中的称谓为"用人单位"和"人事代理人员"。

用人单位负责编制，主要包括以下内容：招聘的岗位及条件、招聘的时间、招聘人员的数量、采用的招聘方式等"。

根据《事业单位人事管理条例》第9条规定，"事业单位公开招聘工作人员按照下列程序进行：（一）制定公开招聘方案；（二）公布招聘岗位、资格条件等招聘信息；（三）审查应聘人员资格条件；（四）考试、考察；（五）体检；（六）公示拟聘人员名单；（七）订立聘用合同，办理聘用手续"。

招聘方案是聘用单位向符合报考条件的劳动者发布的，是对招聘条件的概括，如对招聘岗位的基本要求和受聘人员应具备的基本条件等，招聘方案仅是单位用工自主权的体现，是单位的单方行为。

在聘用单位招聘受聘人员的过程中，会出现对受聘人员年龄、学历、户籍进行限制的现象。

一、年龄歧视

 案例导引

1. 首例公务员报考年龄资格纠纷案①

刘某因要报考2004年下半年某省公务员考试，在规定的报名时间内登录人事考试网站并报名。报考条件第5项为：身体健康，年龄35周岁以下。刘某在报考时因年龄超过35周岁，未能通过招考单位的审核。刘某不服，于2004年10月向某省人民政府申请行政复议。刘某因不服行政复议决定，遂向法院提起行政诉讼。

一审法院认为，被告作为省级人事主管部门，负有对本行政区域内公务员录用管理的行政管理职责，并享有制定本行政区域内公务员考试录用有关规定的法定职权。被告作出的不同意原告报考本次公务员的具体行政行为，

---

① 参见广西壮族自治区南宁市青秀区人民法院判决，（2005）青行初字第12号；广西壮族自治区南宁市中级人民法院判决，（2005）南市行终字第119号。

事实清楚，证据确凿，程序合法，适用的法律、法规正确。原告诉请确认被告设定35周岁强制性限制条件，并据此不同意原告报考公务员的行为违法的理由不能成立，法院不予支持。

一审法院判决：判决驳回原告刘某的诉讼请求。

二审法院判决：维持原判。

争议焦点

本案是否属于平等就业权中的年龄歧视问题？

就业上的年龄歧视，是指聘用单位在招聘、任用、晋升和待遇上对特定年龄劳动者实施不合理的差别对待，表现在以一定年龄作为招收、录用、晋升、培训以及解雇、裁员或者退休的决定性依据。就具体年龄来说，很多聘用单位在招聘时要求受聘人员年龄小于35周岁，在聘用单位的受聘人员中也出现了类似情况：35周岁的分界线事实上反映了聘用单位用工的错误观念——聘用单位只需要低成本的劳动力。

我国劳动力市场就业中的年龄歧视问题主要表现在以下几种形式。第一，对35周岁以上年龄段就业者的年龄歧视；第二，公务员招聘及提拔中的年龄歧视；第三，现行国家退休制度中的年龄歧视。

本案中，刘某因为年龄超过35周岁，不能报考某省公务员考试，属于我国劳动力市场就业年龄歧视问题的一种形式——公务员招聘及提拔中的年龄歧视，构成了对劳动者平等就业权的侵犯。尽管人事部《事业单位公开招聘人员暂行规定》第10条明确规定，"事业单位公开招聘人员，不得设置歧视性条件要求"。《福建省省属事业单位公开招聘工作人员考试暂行办法》（闽人发〔2006〕11号）第13条规定，应聘事业单位的人员必须具备的基本条件包括："年满18周岁"，"首次聘用到事业单位的年龄原则上不超过40周岁。"但是，因我国《中华人民共和国劳动法》（以下简称《劳动法》）、《中华人民共和国就业促进法》（以下简称《就业促进法》）未明确规定就业年龄歧视，导致在实际中，公务员、事业单位招考中经常出现这种现象，使这种就业年龄歧视成为制度内的歧视，这种现象很难杜绝。

二、学历歧视

2. 李某与某报社人格尊严权纠纷案①

原告李某诉称,2005 年 12 月 14 日,被告在某报上登出招聘启事,其中基本条件第二条规定:具有国家计划内统招大学本科以上学历,所学专业与报考职位要求相符。原告李某是有着三年工作经验的成人法学本科生,具备一定的媒体从业经验,完全符合条件,故于 12 月 18 日前往被告处报名,但被告招聘人员以原告是成人教育毕业生、条件不符合为由,拒绝原告参加此次考试。被告违反了劳动者享有平等就业权和选择职业的权利,存在学历歧视现象,并且严重伤害了成人教育毕业生及在读生的感情,也违背了其在招聘启事中提出的要约条件。原告诉至法院,要求被告向原告道歉并且公开在某报上向成人教育毕业生及在读生刊登致歉信,并承担诉讼费。

一审法院认为,劳动者享有平等就业权,劳动者的人格尊严受法律保护。原告认为被告存在学历歧视,违反了劳动者的平等就业权。某报社是根据特殊岗位需要特殊要求,对编辑、记者进行的招聘,在招聘过程中,为了择优录取,不招收成人教育毕业生的行为,没有构成对原告平等就业权(人格尊严权)的侵犯。原告的诉请无事实和法律依据,法院不予支持。

一审法院判决:驳回原告的诉讼请求。

争议焦点

某报社是否违反了平等就业权,构成对劳动者李某的学历歧视?

平等就业权,是指劳动者享有平等就业和自由选择就业的权利。劳动者就业不因民族、种族、性别、宗教信仰、年龄、经济能力、文化等不同而受到歧视。

我国于 2006 年加入的国际劳工组织《1958 年消除就业和职业歧视公约》

---

① 参见江西省南昌市东湖区人民法院判决,(2006)东民初字第 71 号。

(第111号)规定,"歧视一词包括:(一)基于种族、肤色、性别、宗教、政治见解、民族血统或者社会出身等原因,具有取消或损害就业或职业机会均等或待遇平等作用的任何区别、排斥或优惠"。同时,该公约又规定有些情形不应视为歧视:第一,"对一项特定职业基于其内在需要的任何区别、排斥或者优惠不应视为歧视";第二,"针对有正当理由被怀疑为或证实参与了有损国家安全活动的个人所采取的任何措施,不应视为歧视";第三,为适合某些人员特殊需要制定的"保护或援助的特殊措施不应视为歧视"。这三种不应视为歧视的情形即构成用人单位的抗辩事由。基于工作内在需要的区别、排斥或者优惠,美国称为"正当职业资格",欧盟称为"真正职业资格",该资格是雇主(用人单位)正常经营其事业合理且必需的。为证明所设要求是合理、正当的,用人单位必须提供证据证明该要求:在工作中符合实际需要,适宜实现某一目的;为达到结果所必需。我国法律对此没有作出法律规定。

在应聘某一职位时,劳动者要平等地参与竞争,任何人不得享有特权,也不得对任何人予以歧视;平等不等于同等,平等是指对于符合要求、符合特殊岗位条件的人,应给予他们平等的机会,而不是不论条件如何都同等对待。特殊岗位根据岗位需要有特殊的要求,某报社享有自主经营权,在招聘编辑、记者的过程中,为了择优录取,要求报考人员必须是全日制普通高校毕业生,而不招收成人教育毕业生这一条件限制,是为了择优录取,所以,某报社没有构成对劳动者李某的学历歧视。

三、户籍歧视

3. 全国首例户籍歧视纠纷案①

2013年4月,安徽女孩江某报考某市人社局,却因她不是本地户籍而被

---

① 王惠冬,叶铁桥. 行政助理职位招男不招女 女毕业生提起首例就业性别歧视诉讼 [N]. 中国青年报,2012-07-25(3).

拒之门外。同年5月，江某将某市人社局告上了法庭。同年11月20日，江某委托律师另案起诉，将某市人力资源服务中心作为被告向法院提起诉讼。2014年7月30日，这起全国首例户籍歧视案终于迎来了变更被告后的第一次开庭审理。经过15个月的努力后，在法院的调解下，江某与被告某市人力资源服务中心达成调解协议。至此，这起备受关注的全国首例户籍歧视案终于有了结果。

经法院调解，双方达成调解协议，由被告于7日内一次性支付原告11000元。

争议焦点

事业单位招聘限制户籍是否构成户籍歧视？

户籍歧视分为户籍性质歧视和户籍地域歧视。前者是指对于城乡不同户籍的人在就业上实行差别对待，后者是指对于本地户籍和非本地户籍的人在就业上实行差别对待。户籍不是相关部门法规定的构成歧视的法定事由。《中华人民共和国就业促进法》第3条规定，劳动者依法享有平等就业和自主择业的权利。劳动者就业，不因民族、种族、性别、宗教信仰等不同而受歧视。该规定明确列举了构成就业歧视的法定事由，但其中不包括户籍。在部门规章或效力层级更低的政府规范性文件层面，近些年有所突破，陆续颁布了一些含有禁止户籍歧视条款的规定，但只有针对大学生群体和农村劳动者群体的户籍规定。而且，这两个规范的效力等级较低，适用的主体范围也较为有限。相应地，在一些大城市的人才引进政策中，干部、工人身份与户籍制度也联系在一起，导致出现户籍歧视现象。

本案中，安徽女孩江某报考某市人社局，却只因她不是本地户籍而被拒之门外，不具备报考资格，属于户籍歧视，已经构成了对劳动者平等就业权的侵犯。

法律责任与后果

根据《就业服务与就业管理规定》第14条第1项规定，用人单位招用人员不得有下列行为：提供虚假招聘信息，发布虚假招聘广告；第20条规定，用人单位发布的招用人员简章或招聘广告，不得包含歧视性内容。根据《就业促进法》第62条规定，违反本法规定，实施就业歧视的，劳动者可以向人民法院提起诉讼。

现在的法律对就业问题关注还不够，仅对就业歧视作出原则性的规定，如《中华人民共和国劳动法》第12条规定，劳动者就业，不因民族、种族、性别、宗教信仰不同而受歧视，而没有在法律上明确规定聘用单位违反上述规定应当承担的法律责任。《就业促进法》明确规定了受聘人员在受到就业歧视时，享有起诉权，为受聘人员提供了救济的途径。事业单位一旦在招聘简章中涉及了就业歧视的内容，就存在被起诉的风险。

法律风险识别

事业单位招聘中的就业歧视是事业单位在招录过程中对与职业岗位相关要求无关的因素而作出的任何区别、排除、限制或者优惠。这种歧视是聘用单位基于与职业岗位内在要求无关的因素而作出的任何区别、排除、限制或者优惠。

事业单位在招录环节应尽量避开就业歧视的相关要件。根据《中共中央组织部、人力资源和社会保障部关于进一步规范事业单位公开招聘工作的通知》（人社部发〔2010〕92号）规定，事业单位公开招聘人员，应确保符合条件的应聘人员不因民族、性别或者身体残疾而受歧视。

事业单位在招聘阶段往往存在认识上的误区，认为招聘简章仅仅是一种招聘的方式，而忽视了其中可能存在的法律风险，这与对劳动法律规定存在的认识误区有关。所以，事业单位对受聘人员信息进行筛选后，应以受聘人员的工作能力、工作经历、学历及专业等作为评价是否录用的标准，不应以年龄、性别、户籍等条件对求职者进行限制报考、录用。即使在招聘信息中写明"男性优先""年龄35周岁以内优先"，这种表述方式也存在一定风险。

第二节 体检程序的法律风险识别

在招聘准备阶段，聘用单位制定招聘简章和录用条件；面试与体检则属于测评阶段。体检的目的是确定受聘人员的身体状况是否适合其所谋求的工作及环境，是否存在潜在疾病、职业病等问题。

在事业单位招聘工作人员的程序中，在体检时会出现拒绝"乙肝病原携带者"求职的现象。

案例导引

4. 全国首例乙肝歧视纠纷案[①]

2003年6月，25岁的张某在某市人事局报考某省公务员考试，报考职位为某县委办公室经济管理人员。通过笔试和面试，张某综合成绩在报考职位的30名考生中名列第一。但在2003年9月17日的体检中，张某体检报告显示，其乙肝两对半中的HBs-Ag、HBe-Ab、HBc-Ab均为阳性；25日，经过复检，张某因体检不合格而不予录用。10月18日，张某在接到不予录用的通知后，提出复议，表示其对复议结果不服。11月10日，原告张某以被告某市人事局的行为剥夺其担任国家公务员的资格，侵犯其合法权利为由，向法院提起行政诉讼。

法院认为，国家行政机关招录公务员，由人事部门制定一定的标准是必要的。但某市人事局作为招录国家公务员的主管行政机关，仅依据医院的体检结论，认定原告张某体检不合格，作出不准予原告进入考核程序的具体行政行为缺乏事实证据。因此，被告某市人事局在2003年某省公务员招录过程中作出的具体行政行为，即取消原告张某进入考核程序资格的具体行政行为，主要证据不足。

---

① 参见原安徽省芜湖市新芜区人民法院判决，（2003）新行初字第11号。

法院判决：某市人事局的具体行政行为不具有可撤销的内容，原告的其他诉讼请求不予支持。

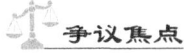

行政机关没有录用乙肝病原携带者是否构成就业歧视？

根据《就业服务与就业管理规定》第19条规定，用人单位招用人员，不得以是传染病病原携带者为由拒绝录用。但是，经医学鉴定传染病病原携带者在治愈前或者排除传染嫌疑前，不得从事法律、行政法规和国务院卫生行政部门规定禁止从事的易使传染病扩散的工作。用人单位招用人员，除国家法律、行政法规和国务院卫生行政部门规定禁止乙肝病原携带者从事的工作外，不得强行将乙肝病毒血清学指标作为体检标准。第20条规定，用人单位发布的招用人员简章或招聘广告，不得包含歧视性内容。根据《就业促进法》第30条规定，用人单位招用人员，不得以是传染病病原携带者为由拒绝录用。但是，经医学鉴定传染病病原携带者在治愈前或者排除传染嫌疑前，不得从事法律、行政法规和国务院卫生行政部门规定禁止从事的易使传染病扩散的工作。2007年5月，劳动和社会保障部、卫生部联合发布的《关于维护乙肝表面抗原携带者就业权利的意见》（劳社部发〔2007〕16号）第2条规定，促进乙肝表面抗原携带者实现公平就业。

受聘单位在招录或者履行聘用合同的过程中排斥乙肝病原携带者，侵犯了乙肝病原携带者的平等就业权，产生了就业歧视纠纷，即就业歧视侵害了受聘人员的平等就业权。

除《中华人民共和国食品安全法》（以下简称《食品安全法》）、《公共场所卫生管理条例》、《化妆品监督管理条例》等法律法规中禁止传染病病原携带者从事的工作外，传染病病原携带者从事其他工作都不应当受到限制。

根据《事业单位公开招聘人员暂行规定》第10条规定，事业单位公开招聘人员，不得设置歧视性条件要求。根据2022年发布的《就业服务与就业管理规定》第68条规定，用人单位违反本规定第19条第2款规定，在国家法律、行政法规和国务院卫生行政部门规定禁止乙肝病原携带者从事的工作岗位以外招用人员时，将乙肝病毒血清学指标作为体检标准的，由劳动保障行政部门责令改正，并可处以1000元以下的罚款；对当事人造成损害的，应当承担赔偿责任。

受聘人员因为体检不合格（乙肝病原携带者、艾滋病病原携带者），没有被聘用单位录用的，受聘人员既可以以平等就业权向人民法院起诉，由人民法院认定为歧视行为；也可以向劳动保障行政部门投诉，由劳动保障行政部门责令用人单位改正；情节严重的，并处以罚款。

法律风险识别

平等就业，不被歧视，既是我国公民的一项基本人权，也是作为一名普通劳动者赖以生存和发展的重要基础。根据国际劳工组织《1958年消除就业和职业歧视公约》（第111号）的定义，就业和职业歧视系指"基于种族、肤色、性别、宗教、政治见解、民族血统（natural extraction）或社会出身（social origin）的任何区别（distinction）、排斥（exclusion）或优惠（preference），其效果会取消或损害（impair）就业或职业机会均等或待遇平等"。我国法律禁止聘用单位对受聘人员实施就业歧视，保障每个受聘人员能够享受到法律赋予的平等就业权利。

根据《中共中央组织部　人力资源和社会保障部关于进一步规范事业单位公开招聘工作的通知》（人社部发〔2010〕92号）规定，落实人力资源和社会保障部、教育部、卫生部《关于进一步规范入学和就业体检项目维护乙肝表面抗原携带者入学和就业权利的通知》（人社部发〔2010〕12号）要求，除卫生部核准并予以公布的特殊职业外，事业单位在公开招聘中不得要求进行乙肝项目检测。根据《公务员录用体检通用标准（试行）》第18条规定，淋病、梅毒、软下疳、性病性淋巴肉芽肿、尖锐湿疣、生殖器疱疹，艾滋病，不合格。这一条款没有区分在潜伏期的艾滋病病毒感染者与发病期的艾滋病患者，构成健康歧视。国际上普遍认为，艾滋病病毒感染者在潜伏期不影响公共卫生，不影响就业。根据《公务员录用体检通用标准（试行）》第 7 条规定，各种急慢性肝炎，不合格。《公务员录用体检通用标准（试行）》没有对乙肝病原携带者作出体检不合格的规定。新的公务员录用体检表也不包含乙肝的检查内容。事业单位在招录工作人员时，体检标准参照《公务员录用体检通用标准（试行）》。

因此，聘用单位在招录时，不得要求受聘人员进行乙肝项目检测，不得以受聘人员是艾滋病病毒感染者和艾滋病患者为由剥夺其劳动权。

02

第二章

事业单位聘用合同订立的法律风险识别

"人事关系"概念产生于计划经济时代。随着市场经济发展和干部人事制度改革的不断深化,全国绝大多数事业单位开始实行聘用制,工作人员与事业单位双方通过签订聘用合同确定人事关系。人事关系的建立意味着人事管理的产生。2006年,人事部出台《事业单位岗位设置管理试行办法》(国人部发〔2006〕70号)和《〈事业单位岗位设置管理试行办法〉实施意见》(国人部发〔2006〕87号),事业单位开始尝试岗位设置和岗位聘用,对岗位总量管理的对象与实施范围作了原则性界定。

从2011年开始,中共中央、国务院出台了一系列深化事业单位改革的文件和政策,并对事业单位分类改革提出了改革意见:对公益一类事业单位,继续实行机构编制审批政策,在审批编制内设岗;对公益二类事业单位,在制定和完善相关标准的前提下,逐步实行机构编制备案制度,在备案编制内设岗。

2011年,《中共中央、国务院关于分类推进事业单位改革的指导意见》(中发〔2011〕5号)和《中共中央办公厅、国务院办公厅印发〈关于进一步深化事业单位人事制度改革的意见〉的通知》(中办发〔2011〕28号)发布,提出从事公益服务的事业单位要健全聘用制度和岗位管理,实行公开招聘、竞聘上岗、按岗聘用、合同管理;要推进社会保险制度改革,参加基本养老、基本医疗、失业、工伤等社会保险。同年,《国务院办公厅关于印发分类推进事业单位改革配套文件的通知》(国办发〔2011〕37号)发布,事业单位分类改革工作提上日程,并很快实施。2014年,国务院颁发《事业单位人事管理条例》,标志着我国事业单位人事制度改革取得较大进展,以聘用制度、岗位管理制度和公开招聘制度为主要内容的人事管理制度初步建立。

依法订立的聘用合同受国家法律保护。聘用合同是证明聘用单位与受聘人员建立聘用关系及明确双方权利义务的基本依据,也是聘用合同争议的核心证据。

第一节　聘用合同认定与生效的法律风险识别

根据《国务院办公厅转发人事部关于在事业单位试行人员聘用制度意见的通知》（国办发〔2002〕35号）第1条规定，事业单位与职工应当按照国家有关法律、政策和本意见的要求，在平等自愿、协商一致的基础上，通过签订聘用合同，明确聘用单位和受聘人员与工作有关的权利和义务。

首先，事业单位新聘用工作人员应当面向社会公开招聘，对于应聘人员资格审查、笔试、面试、考核等环节的进展情况应当面向社会公布；其次，对公示中涉及的人员无异议，由招聘单位上级主管部门审核后报同级组织、人事部门审批，办理上编制、核定工资基金、人员调（流）动、聘用等手续；最后，由聘用单位法定代表人或者其委托人与受聘人员签订聘用合同，确立人事关系。

一、聘用合同的认定

5. 聘用单位与受聘人员聘用合同的认定案[①]

申请人周某在被申请人某勘测设计院从事一级注册建筑师工作，所在单位转企改制，设计院要求解除与周某的聘用合同，周某不同意解除聘用合同。周某遂向当地劳动人事争议仲裁委员会申请仲裁，请求仲裁委确认双方当事人之间存在人事关系。

仲裁委认为，被申请人转企改制的人员分流工作应按照某市政府有关文件规定和双方签订的国有资产转让协议的有关内容办理。某勘测设计院经市

---

① 沈晓林. 事业单位改制转企，受聘人员能否解除聘用合同[J]. 人才瞭望，2004（1）：51-54.

政府同意转企改制，周某与某勘测设计院聘用合同应予解除，某勘测设计院于调解书生效之日起 10 日内与周某办理解除聘用合同等相关手续。

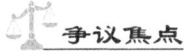

某勘测设计院改制后周某与某勘测设计院之间是否存在人事关系？

周某在某勘测设计院改制前，与某勘测设计院存在人事关系，但因该事业单位转企改制已办理事业单位法人注销登记，聘用主体即法律关系的参与者聘用单位主体注销，事业单位改制为企业，导致原聘用合同解除，即周某与改制后的某勘测设计院之间不存在人事关系。

二、聘用合同的生效

6. 朱某与某医科大学附属第一医院聘用合同纠纷案[①]

原告朱某系某分院聘用合同制职工。2013 年 11 月 15 日，某市人民政府办公厅印发了《关于某分院新建搬迁工作会议的纪要》（76 号）。根据会议纪要精神，某分院部分资源将整合给被告某医科大学附属第一医院。在整合过程中，尊重某分院职工的意愿，自愿选择留在某分院或到被告处工作，原告在此次整合中选择到被告处工作。该会议纪要要求自 2013 年 11 月 11 日起，某分院人员编制在整合期内冻结，被告负责向上级主管部门申请增加人员编制。同年 11 月 26 日，被告制定了《关于某医科大学附属第一医院整合人员接收安置方案》，并组织落实。2014 年 6 月 5 日，国家卫生计生委发布《关于控制公立医院规模过快扩张的紧急通知》。根据该文件的精神，被告提交的增加编制申请未获得批准。2014 年 12 月，被告及某分院正式宣布整合停止，要求已选择到被告处工作的人员仍回到某分院工作。整合期间，原告始终未与被告签订聘用合同，原告的工资仍由某分院支付，社会保险仍由某分院缴纳，

---

① 参见辽宁省大连市中级人民法院判决，（2015）大民五终字第 1121 号。

原告与某分院的聘用合同延续至今。2015年1月9日，原告向当地劳动人事争议仲裁委员会提出仲裁，要求确认与被告自2013年11月26日至今存在人事关系，后原告不服仲裁裁决，向法院提起诉讼。

根据《劳动合同法》第34条规定，用人单位发生合并或者分立等情况，原劳动合同继续有效，劳动合同由继承其权利和义务的用人单位继续履行。原告主张某分院与被告进行了整合，被告应负责继续履行某分院与原告之间的聘用合同。但是，因被告与原告所在的某分院未成功整合，考量原告、被告之间是否存在事实人事关系，不能脱离某分院与被告整合的前提。在整合期间，出现工作场所改变、工作内容变更以及管理主体变动等，都是整合活动的体现，而不能作为人事关系的认定要素。同时，某分院自整合至今始终是独立的法人单位，原告与某分院签订了聘用合同，且始终处于延续状态，则双方的人事关系始终是明确且唯一的。从法律层面上看，某分院未实际发生合并、分立或注销等事由，故本案不适用本条规定，因此某分院始终是原告的实际用人单位，应承担相应的权利和义务，故原告的该项主张不成立。综上所述，原告要求确认与被告之间存在事实人事关系，并要求被告继续履行聘用合同，缺乏事实依据和法律支撑，法院不予支持。

一审法院判决：驳回诉讼请求。

二审法院认为，上诉人请求确认与被上诉人存在人事关系无事实和法律依据，本院不予支持。

二审法院判决：驳回上诉，维持原判。

争议焦点

朱某与某医科大学附属第一医院之间聘用合同是否生效？

聘用合同与劳动合同相比，有其特殊性。根据《劳动合同法》第7条规定，用人单位自用工之日起即与劳动者建立劳动关系。用人单位应当建立职工名册备查。第10条第1款规定，建立劳动关系，应当订立书面劳动合同；第3款规定，用人单位与劳动者在用工前订立劳动合同的，劳动关系自用工之日起建立。根据《事业单位公开招聘人员暂行规定》第24条规定，用人单位与拟聘人员签订聘用合同前,按照干部人事管理权限的规定报批或备案。即事业单位存在招聘公示后即开始用工的情况,但事业单位编制内或其他正式招聘人员是否完成,应以完成核准程序并经批准的日期为准,对于事业单位,实际用工与人事关系的建立并不一致,也不宜完全一致,并不是以实际用工为标准。

本案中,某医科大学附属第一医院与案外人某分院系两个独立的法人单位,各自均具有民事主体和用工主体资格。朱某指称的某医科大学附属第一医院与案外人某分院发生的整合,系政府主导下的医疗资源整合,而非法律意义上权利和义务的全部承继与人员的全部接收。

根据《关于控制公立医院规模过快扩张的紧急通知》的精神,某医科大学附属第一医院提交的增加编制申请未获得批准。2014年12月,某医科大学附属第一医院及某分院正式宣布整合停止,要求已选择到某医科大学附属第一医院工作的人员仍回到某分院工作。而且,在整合期间,朱某始终未与某医科大学附属第一医院签订聘用合同,朱某的薪酬关系、人事关系、社保关系均未从案外人某分院转至某医科大学附属第一医院处。所以,朱某与某医科大学附属第一医院之间不存在人事关系。

法律责任与后果

《劳动法》第98条规定,用人单位违反本法规定的条件解除劳动合同或者故意拖延不订立劳动合同的,由劳动行政部门责令改正;对劳动者造成损害的,应当承担赔偿责任。

根据《劳动法》的规定,用人单位故意拖延不订立劳动合同的,由劳动行政部门责令改正。此外,各地劳动法规还规定了在这种情况下,劳动和社会保障行政部门有权对用人单位处以罚款。如《上海市劳动合同条例》第56条规定,用人单位未按照本条例规定与劳动者订立书面劳动合同的,由劳动保障行政部门责令限期改正,并可以按每人500~1000元处以罚款。

聘用单位不与受聘人员及时签订聘用合同的,应承担行政责任。已实际用工但未通过审批的人员,应予辞退,并给予补偿,补偿金依据聘用合同解除的补偿标准计算；不予辞退的，应按编外人员管理。

 **法律风险识别**

实践中，事业单位存在招聘公示后即开始用工的情况，但事业单位编制内或其他正式招聘人员是否完成，应以完成核准程序并经批准的日期为准，并不是以实际用工为标准。已实际用工但因招聘违规等造成不被核准的，实际用工无效，并未形成实际的人事关系。同时，事业单位还存在经公开招聘并核准后延迟用工的情况。

核准和订立合同具有法律效力，特别是核准之日在招聘过程中的地位十分关键，因为核准意味着其工资待遇等有正式的来源。从事业单位依法用人的角度来看，不应把实际用工之日作为人事关系的建立日期。

第一，聘用单位签订聘用合同前应合法履行报批或者备案程序。全国绝大多数事业单位已开始实施聘任制和岗位管理。聘用单位人事关系的建立依据有三个关键日期：用工之日、核准之日、聘用合同订立之日。编制内聘用人员应事先履行报批或者备案程序，即编制内聘用人员聘用合同订立及核准之日，否则，会造成聘用合同未生效的后果。

第二，及时签订聘用合同。受聘人员与聘用单位间发生的特殊劳动关系，通过签订聘用合同成立。签订"聘用合同"标志着人事关系的成立。人事关系的建立意味着人事管理的产生。聘用单位应及时与受聘人员签订聘用合同，做到先签订聘用合同，再办理入职手续，而且聘用单位应建立职工名册备查。

第三，聘用合同须聘用单位与受聘人员双方的签章。聘用合同订立后，聘用单位据此开始对受聘人员实施一系列的人事管理。如果聘用合同中缺少聘用单位或者受聘人员的姓名及签章，致使无法确定聘用合同当事人任何一方，则该聘用合同缺少成立要件，应认定聘用合同没有成立，即无法发生法律效力。

第二节 聘用合同条款的法律风险识别

根据《人事部办公厅关于印发〈事业单位聘用合同（范本）〉的通知》（国人厅发〔2005〕158号）规定，《事业单位聘用合同（范本）》用于为事业单位签订聘用合同提供指导和示范。

根据《国务院办公厅转发人事部关于在事业单位试行人员聘用制度意见的通知》（国办发〔2002〕35号）第4条聘用合同的内容规定，聘用合同由聘用单位的法定代表人或者其委托的人与受聘人员以书面形式订立。聘用合同必须具备下列条款：（一）聘用合同期限；（二）岗位及其职责要求；（三）岗位纪律；（四）岗位工作条件；（五）工资待遇；（六）聘用合同变更和终止的条件；（七）违反聘用合同的责任。

经双方当事人协商一致，可以在聘用合同中约定试用期、培训与继续教育、知识产权保护、解聘提前通知时限等条款。

聘用合同分为短期、中长期和以完成一定工作为期限的合同。对流动性强、技术含量低的岗位一般签订3年以下的短期合同；岗位或者职业需要、期限相对较长的合同为中长期合同；以完成一定工作为期限的合同，根据工作任务确定合同期限。合同期限最长不得超过应聘人员达到国家规定的退休年龄的年限。聘用单位与受聘人员经协商一致，可以订立上述任何一种期限的合同。

聘用单位与受聘人员订立聘用合同时，不得收取任何形式的抵押金、抵押物或者其他财物。

聘用合同是要式合同，由一些条款构成。按照是否受法律的强制性约束，聘用合同的条款可以分为必备条款和约定条款两部分。

一、聘用合同必备条款

聘用单位与受聘人员之间的权利义务关系主要是通过聘用合同体现的，所以聘用合同在人事关系管理中起着非常重要的作用。

《劳动合同法》规定的必备条款虽然总体范围大体适用于事业单位,但事业单位在工作内容与工作地点、劳动报酬、社会保险、劳动保护、劳动条件和职业危害防护等方面的实体法律规定与企业不同,事业单位公共性要求的某些特殊条款,也应逐步纳入必备条款。在工作内容和工作地点方面,至少有两个因素会引起事业单位工作人员工作内容和工作地点的变化。

一是应考虑国家因公共管理和特定公共服务的需要调派事业单位工作人员在特定时期离开本单位与原服务地点从事特定公务,单位和工作人员应予配合。

二是根据《事业单位人事管理条例》第11条规定,事业单位工作人员可以按照国家有关规定进行交流。但工作人员是否有权拒绝交流或提出交流申请,还需要进一步研究。在劳动报酬、社会保险(含补充保险)、劳动保护、劳动条件和职业危害防护等方面,《事业单位人事管理条例》明确规定了国家建立相关制度的权力,并直接规定事业单位工作人员的待遇水平等,一般应遵守国家统一规定,不属于约定的权限范围,在聘用合同中,可予确认。

(一)初次签订聘用合同的期限

7. 王某与北京某医院聘用合同纠纷案①

北京某医院系北京市医疗机构编制的创新试点单位。2015年12月7日,王某入职北京某医院行政部实习。2016年7月4日,双方签订了事业单位聘用合同,约定合同期限为1年。2017年7月和2018年7月,双方又分别续签了两次聘用合同。2019年7月4日,双方最后一次签订的聘用合同到期终止。2019年6月,王某因病向单位提出休病假,并提供了病假单。2019年6月10日,单位以EMS邮件形式告知王某其聘用合同将于2019年7月4日到期,到期后终止人事关系。王某不同意终止合同,并向北京某医院要求支付违法解除的经济赔偿,从而与北京某医院发生纠纷。

---

① 董梅.员工与事业单位连续签订三次聘用合同,到期后事业单位不予续签是否合法[J].工会博览,2020(1).

就本案而言，由于王某与北京某医院属于人事关系，王某不能依据《劳动合同法》的规定主张北京某医院违法解除聘用合同。

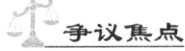

初次签订聘用合同如何确定期限？

根据《事业单位人事管理条例》第 12 条规定，事业单位与工作人员订立的聘用合同，期限一般不低于 3 年。

本案中，王某与北京某医院在 2016 年 7 月 4 日签订了事业单位聘用合同，约定合同期限为 1 年，即 2016 年 7 月 4 日至 2017 年 7 月 3 日。双方签订的聘用合同初次期限违反了《事业单位人事管理条例》规定，应确认无效。王某与北京某医院之间的聘用合同时间应是 2016 年 7 月 4 日至 2019 年 7 月 3 日，在 2019 年 7 月 4 日终止，这 3 年不存在续签聘用合同的问题。

（二）工作岗位

8. 陈某与某工学院聘用合同纠纷案①

2008 年 12 月，陈某参加某工学院招录校产人员考试后进入某工学院，从事产业处秘书工作。2009 年 2 月 26 日，陈某与某工学院签订事业单位聘用合同，合同载明：聘用期限为 2009 年 1 月 1 日至 2012 年 7 月 31 日，聘用岗位为工勤岗。2009 年 10 月，某工学院实施事业单位岗位聘用办法，对校内岗位按管理岗、专业技术岗、工勤技能岗实施分类管理。拟将陈某从工勤岗人员转聘为管理岗人员并上报人事局核准，后因陈某年龄超过国家政策规定的最宽年龄条件，故未被核准。某工学院要求对陈某按工勤岗人员进行管理，陈某在未办理相关聘用手续的情况下，继续在原岗位上班。2011 年 6 月后，陈某一直未领取工资。

---

① 参见江苏省常州市天宁区人民法院判决，(2014) 天民初字第 01264 号；江苏省常州市中级人民法院判决，(2015) 常民终字第 01813 号。

2014年4月1日，陈某向当地劳动人事争议仲裁委员会递交申请，要求：①确认合同编号为70030039的聘用合同部分无效；②某工学院按管理岗与陈某履行聘用合同。陈某不服仲裁裁决，诉至法院。

一审法院认为，根据规定，事业单位与其工作人员之间因辞职、辞退及履行聘用合同发生的争议，适用《劳动法》的规定处理，且履行聘用合同的争议应当具有可诉性。

本案中，陈某对某工学院对其按工勤岗人员进行管理有异议，要求某工学院按照管理岗与其签订聘用合同，实质系对其工勤岗位（工人身份）有异议。而身份问题是涉及事业单位内部管理的争议，不具有可诉性，故该案不属于人民法院受理民事诉讼的范围。

一审法院判决：驳回陈某的起诉。

二审法院认为，当事人对自己的主张应当提供相应证据予以证明，未提供相应证据证明其主张的，应当承担举证不能的不利后果。本案中，陈某上诉主张其签订聘用合同时，该聘用合同岗位栏为空白，但其未提供相应证据证明其主张，该上诉主张法院不予支持。

二审法院判决：维持原判。

争议焦点

事业单位工作岗位如何认定？

岗位管理是事业单位人事管理的重要内容。2006年，人事部发布《事业单位岗位设置管理试行办法》，开始试行事业单位岗位设置管理制度。事业单位岗位分为管理岗位、专业技术岗位和工勤技能岗位三种类别。其中，管理岗位可以分为事业单位领导岗位、内设机构领导岗位以及普通管理岗位。

陈某从工勤岗人员转聘为管理岗人员须上报原人事局核准，因陈某年龄超过国家政策规定的最宽年龄条件，故转聘工作岗位未被原人事局核准。所以，事业单位以聘用合同内容中约定的条款——工作岗位，并报原人事局核准后确定的工作岗位为准。

根据人力资源和社会保障部发布的《人事争议处理规定》第2条规定，

本规定适用于下列人事争议：（一）实施公务员法的机关与聘任制公务员之间、参照《中华人民共和国公务员法》（以下简称《公务员法》）管理的机关（单位）与聘任工作人员之间因履行聘任合同发生的争议；（二）事业单位与工作人员之间因解除人事关系、履行聘用合同发生的争议；（三）社团组织与工作人员之间因解除人事关系、履行聘用合同发生的争议；（四）军队聘用单位与文职人员之间因履行聘用合同发生的争议；（五）依照法律、法规规定可以仲裁的其他人事争议。

本案中，陈某具有工勤岗位（工人身份）人员身份，该争议系人员身份性质争议且涉及人事行政管理部门审批行为，故该争议不属于事业单位与其工作人员之间履行聘用合同产生的人事争议范畴。

法律责任与后果

《劳动合同法》第 17 条第 1 款规定，劳动合同必须具备以下条款：

用人单位的名称、住所和法定代表人或者主要负责人；劳动者的姓名、住址和居民身份证或者其他有效身份证件号码；劳动合同期限；工作内容和工作地点；劳动报酬；社会保险；劳动保护、劳动条件和职业危害防护；法律、法规规定应当纳入劳动合同的其他事项。

第 81 条规定，用人单位提供的劳动合同文本未载明本法规定的劳动合同必备条款或者用人单位未将劳动合同文本交付劳动者的，由劳动行政部门责令改正；给劳动者造成损害的，应当承担赔偿责任。

聘用单位应严格遵守《事业单位管理条例》中规定的关于聘用合同必备条款的规定，因违反法律法规的强制性和禁止性规定而导致聘用合同无效；即使聘用合同缺少必备条款没有导致聘用合同无效，但是发生人事争议纠纷对聘用单位也不利；如果给受聘人员造成损害，应当承担赔偿责任。

法律风险识别

第一，聘用合同的条款约定。聘用单位与受聘人员之间签订的聘用合同，如果主要条款有缺项、漏项或者对工作岗位约定不明确，就会增加聘用单位的用人成本，承担不必要的法律风险。《事业单位人事管理条例》对聘用合同的主要条款进行了规定，就是为了防止聘用合同的条款存在重大的缺项、漏项问题。在聘用合同中应增加的必备内容方面，除试用期外，还可考虑增加事业单位新聘人员对职业承诺和纪律承诺方面的条款，并在人事争议处理中，增加行政申诉的条款。经双方当事人协商一致，可以在聘用合同中约定培训和继续教育、知识产权保护、解聘提前通知时限等条款。

第二，聘用单位应当规范、严谨制作符合《事业单位人事管理条例》及《劳动合同法》规定的聘用合同。制作的聘用合同应当具备必备条款或者直接采用人力资源和社会保障部统一制定的聘用合同范本，并在此基础上，依法进行个性化的约定。

第三，聘用合同岗位及职责要求要具体明确且合理。聘用合同以岗位说明书的内容为依据，将事业单位的岗位分为三大类别：一是管理岗位，二是专业技术岗位，三是工勤技能岗位。在确定聘用合同条款时，对相关事项一定要约定明确，特别是针对一些重点事项。如工作岗位，一定要明确具体工作和岗位职责。

第四，因聘用合同某些条款约定不明引发纠纷的处理。尽量先采用协商方式解决，一旦发生仲裁或者诉讼，就会增加聘用单位的成本，产生不利的社会影响。

二、聘用合同约定条款——特殊物质待遇

相对劳动合同，聘用合同双方可自主约定的事项范围相对较小。《劳动合同法》第17条规定了试用期、培训、保守秘密、补充保险和福利待遇等其他约定事项，在聘用合同中多由有关法规、制度规范并纳入必备条款。

由于事业单位的公共机构身份，为实施人才战略，国家和地方出台了一系列吸引人才的优惠政策，包括荣誉待遇和物质待遇。特殊物质待遇不是一般受聘人员享有的待遇，也不是受聘人员常规的劳动待遇，而是聘用单位给予受聘人员的物质待遇，是聘用单位用以吸引和稳定特殊人才的手段。如在实行户籍控制政策的大城市，事业单位较易获得户口指标；新聘人员或引进

人才可能因单位的国有身份和官方影响力获得更多政府或其他组织的资助；可能因进入事业单位获得住房、购房优惠、购房补助及优质房源；还可能在子女上学、家属就业等方面获得政策性优惠待遇。事业单位应与新聘人员就获得此类优惠和聘用义务进行协商。

一般情况下，聘用单位与受聘人员会针对住房福利、安家费、科研启动金等特殊待遇，在聘用合同中约定条款。在这种情况下，双方可以在聘用合同中约定一定的服务期，但这也成为限制受聘人员流动的障碍。

（一）福利房分配

案例导引

9. 戚某与某医院人事争议案[①]

原告戚某于1989年7月入职被告某医院，担任主管护理师一职。该市安居工程领导小组为解决教师困难户住房问题，对按规定要求提出购房申请的教育系统的120个单位，在某小区给予分配住房，被告某医院将该小区28号楼4单元502室分配给原告戚某。2017年10月10日，戚某因个人身体原因申请辞职。被告某医院经研究后，同意戚某的离职申请，并于2017年10月9日向戚某出具离职证明。戚某离职后，因房改办一栏未加盖公章，某医院以戚某未将该房屋交还为由，未给其办理人事档案转移手续。之后，戚某多次请求某医院为其办理社会保险并将相关手续、人事档案等转移至陕西省人才交流服务中心，均未果。某医院的行为导致原告无法再就业、无法参加社会保险等严重后果。为此，戚某以房屋是其出资购买的自有房屋与某医院无关、某医院未给其办理档案转移手续为由，向当地劳动人事争议仲裁委员会提起仲裁，后不服仲裁裁决，向法院起诉。

法院认为，人事争议是指事业单位与其工作人员之间因辞职、辞退及履行聘用合同发生的争议。被告某医院系依法成立的事业单位，原告系被告医

[①] 参见陕西省西安市雁塔区人民法院判决，(2018) 陕 0113 民初 218 号；陕西省西安市中级人民法院判决，(2018) 陕 01 民终 6561 号。

院正式工作人员，故原告、被告之间因辞职发生的争议，属于人事争议。房改办一栏未加盖公章，但因原告个人住房不属于其工作范畴，与正常交接工作无关，某医院以此为由不为戚某办理档案转移手续，缺乏事实依据。故某医院应在15日内，为戚某办理档案关系转移手续，双方之间若因房屋分配问题产生纠纷，则某医院可另案主张权利。

法院判决：被告某医院应在本判决生效之日起15日内，为原告戚某办理档案关系转移手续。

争议焦点

戚某居住的房屋是福利房还是个人购房？

根据《国务院关于深化城镇住房制度改革的决定》（国发〔1994〕43号）第4条第21项规定，明确产权。职工以市场价购买的住房，产权归个人所有，可以依法进入市场，按规定交纳有关税费后，收入归个人所有。

职工以成本价购买的住房，产权归个人所有，一般住用5年后可以依法进入市场，在补交土地使用权出让金或所含土地收益和按规定交纳有关税费后，收入归个人所有。

职工以标准价购买的住房，拥有部分产权，即占有权、使用权、有限的收益权和处分权，可以继承。产权比例按售房当年标准价占成本价的比重确定。职工以标准价购买的住房，一般住用5年后方可依法进入市场，在同等条件下，原售房单位有优先购买、租用权，原售房单位已撤销的，当地人民政府房产管理部门有优先购买、租用权。售、租房收入在补交土地使用权出让金或所含土地收益和按规定交纳有关税费后，单位和个人按各自的产权比例进行分配。

某市安居工程领导小组为解决教师困难户住房问题，对按规定要求提出购房申请的教育系统的120个单位，在某小区给予分配住房，其中向某医院分配住房250套。某医院将该小区28号楼4单元502室分配给戚某，戚某居住的房屋是政府安居工程住房，戚某没有支付房款，不符合《国务院关于深化城镇住房制度改革的决定》（国家〔1994〕43号）规定的情形，所以，此房屋属于福利住房,并非戚某个人住房。

此外,因该争议房屋为政府安居工程住房,某医院须另案主张权利。

(二) 安家费

 案例导引

10. 林某与某技术学院人事聘用合同纠纷案①

林某与某技术学院签订"人才特区"特聘青年研究员聘用合同,约定聘用期限为3年,若林某擅自在校外兼职,则上缴兼职所得;若服务期未满3年,林某因个人原因辞职、被解聘,则向学院支付实领各项薪酬待遇、安家费、购房补贴总额20%的违约金等。未满3年,林某即受聘为其他大学的教授,并向某技术学院提出离职。某技术学院向当地劳动人事争议仲裁委员会提起劳动仲裁,请求解除聘用合同,由林某向其支付安家费,获仲裁裁决支持。林某不服,向法院提起诉讼。

法院认为,林某没有按照聘用合同履行服务期3年的约定,构成违约,却不承担责任,有悖诚信原则。

法院判决:林某应按没有履行服务年限的相应金额支付某技术学院给付的安家费。

争议焦点

林某主动离职的情况下,是否应向某技术学院退还安家费?

虽然我国相关人事法律法规在聘用合同的违约责任中并没有明确设置违约金,但为鼓励技术创新、人才培养,应支持企事业单位为留住高层次人才的投入。因此,在肯定给付安家费和购房补贴等福利待遇以留住人才的同时,也应支持合同中关于服务期违约金的约定,防范高层次人才随意跳槽给企事业单位造成损失。某技术学院向林某支付安家费和购房补贴等待遇,要求林

---

① 参见广东省佛山市禅城区人民法院判决,(2021)粤0604民初26513号。

某按照事业单位管理要求服务 3 年，双方权利、义务对等，并无显失公平和违反法律规定的情形。若受聘人员违约却不承担责任，则有悖诚信原则。所以，林某在主动离职的情况下应退还没有履行服务年限相应金额的安家费。

(三) 安家费+福利房

11. 某大学与庞某人事争议纠纷案[①]

庞某在某大学任职期间，双方签订了境外留学协议、补充协议、补充协议（二）等协议。

2011 年 1 月 14 日，原告（某大学）与被告（庞某）签署了引进学科带头人协议，聘期内某大学向庞某提供年薪 25 万元、人才启动费 15 万元。双方于 2011 年 10 月 28 日签订境外留学协议，出国第 3 年，发放年薪 35 万元，自庞某回国来校上班起补发。庞某承诺回国后追加工作服务 5 年，该追加的服务期与之前双方签订协议的服务期累加计算，若服务期未满离开某大学，即为庞某违约。2014 年 1 月 10 日，经庞某要求，双方又签订引进高层次人才协议（补充协议），原告大幅提高了庞某的相关待遇，将原工作协议中的年薪调整为 35 万元，另向庞某提供安家费 50 万元，将原协议中约定的人才启动费由 15 万元调整为 25 万元，原告还同意向庞某提供一套人才公寓的使用权购买资格。原告为了挽留人才，于 2017 年 10 月又与庞某签订引进人才聘用协议［补充协议（二）］，约定服务期 7 年。自 2017 年 10 月 1 日至 2024 年 9 月 30 日，首期（2017 年 10 月 1 日至 2019 年 9 月 30 日）年薪 50 万元；自 2019 年 10 月起，庞某年薪提高至 60 万元。但庞某自 2011 年签订协议至 2018 年申请辞职，有 6 年时间因个人原因滞留国外，从未在学校开设、讲授任何一门课程，在科研方面也没有达到协议的约定要求，庞某构成根本违约。依据双方签订的人才公寓住房合同的约定，庞某在与原告约定的服务期内非因

---

① 江苏省南京市浦口区人民法院判决，（2019）苏 0111 民初 9768 号；江苏省南京市中级人民法院判决，（2019）苏 01 民终 5955 号。

上级组织决定,以辞职、调动等任何事由提前终止聘用关系的,原告都有权解除本合同、收回房屋。庞某须在收到通知起30日内腾空并返还房屋,逾期不返还的,每日承担本合同约定房款1‰的违约金直至返还房屋之日止。2018年11月1日,某大学人事处出具批准辞职证明,庞某于2018年9月提出辞职被批准,自2018年10月停止发放工资待遇。

原告某大学向法院提出:要求庞某返还位于南京市××的房屋使用权;要求庞某支付搬离该房屋之日止的违约金,要求庞某立即返还已支取的安家费并支付违约金。庞某不服一审判决,向二审法院提起上诉。

本案中,被告庞某于本判决生效之日起30日内向原告返还位于南京市××的房屋,逾期不归还上述房屋应按照每日承担购房款1‰的违约金直至实际搬离之日止;被告庞某于本判决生效之日起5日内向原告某大学支付违约金。

一审法院判决:驳回原告的其他诉讼请求。

二审法院认为,一审认定事实清楚,适用法律正确。

二审法院判决:驳回上诉,维持原判。

争议焦点

(1) 庞某是否应向某大学支付已支取的安家费?

本案中,庞某在某大学任职期间,双方签订了境外留学协议、补充协议、补充协议(二)等协议。庞某在国外期间,某大学向庞某支付了安家费等费用,庞某享受购买人才公寓的指标等特殊待遇,庞某在回国后按约定应在某大学履行相应的服务期。根据补充协议(二)中的约定,双方将追加后的服务期明确为2017年10月1日至2024年9月30日,且明确了2017年10月1日至2019年9月30日为首聘期未履行的2年。庞某在2018年9月向某大学提出离职,违反了关于服务期的约定,应承担相应的违约责任。

对某大学要求被告庞某立即返还已支取的安家费的诉讼请求,某大学与庞某签订的带头人协议第5条第7款中约定:乙方违约,甲方有权要求乙方退还甲方提供的过渡性住房,并支付数额为已领取收入双倍金额的违约金,该条款并没有返还安家费的约定,故庞某对某大学支付的安家费无须返还。

（2）庞某是否应向某大学返还位于南京市××的房屋，并向某大学支付违约金？

依据双方签订的人才公寓住房合同的约定，庞某在与某大学约定的服务期内非因上级组织决定，以辞职、调动等任何事由提前终止聘用关系的，某大学都有权解除本合同、收回房屋。庞某须在收到通知起30日内腾空并返还房屋，逾期不返还的，每日承担本合同约定房款1‰的违约金直至返还房屋之日止。

某大学与庞某的人事关系已于2018年9月解除，且其已经向庞某履行了通知的义务。依据双方签订的人才公寓住房合同，庞某在腾空并办理房屋返还交接手续后，有权要求某大学返还房款；某大学在返还房款时，有权扣除庞某实际使用期间的房款，因此，庞某使用房屋期间应向某大学支付相关使用费用，并支付违约金。庞某逾期不返还房屋的违约金，应自判决确定的返还房屋期限之日起计算。

（四）安家费+科研启动费

案例导引

12. 李某与某大学辞职纠纷案①

李某于2016年3月6日与某大学签订人才引进协议，于2016年7月14日正式入职某大学。某大学（甲方）与李某（乙方）签订的人才引进协议约定：甲方某大学聘用乙方李某到甲方某大学工作，服务期为5年，自2016年7月14日起至2021年7月13日止。甲方某大学支付给乙方李某安家费、购房补贴及5万元科研启动经费等。协议第9条约定了乙方李某义务：乙方李某在服务期内不得提出辞职、自费出国、调离甲方等申请。乙方李某在甲方某大学工作2年内，至少主持1项有资助经费的地厅级项目并以第一作者身份公开发表核心学术论文至少2篇。协议第11条约定了违约行为及违约金支

---

① 参见广西壮族自治区钦州市钦南区人民法院判决，(2022)桂0702民初3308号；广西壮族自治区钦州市中级人民法院判决，(2023)桂07民终887号。

付：如乙方李某在服务期内提出辞职、自费出国、调离甲方等申请，视为违约，须承担违约责任；如乙方李某服务不满服务期，应退还甲方某大学支付的安家费、科研启动费。2016年10月14日，吴某、李某与某大学签订《吴某教授与资助团队成员李某出国培养协议》，2016年10月27日，某大学（甲方）与李某（乙方）、吴某（丙方）签订《教职工出国进修培训协议》，2017年5月15日，某大学（甲方）与李某（乙方）、吴某（丙方）签订《教职工出国进修培训补充协议》，2017年6月22日，李某经市机构编制委员会审批同意列为市全额财拨事业单位编制人员。李某从2016年12月1日起至2019年11月30日，某大学支付其出国生活费、科研费用等共14笔。2019年12月30日，李某销假返回某大学工作。2021年9月5日，李某向某大学提出离职申请，某大学于2021年11月22日同意李某离职，并于2021年11月29日向李某发出《关于同意李某同志辞职并办理离校手续的通知》，明确某大学与李某的人事关系于2021年11月30日正式解除，某大学自2016年8月至2021年11月按月支付李某工资。某大学要求李某于2021年12月29日前办理完违约金清缴及相关离校手续。李某以某大学未依法为其出具离职证明为由，不办理离校手续。

某大学遂向当地劳动人事争议仲裁委员会申请人事争议仲裁，仲裁委以对此无管辖权为由，裁决驳回某大学的仲裁申请请求。某大学对该裁决不服起诉至一审法院，请求法院判决李某返还安家费和科研启动费。一审判决后，李某不服一审判决，向二审法院提起上诉。

一审法院认为，被告李某于2016年7月14日正式入职原告某大学，原告某大学已按照约定向李某支付了安家费、购房补贴及5万元科研启动经费，某大学与李某的人事关系于2021年11月30日正式解除。李某服务期为5年，自2016年7月14日起至2021年7月13日止，服务期已经履行完毕，安家费不予返还。

但李某在原告处工作2年内仅于2017年11月发表符合约定的论文1篇，未能完成主持1项有资助经费的地厅级项目并以第一作者身份公开发表核心学术论文至少2篇的约定义务，原告据此根据双方签订的人才引进协议第11

条的约定要求李某退还科研启动经费 40000 元（50000 元×80%），合法有据，予以支持。李某辩称已履行合同约定的内容，但未提供证据予以证明，不予采纳。

一审判决：被告李某在本案判决生效之日起 15 日内向原告某大学退还科研启动经费 40000 元。

二审法院认为，上诉人李某上诉请求部分成立。

二审判决：变更原判决，改判为上诉人李某在本案判决生效之日起 15 日内退还被上诉人某大学科研启动经费 25000 元。

争议焦点

李某是否应向某大学退还科研启动经费？

李某于 2016 年 7 月 14 日正式入职，入职不到 4 个月即于 2016 年 12 月 1 日起至 2019 年 11 月 30 日出国进修，某大学已按照约定向李某支付了安家费、购房补贴及 5 万元科研启动经费，因李某并未能按人才引进协议约定在某大学工作 2 年内完成科研任务。但鉴于李某在出国进修期完成一定工作任务，在本案中无法量化计算，法院根据人才引进协议的约定，酌情退还科研启动经费 25000 元（50000 元×50%）。

法律责任与后果

《劳动合同法》第 25 条规定，除本法第 22 条和第 23 条规定的情形外，用人单位不得与劳动者约定由劳动者承担违约金。

根据《劳动合同法》的规定，聘用单位只有与受聘人员约定服务期和竞业限制协议，受聘人员违反服务期和竞业限制协议时，才须支付违约金；并没有规定聘用单位为受聘人员提供特殊待遇约定服务期的情形，由受聘人员支付违约金。聘用单位为受聘人员提供安家费、福利房甚至户口等特殊福利待遇可以约定服务期，但是不能约定违约金。否则，在这种情形下聘用单位与受聘人员约定违约金，会因违反法律的强制性规定，被认定为无效条款。

在聘用单位提供物质性特殊福利待遇的情况下，受聘人员自由离职不用

支付违约金,对于聘用单位而言,是有付出无回报。所以,聘用单位应尽量设计长期支付型的福利待遇,避免一次性福利待遇。

此外,安家费和福利房有一部分是属于职工福利性质的,应当依法计入工资总额。如果安家费和福利房的发放并未附加任何条件,则属于受聘人员应得的工资收入,聘用单位同样不得随意克扣或者拖欠。否则,聘用单位应承担支付经济补偿金的责任。

法律风险识别

聘用合同约定条款不能违反法律法规的强制性规定,只能在合法性原则下结合聘用单位自身实际,对聘用关系双方当事人权利、义务进行细化与明确。《劳动合同法》限制聘用单位与受聘人员约定受聘人员支付违约金,目的是防止聘用单位利用其强制地位,任意约定违约金,损害受聘人员的利益。具体到聘用单位与受聘人员签订的特殊待遇条款,与受聘人员之间约定服务期的情形,实际上与附条件的赠与较为类似。

第一,阶段性支付或者阶段性享受形式。聘用单位的福利待遇分期支付受聘人员才可以享受,若受聘人员离职则无法享受,变事前享受为事后收益,以丧失代替违约金。聘用单位在给予特殊待遇时,对具体制度进行设计,使受聘人员只有在达到一定期限时,才可以获得该项福利待遇。

第二,特殊福利待遇不能约定违约金。聘用单位根据受聘人员的工龄、对聘用单位的贡献、职务等各方面的标准,规定受聘人员享受特殊福利待遇的事项。如果受聘人员未满服务期约定,则聘用单位应要求受聘人员按没有履行年限的相应金额退还给付的特殊福利待遇(特殊福利待遇总额÷应服务年限×未满服务年限)。

第三,对受聘人员纠纷应注意的事项。对于特殊福利待遇而言,在聘用合同期限内发生纠纷时,聘用单位应积极面对。受聘人员服务未满约定的服务期限构成违约的,聘用单位不能要求受聘人员承担支付违约金的责任,但并不影响聘用单位根据《中华人民共和国民法典(合同编)》中的规定,要求受聘人员承担其他的违约责任。

第三节 聘用合同续订的法律风险识别

聘用合同续订,是指聘用合同期限届满后,受聘人员与聘用单位继续延长聘用合同有效期的法律行为,即原来的聘用合同在有效期届满后仍然存续一段的期限。在该期限内,受聘人员和聘用单位继续享受、承担原聘用合同存在时的权利、义务。

聘用合同续订,最重要的条件是双方当事人协商一致,即聘用单位与受聘人员都愿意按照原聘用合同约定的内容继续履行合同。

一、未续订聘用合同

(一) 未与受聘人员续订聘用合同

案例导引

13. 杨某与北京某大学人事争议纠纷案①

北京某大学与杨某签订期限至 2012 年 12 月 31 日的聘用合同,其后双方再未签订聘用合同。2013 年 7 月 1 日,北京某大学要求与杨某续签期限至 2013 年 12 月 31 日的聘用合同,同时要求杨某签收终止聘用合同通知,杨某未予同意,双方未续签聘用合同。2013 年 11 月 27 日,北京某大学向杨某送达终止聘用合同通知,双方人事关系于 2013 年 12 月 31 日终止。

2011 年 12 月 28 日、2013 年 3 月 7 日,北京某大学分别从杨某的科研经费及其他教师的科研经费中划走 50100 元、81333.33 元,用于支付 2012 年、2013 年的岗位津贴、业绩津贴。

杨某现诉至法院,要求北京某大学支付未签订聘用合同 2 倍工资差额,并

---

① 参见北京市海淀区人民法院判决,(2014) 海民初字第 11224 号。

提出返还从其科研经费及其他教师的科研经费中划走 131433.33 元的诉讼请求。

法院认为,杨某提出北京某大学支付未签订聘用合同 2 倍工资差额的诉讼请求,属于因订立聘用合同引发的争议,不属于《最高人民法院关于人民法院审理事业单位人事争议案件若干问题的规定》第 3 条规定的因辞职、辞退及履行聘用合同所引发争议的范畴。

法院判决:驳回杨某的起诉。

争议焦点

聘用合同从何时续签?

聘用合同期满后受聘人员继续工作,而未与聘用单位签订聘用合同,此属于"过期合同"。过期合同,是指聘用合同期满后,受聘人员仍在原聘用单位工作,聘用单位未表示异议的,聘用单位与受聘人员之间存在的是一种事实人事关系。尽管形式上存在缺陷,但仍然属于人事关系。

本案中,杨某与北京某大学签订的聘用合同在 2012 年 12 月 31 日到期,双方应当从 2013 年 1 月 1 日续签聘用合同,而双方却在 2013 年 7 月 1 日才续签聘用合同,从 2013 年 1 月 1 日至 2013 年 6 月 30 日双方当事人未签订聘用合同,属于事实人事关系。

(二)聘用合同延续

案例导引

14. 王某与某小学聘用合同纠纷案①

原告王某于 2007 年 8 月至被告某小学处从事教师工作,双方签订两份聘用合同,最后期限至 2012 年 7 月 31 日。2012 年 6 月 11 日,被告书面通知原告聘用合同期满不再续订。2012 年 6 月 13 日,原告上班途中发生交通事故。2012 年 6 月 20 日,原告恢复健康正常上班。2012 年 7 月 2 日,双方因工伤认

---

① 参见上海市长宁区人民法院判决,(2013)长民四(民)初字第 558 号;上海市中级人民法院判决,(2013)沪一中民三(民)终字第 1215 号。

定事宜约定聘用合同期限顺延至 2012 年 8 月 31 日,并签订了书面协议。2012 年 7 月 10 日,原告被认定为工伤。原告因自认伤势较轻,拒绝做伤残等级鉴定。2012 年 8 月 31 日,双方终止人事关系,被告为原告出具了解除(终止)聘用合同证明。原告离职前 12 个月平均工资为 5541.19 元。2012 年 9 月 20 日,原告向当地劳动人事争议仲裁委员会提出仲裁申请,要求与被告恢复聘用关系并支付工资等,未获支持,该裁决书已经生效。2013 年 1 月 4 日,原告就被告终止聘用合同后的经济补偿事宜再次申请仲裁,仍未获支持。原告王某不服仲裁裁决,遂向法院提起诉讼,要求被告支付经济补偿和赔偿金。原告王某不服一审判决,向二审法院提起上诉。

一审法院认为,2002 年 7 月 6 日,《国务院办公厅转发人事部关于在事业单位试行人员聘用制度意见的通知》(国办发〔2002〕35 号)对聘用单位应当向被解聘人员支付经济补偿的情形作了明确规定。上海市根据国办发〔2002〕35 号文件制定的《上海市事业单位聘用合同办法》,对聘用单位应当支付受聘人员经济补偿的情形也作了明确规定,故对于原告主张的经济补偿的争议,应适用上述规定。根据《国务院办公厅转发人事部关于在事业单位试行人员聘用制度意见的通知》以及《上海市事业单位聘用合同办法》相关规定,聘用单位应当支付经济补偿的情形中均未包括聘用合同期满。故原告要求被告支付终止聘用合同经济补偿以及 100% 赔偿金的诉讼请求缺乏法律依据,本院不予支持。

一审法院判决:驳回诉讼请求。

二审法院判决:维持一审法院判决。

争议焦点

王某与某小学之间属于聘用合同延续还是续订聘用合同?

根据《劳动合同法》第 45 条规定,劳动合同期满,有本法第 42 条规定情形之一的,劳动合同应当续延至相应的情形消失时终止。但是,本法第 42 条第 2 项规定丧失或者部分丧失劳动能力劳动者的劳动合同的终止,按照国家有关工伤保险的规定执行。第 42 条规定,劳动者有下列情形之一的,用人单位不得依照本法第 40 条、第 41 条的规定解除劳动合同：（一）从事接触职业病危害作业的劳动者未进行离岗前职业健康检查，或者疑似职业病病人在诊断或者医学观察期间的；（二）在本单位患职业病或者因工负伤并被确认丧失或者部分丧失劳动能力的；（三）患病或者非因工负伤，在规定的医疗期内的；（四）女职工在孕期、产期、哺乳期的；（五）在本单位连续工作满 15 年，且距法定退休年龄不足 5 年的；（六）法律、行政法规规定的其他情形。

本案中，王某与某小学聘用合同存在延续的情况，聘用合同延续至相应的情形消失时终止，《劳动合同法》有明确规定，因此，聘用单位与受聘人员之间不需要续订聘用合同。

二、签订至退休的聘用合同

（一）连续工作满 10 年距退休不足 10 年

15. 郭某与某医科大学人事争议纠纷案①

郭某 1967 年 6 月出生，1989 年毕业后在某医科大学任教。2004 年 12 月 10 日，某医科大学与郭某签订聘用合同，合同期限为 2004 年 12 月 10 日至 2014 年 12 月 31 日。从 2010 年 1 月到 2010 年 12 月，某医科大学聘任郭某为讲师。2011 年初，某医科大学以郭某学历不符合教师岗位基本要求为由未再聘请郭某担任讲师，并与郭某协商转岗事宜。

因转岗事宜，郭某向当地劳动人事争议仲裁委员会申请仲裁，要求某医科大学恢复其教师岗位工作等。后因郭某不服仲裁委作出的仲裁裁决，起诉至当地法院，要求某医科大学恢复其教师工作岗位，向其支付岗位工资及各项赔偿金等。2012 年 11 月 20 日，法院作出某医科大学支付郭某基本生活费

---

① 参见北京市丰台区人民法院判决，（2017）京 0106 民初 712 号；北京市中级人民法院判决，（2017）京 02 民终 8567 号。

和绩效工资的判决。郭某与某医科大学均不服该判决，分别上诉至某市中级人民法院。2013年4月15日，某市中级人民法院驳回了双方上诉，维持一审判决。

其间，郭某一直未到某医科大学上班。2013年10月，郭某再次申请人事争议仲裁，提出撤销某医科大学于2012年12月27日以捏造旷工为由解除聘用合同的告知书、赔偿其各项损失等请求。当地仲裁委作出驳回郭某全部仲裁请求的裁决。郭某不服裁决，向当地法院提起诉讼，法院作出判决：撤销某医科大学于2012年12月27日作出的解除聘用合同告知书，支付郭某2012年11月21日至2014年12月31日期间的基本生活费。判决后，郭某与某医科大学均不服该判决，上诉至某市中级人民法院。2016年2月26日，某市中级人民法院作出判决：驳回上诉，维持原判。

2016年，郭某又向仲裁委提起仲裁，请求续订2014年底终止的教职工聘用合同至退休。仲裁委作出裁决：某医科大学自裁决生效之日起15日内，与郭某订立至退休的聘用合同。双方都不服，向人民法院提起诉讼。某医科大学不服一审判决，向二审法院提起上诉。

一审法院认为，当事人对自己的主张有责任提供证据，没有证据或者证据不足以证明当事人事实主张的，由负有举证责任的当事人承担不利后果。根据生效的法律文书的判决结果和认定事实，2012年12月27日，某医科大学作出的解除郭某聘用合同告知书无效，双方之间于2014年12月31日期间存在人事关系。2015年1月1日至今，郭某与某医科大学未签订聘用合同系双方长时间人事争议所致，现郭某于终审判决生效后提出与某医科大学续订至退休的聘用合同的请求，结合郭某本人实际已符合在同一单位连续工作满10年，且距退休年龄不足10年的规定，根据《事业单位人事管理条例》第14条规定，某医科大学应当与其订立至退休的聘用合同，法院对郭某提出的续订至退休的聘用合同的请求予以支持。

一审法院判决：某医科大学自判决生效之日起10日内与郭某订立至退休的聘用合同。

二审法院认为，一审法院认定郭某符合上述情形，并支持郭某要求续订至退休的聘用合同的诉请，符合法律规定和本案实际。某医科大学上诉坚持主张不与郭某订立至退休的聘用合同,因事实及法律依据均不足,本院不予支持。

二审法院判决:驳回上诉,维持原判。

争议焦点

某医科大学是否应与郭某订立至退休的聘用合同?

根据《事业单位人事管理条例》第14条规定,事业单位工作人员在本单位连续工作满10年且距法定退休年龄不足10年,提出订立聘用至退休的合同的,事业单位应当与其订立聘用至退休的合同。

《国务院办公厅转发人事部关于在事业单位试行人员聘用制度意见的通知》(国办发〔2002〕35号)第4条第4款规定,对在本单位工作已满25年或者在本单位连续工作已满10年且年龄距国家规定的退休年龄已不足10年的人员,提出订立聘用至退休的合同的,聘用单位应当与其订立聘用至该人员退休的合同。

本案中,郭某1967年出生,1989年在某医科大学工作。到2014年,郭某已经连续在某医科大学工作25年,距离退休还有8年,符合《国务院办公厅转发人事部关于在事业单位试行人员聘用制度意见的通知》(国办发〔2002〕35号)的规定和《事业单位人事管理条例》的规定:在本单位连续工作满10年且距法定退休年龄不足10年。郭某提出与某医科大学订立至退休的聘用合同符合行政法规和行政规章的规定,某医科大学应与郭某订立至退休的聘用合同。

(二)连续工龄25年

16. 张某等人事争议案[①]

张某于1976年3月应征入伍。2002年1月1日,张某与兽医所签订事业

---

① 参见北京市第三中级人民法院判决,(2014)三中民终字第01046号。

单位聘用合同，期限至2003年12月31日止，约定张某从事后勤司机工作。2004年1月1日，双方续签聘用合同至2005年12月31日止。2005年11月28日，兽医所向张某送达聘用终止通知书，张某则于2005年12月12日向兽医所提出签订至退休的聘用合同的请求，双方发生争议。张某向当地劳动人事争议仲裁委员会提起仲裁，仲裁委驳回其仲裁请求，张某不服仲裁裁决，向法院提起诉讼，要求兽医所与其签订期限至退休之日的聘用合同。

2012年11月20日，法院再审终审判决驳回上诉，维持原判。2013年1月5日，兽医所与张某签订期限自2013年1月5日至张某退休（2018年7月31日）的聘用合同。

法院再审生效判决认定，兽医所应与张某签订期限至退休之日的聘用合同，并驳回了兽医所要求确认与张某之间的人事关系于2005年12月31日终止的诉讼请求，故兽医所于2005年12月终止与张某的聘用关系属于违法行为，导致张某不能正常提供劳动，无法获得相应劳动报酬和应得的福利待遇等，对张某造成了损害，对张某在2006年1月至2012年12月期间的损失应予赔偿。兽医所上诉所称不予赔偿张某损失的理由，并无事实和法律依据，本院不予采纳。

二审法院判决：驳回上诉，维持原判。

争议焦点

（1）张某是否符合《事业单位人事管理条例》中规定的签订至退休的聘用合同情形？

根据《国务院办公厅转发人事部关于在事业单位试行人员聘用制度意见的通知》（国办发〔2002〕35号）第4条第4款规定，对在本单位工作已满25年或者在本单位连续工作已满10年且年龄距国家规定的退休年龄已不足10年的人员，提出订立聘用至退休的合同的，聘用单位应当与其订立聘用至该人员退休的合同。在本单位工作已满25年的，可按在本单位及国有单位工作的工龄合计已满25年掌握。

《劳动合同法》第14条规定，无固定期限劳动合同，是指用人单位与劳动者约定无确定终止时间的劳动合同。用人单位与劳动者协商一致，可以订立无固定期限劳动合同。有下列情形之一，劳动者提出或者同意续订、订立劳动合同的，除劳动者提出订立固定期限劳动合同外，应当订立无固定期限劳动合同：（一）劳动者在该用人单位连续工作满10年的；（二）用人单位初次实行劳动合同制度或者国有企业改制重新订立劳动合同时，劳动者在该用人单位连续工作满10年且距法定退休年龄不足10年的；（三）连续订立二次固定期限劳动合同，且劳动者没有本法第39条和第40条第1项、第2项规定的情形，续订劳动合同的。用人单位自用工之日起满1年不与劳动者订立书面劳动合同的，视为用人单位与劳动者已订立无固定期限劳动合同。

根据《退役士兵安置条例》第44条规定：退役士兵服现役年限计算为工龄，与所在单位工作年限累计计算，享受国家和所在单位规定的与工龄有关的相应待遇。

本案中，张某从1976年参军，2002年与兽医所签订聘用合同，2005年11月28日兽医所发出聘用终止通知书。根据《退役士兵安置条例》的规定，退役士兵服现役年限计算为工龄，与所在单位工作年限累计计算，张某的工龄应为29年，符合《国务院办公厅转发人事部关于在事业单位试行人员聘用制度意见的通知》（国办发〔2002〕35号）规定的在本单位工作已满25年的情形，所以，兽医所应与张某签订期限至退休之日的聘用合同。

（2）签订期限到退休的聘用合同与无固定期限劳动合同的联系与区别是什么？

第一，签订期限到退休的聘用合同与无固定期限劳动合同的联系如下：

无固定期限劳动合同，在劳动合同履行过程中，只要不出现法律规定的解除条件或者终止条件，一般用人单位不能解除或者终止劳动合同，劳动合同一直存续到劳动者退休为止。

第二，签订期限到退休的聘用合同与无固定期限劳动合同的区别：

二者规定的情形不同：签订期限到退休的聘用合同只有两种情形，而签订无固定期限的劳动合同有四种情形。

法律责任与后果

1996年发布的《劳动部关于实行劳动合同制度若干问题的通知》第14条规定,有固定期限的劳动合同期满后,因用人单位方面的原因未办理终止或续订手续而形成事实劳动关系的,视为续订劳动合同。用人单位应及时与劳动者协商合同期限,办理续订手续。

《最高人民法院关于审理劳动争议案件适用法律问题的解释(一)》(法释〔2020〕26号)第34条第1款规定,劳动合同期满后,劳动者仍在原用人单位工作,原用人单位未表示异议的,视为双方同意以原条件继续履行劳动合同。一方提出终止劳动关系的,人民法院应予支持。

《劳动合同法》第46条第5项规定,有下列情形之一的,用人单位应当向劳动者支付经济补偿:除用人单位维持或者提高劳动合同约定条件续订劳动合同,劳动者不同意续订的情形外,依照本法第44条第1项规定终止固定期限劳动合同的。

第82条规定,用人单位自用工之日起超过1个月不满1年未与劳动者订立书面劳动合同的,应当向劳动者每月支付2倍的工资。

用人单位违反本法规定不与劳动者订立无固定期限劳动合同的,自应当订立无固定期限劳动合同之日起向劳动者每月支付2倍的工资。

《劳动合同法》规定,聘用单位决定续签聘用合同,应在原聘用合同到期前完成签订工作,以免聘用合同到期后,聘用单位与受聘人员之间形成事实人事关系。聘用单位未能在聘用合同到期前完成续签的,最迟应在聘用合同期限届满后的1个月内与受聘人员续签聘用合同,否则,超过1个月未续签聘用合同的,聘用单位应自超过1个月的次日起向受聘人员支付2倍的工资。根据特别法优于一般法的原则,受聘人员与聘用单位未续签聘用合同不适用《劳动合同法》的规定。

法律风险识别

聘用单位无法定事由,不得单方决定不续订聘用合同,否则可因终止聘用合同而向受聘人员支付经济补偿。

聘用单位在聘用合同期满前，应及时向受聘人员发出续订、终止聘用合同通知，要求受聘人员签字确认，并按期答复，保留证据。如果受聘人员逾期不答复，发生人事争议，受聘人员不能举证证明聘用单位同意续订聘用合同，也不能举证证明对聘用单位提出的续订条件有异议而主张续订聘用合同，则聘用单位有权在聘用合同期满后，提出终止人事关系，无须支付经济补偿。

第四节　聘用合同效力的法律风险识别

合同效力是法律赋予依法成立的合同产生的约束力。无效聘用合同是指由当事人签订成立而国家不予承认其法律效力的聘用合同。无效聘用合同自始至终不具有法律效力。聘用合同是否具有效力，由劳动人事争议仲裁委员会或者人民法院确认，其他任何部门或者个人无权认定聘用合同无效。

一、违反法律行政法规强制性规定

（一）受聘人员未取得幼师资格证聘用合同的效力

17. 黄某与某教育体育局教育行政纠纷案①

原告黄某于 1962 年 8 月至 1984 年 12 月在某幼儿园担任幼儿教师，后退休。原告黄某于 2014 年 1 月 12 日向被告某教育体育局申请享受国有企业幼教退休教师待遇资格，被告于 2014 年 5 月 15 日作出原告不应该享受国有企业幼教退休教师待遇的行政决定。原告虽然退休前是保育员，但从事的工作是教师行为。原告虽然没有教师资格证，但不是原告个人原因造成的，系原告所

---

① 参见四川省绵阳市涪城区人民法院判决，(2015) 涪行初字第 58 号。

在单位从未申请办理过教师资格证书造成的。被告未经调查程序就认为原告是保育员,作出行政决定,显然该行政行为违法。故黄某请求判决撤销被告作出的《关于国有企业幼教退休教师享受待遇的资格审核结果的回复》的行政决定,原告享受同工同酬企业幼教退休教师资格待遇。

法院认为,被告某教育体育局向原告黄某出具回复的行为,系被告按照国务院国资委等四部门《关于妥善解决国有企业职教幼教退休教师待遇问题的通知》等政策的规定,处理国有企业改制历史遗留的职工待遇问题的行为,不属于《教师资格条例》调整的教师资格认定行为。该行为不属于人民法院行政诉讼的受案范围。同时,人民法院无权直接判决当事人享受退休教师资格待遇,原告的第二项诉请也不属于人民法院行政诉讼的受案范围。

法院判决:驳回原告诉讼请求。

争议焦点

黄某与某幼儿园之间签订的聘用合同是否有效?

《教师资格条例》第2条规定,中国公民在各级各类学校和其他教育机构中专门从事教育教学工作,应当依法取得教师资格。第4条第1项规定,教师资格分为:(一)幼儿园教师资格。根据《中华人民共和国教师法》(以下简称《教师法》)第10条第1款规定,国家实行教师资格制度。第17条规定,学校和其他教育机构应当逐步实行教师聘任制。教师的聘任应当遵循双方地位平等的原则,由学校和教师签订聘任合同,明确规定双方的权利、义务和责任。实施教师聘任制的步骤、办法由国务院教育行政部门规定。

本案中,黄某在某幼儿园从事教育教学工作,但未依法取得教师资格证,故不具备以教师身份与学校之间订立聘用合同的主体资格。因此,黄某与某幼儿园基于从事聘用教师岗位而欲订立的聘用合同,因黄某不符合法律法规规定的主体资格而无效。

(二) 受聘人员未取得小学教师资格证聘用合同的效力

 案例导引

18. 王某与某附属中学分校聘用合同纠纷案①

2015年10月21日，经某市某区机构编制委员会文件（海编委发〔2015〕34号）批复，将某市某区某小学（以下简称"某小学"）并入某附属中学分校，并为该校增加小学阶段义务教育任务。2014年9月至2015年2月，某小学通过某市某区××学区管理中心为王某缴纳社会保险。王某未取得教师资格证。某小学与王某未签订书面聘用合同，按月通过银行转账形式向王某支付报酬。王某在某小学工作至2015年1月30日，当日该校长柳某（现某附属中学分校副校长）告知王某不再续聘。2015年2月为寒假期间。王某向当地劳动人事争议仲裁委员会提出仲裁申请，要求确认与某附属中学分校之间的聘用合同有效，仲裁委作出不予受理裁决，王某因不服仲裁裁决，向法院提起诉讼。

法院认为，某附属中学分校作为承继原某小学权利、义务的法律主体，为本案的适格被告。根据《劳动合同法》第26条规定，下列劳动合同无效或者部分无效：（一）以欺诈、胁迫的手段或者乘人之危，使对方在违背真实意思的情况下订立或者变更劳动合同的；（二）用人单位免除自己的法定责任、排除劳动者权利的；（三）违反法律、行政法规强制性规定的。对劳动合同的无效或者部分无效有争议的，由劳动争议仲裁机构或者人民法院确认。

本案裁判适用的依据为第三类。根据《教师法》第10条及《教师资格条例》第2条的规定，国家实行教师资格准入制度。本案中，王某在九年制义务教育学校中专门从事教育教学工作，但未依法取得教师资格证，故不具备以教师身份与学校之间订立聘用合同的主体资格。因此，对王某的上述诉讼请求，法院均不予支持。

---

① 参见北京市海淀区人民法院判决，（2016）京0108民初26754号。

法院判决：驳回诉讼请求。

争议焦点

（1）王某与某附属中学分校之间订立的聘用合同是否有效？

根据《教师法》第 10 条第 1 款规定，国家实行教师资格制度。《教师资格条例》第 2 条规定，中国公民在各级各类学校和其他教育机构中专门从事教育教学工作，应当依法取得教师资格。《教师法》第 13 条规定，中小学教师资格由县级以上地方人民政府教育行政部门认定。中等专业学校、技工学校的教师资格由县级以上地方人民政府教育行政部门组织有关主管部门认定。普通高等学校的教师资格由国务院或者省、自治区、直辖市教育行政部门或者由其委托的学校认定。具备本法规定的学历或者经国家教师资格考试合格的公民，要求有关部门认定其教师资格的，有关部门应当依照本法规定的条件予以认定。取得教师资格的人员首次任教时，应当有试用期。第 14 条规定，受到剥夺政治权利或者故意犯罪受到有期徒刑以上刑事处罚的，不能取得教师资格；已经取得教师资格的，丧失教师资格。

本案中，王某在原某小学担任教师，未依法取得教师资格证，故其与原某小学基于从事聘用教师岗位而欲订立的聘用合同，因不符合法律法规规定的主体资格而无效。

（2）教师的聘用合同与一般劳动合同相比特殊性是什么？

教师的聘用合同与一般劳动合同相比，取得教师身份依照法律尚需一些特殊要求：一是具备相应的教师资格与条件（上岗前取得教师资格证）；二是与学校签订聘任合同，一般情况下，事业单位存在招聘公示后即开始用工的情况，但事业单位编制内或其他正式招聘人员的完成与否，应以完成核准程序并经批准的日期为准，并不是以实际用工为标准；三是履行教育教学职责。

二、以欺诈手段订立聘用合同

19. 某学院与徐某、雷某人事争议纠纷案①

2004年,某学院(筹)面向社会公开招聘教师,被告徐某以教授身份应聘。2005年1月21日,原告某学院根据徐某提供的材料,按照引进教授职称待遇与徐某签订合同,约定自合同签订之日起,徐某在某学院(筹)服务5年;某学院为徐某提供120平方米住房(服务期满后房屋产权归徐某所有)、安家费6万元、年收入不低于7万元、科研启动费4万元等待遇。徐某于2005年4月17日正式调入某学院,为照顾徐某,某学院又将徐某之妻雷某调入原告单位。2013年4月17日,某市职称改革领导小组办公室向某省人力社保厅职称处核实被告徐某情况,回复证实被告徐某在调入原告单位前不具备教授职称,仅有讲师职称(按讲师等级徐某待遇为39.71万元)。2013年5月6日,某学院组织纪检、人事部门找徐某谈话,徐某承认已查证的事实。被告徐某虚构事实骗取某学院与其订立的聘用合同应确认无效。某学院向法院起诉,请求法院判决原告、被告双方之间订立的聘用合同无效。

原告某学院与被告徐某之间的人事纠纷受劳动法律法规调整。被告徐某提供虚假的专业技术职称,采用欺诈的手段,致使原告某学院在违背真实意思的情况下订立劳动合同,合同无效。劳动合同被确认无效,劳动者已付出劳动的,用人单位应当参照本单位相同或相近岗位劳动者的劳动报酬向劳动者支付劳动报酬。原告某学院按照被告徐某实际取得的专业技术职称,即讲师七档,确定其劳动报酬符合法律规定,被告徐某超出取得的待遇已构成不当收益,应予返还。

法院判决:原告某学院与被告徐某于2005年1月21日订立的聘用合同无效。

---

① 参见浙江省衢州市柯城区人民法院判决,(2013)衢柯民初字第281号。

争议焦点

原告某学院与被告徐某于 2005 年 1 月 21 日订立的合同是否具有法律效力？

根据《劳动合同法》第 26 条规定，下列劳动合同无效或者部分无效：（一）以欺诈、胁迫的手段或者乘人之危，使对方在违背真实意思的情况下订立或者变更劳动合同的……对劳动合同的无效或者部分无效有争议的，由劳动争议仲裁机构或者人民法院确认。

本案中，某学院与徐某订立的合同，明确约定聘用具有教授职称的徐某从事教学工作，且徐某也已按照国家规定入编确定为教授二档，享受教授专业技术职称待遇。2013 年 4 月 17 日，某市职称改革领导小组办公室向某省人力社保厅职称处发函请求对被告徐某教授资格进行核实，回复证实徐某不具备教授职称，仅有讲师职称。2013 年 5 月 6 日，原告某学院组织纪检、人事部门找徐某谈话，徐某自认其不具备教授职称。因此，徐某没有教授职称直接影响到某学院与其建立缔约关系，而受聘人员徐某采用欺诈的手段，未如实披露信息、提供虚假的专业技术职称，致使聘用单位某学院在违背真实意思的情况下，作出了订立聘用合同的错误意思表示，已经构成欺诈，导致订立的聘用合同无效。

法律责任与后果

《事业单位试行人员聘用制度有关问题的解释》（国人部发〔2003〕61 号）第 7 条规定，下列聘用合同为无效合同：①违反国家法律、法规的聘用合同；②采取欺诈、威胁等不正当手段订立的聘用合同；③权利、义务显失公正，严重损害一方当事人合法权益的聘用合同；④未经本人书面委托，由他人代签的聘用合同，本人提出异议的。

无效合同由有管辖权的人事争议仲裁委员会确认。

《劳动法》第 18 条第 2 款规定，无效的劳动合同，从订立时起，就没有法律约束力。确认劳动合同部分无效的，如果不影响其余部分的效力，其余部分仍然有效。

《劳动法》第97条规定，由于用人单位的原因订立的无效合同，对劳动者造成损害的，应当承担赔偿责任。

《劳动合同法》第86条规定，劳动合同依照本法第26条规定被确认无效，给对方造成损害的，有过错的一方应当承担赔偿责任。

无效聘用合同自始至终没有法律约束力，但是它仍有法律后果。

第一，聘用合同部分无效的，不影响其他部分的效力，其他部分仍然有效。

第二，按照《劳动合同法》第28条规定，劳动合同被确认无效，劳动者已付出劳动的，用人单位应当向劳动者支付劳动报酬。劳动报酬的数额，参照本单位相同或者相近岗位劳动者的劳动报酬确定。

 法律风险识别

聘用单位与受聘人员订立聘用合同、约定聘用合同相关条款时，应把握不违反法律法规的强制性规定，否则，订立的聘用合同将会被法院认定为无效，并承担赔偿责任。

第一，订立聘用合同的事业单位主体规范。《事业单位登记管理暂行条例》第3条第2款规定，事业单位应当具备法人条件。这既是事业单位机构改革的要求，也是事业单位自身发展的方向。但是，仍有一些事业单位或是因为依附于机关，人、财、物由机关统管，或是因为人数太少无法配置财务人员导致财务不独立等，无法进行事业单位法人登记。这些事业单位不具备法人资格，这些单位的负责人当然也不是单位的法定代表人，但是他们也代表聘用单位与受聘人员订立聘用合同。这种聘用合同人事行政部门不予签证。

第二，订立聘用合同的受聘人员应具备相应从业资质。我国劳动法律体系中未针对劳动者的主体资格进行规定，但从事特定行业的劳动者，应当满足法律规定的资质准入要件。教师、医生、律师、建筑师等从业人员，应当具备相应法律法规中规定的从业资质，才能具备与聘用单位建立人事关系的主体资格。

第三，聘用单位有权了解受聘人员与其订立聘用合同直接相关的基本信息。受聘人员应如实说明，并提供相应的证书和材料。在实践中，有受聘人员提供虚假材料证明获得了工作机会，在工作过程中，受聘人员能够胜任工作，聘用单位也没有发现受聘人员有任何工作上的不足之处。在这种情况下，聘用单位就不能随意解除聘用合同，主张聘用合同无效。所以，聘用单位在订立聘用合同时，应当对受聘人员的学历、职业技术职称等材料进行严格审查。若聘用单位自身不审查相关材料或者因为自身审查材料不严格，而相信受聘人员的自我陈述，不得以此主张受聘人员欺诈，提出聘用合同无效。

人事关系的认定，除遵循双方的意思自治外，还要通过有管辖权的劳动人事争议仲裁委员会和法院来确认。此外，法院还应当进行合法性审查，确保在法律运用层面不出现冲突性的判断，并依法保障社会公共权益。

03

第三章

事业单位聘用合同试用期的法律风险识别

第三章 事业单位聘用合同试用期的法律风险识别

聘用合同试用期是聘用单位与受聘人员双方约定的最长不超过12个月的考察期。在这段时间，聘用单位考察受聘人员的工作能力，受聘人员也考察聘用单位的实际情况，经过相互考察，双方决定是否继续履行聘用合同。

聘用合同的试用期是法定条款，在试用期间人事关系相对不稳定，《事业单位人事管理条例》仅对试用期作了原则性的规定，但在许多方面还处于法律真空地带，聘用单位对此认识也不明确，导致在聘用合同试用期间受聘人员的权益受到严重侵害。对此，为了减少法律风险和违法成本，聘用单位应对试用期管理流程进行修改。

第一节 聘用合同试用期期限的法律风险识别

聘用单位与受聘人员在签订聘用合同后，约定试用期，而军队文职人员与军队签订聘用合同后，是否约定试用期期限；试用期是法定条款还是约定条款，在实践中比较混乱。

一、受聘人员试用期期限

案例导引

20. 受聘人员试用期期限争议案①

2018年，李某毕业于某大学计算机专业。2018年9月，李某应聘某事业单位行政管理岗位，经过事业单位的笔试和面试，最终被录用。李某作为新受聘人员与某事业单位签订了8个月的聘用合同，在聘用合同中约定了6个月的试用期。李某对聘用单位的聘用合同约定的试用期有异议，向单位提出辞职，单位不同意，李某遂向当地劳动人事争议仲裁委员会提出仲裁，要求解除与聘用单位之间的聘用合同。

---

① 王昕，王向乐. 事业单位聘用人员"试用"问题解析 [J]. 人才瞭望，2004 (5).

劳动人事争议仲裁委员会认为，根据《关于在事业单位试行人员聘用制度的意见》第6条"规范解聘辞聘制度"规定，在试用期内，受聘人员可以随时单方面解除聘用合同；对在试用期内被证明不符合本岗位要求又不同意单位调整其工作岗位的，聘用单位也可以随时单方面解除聘用合同。

仲裁裁决：解除李某与某事业单位的聘用合同。

争议焦点

（1）聘用合同中约定的试用期期限是否具有合法性？

第一，聘用合同试用期的法律规定。根据《事业单位公开招聘人员暂行规定》第26条规定，事业单位公开招聘的人员按规定实行试用期制度。试用期包括在聘用合同期限内。试用期满合格的，予以正式聘用；不合格的，取消聘用。根据《事业单位试行人员聘用制度有关问题的解释》第4条第11项规定，试用期的规定只适用于单位新进的人员，试用期只能约定一次。试用期包括在聘用合同期限内。原固定用人制度职工签订聘用合同，不再规定试用期。根据《事业单位人事管理条例》第13条规定，初次就业的工作人员与事业单位订立的聘用合同期限3年以上的，试用期为12个月。《关于在事业单位试行人员聘用制度的意见》第4条第5款规定，聘用单位与受聘人员签订聘用合同，可以约定试用期。试用期一般不超过3个月；情况特殊的，可以延长，但最长不得超过6个月。被聘人员为大中专应届毕业生的，试用期可以延长至12个月。试用期包括在聘用合同期限内。

第二，《劳动合同法》中试用期的法律规定。根据《劳动合同法》第19条第1款规定：劳动合同期限3个月以上不满1年的，试用期不得超过1个月；劳动合同期限1年以上不满3年的，试用期不得超过2个月；3年以上固定期限和无固定期限的劳动合同，试用期不得超过6个月。

在本案中，受聘人员李某与聘用单位之间约定的聘用合同期限为8个月，试用期为6个月，根据《事业单位人事管理条例》的规定，不具有合法性。

（2）法律法规对聘用合同与劳动合同试用期的规定有什么不同？

《事业单位人事管理条例》中规定的聘用合同试用期期限与《劳动合同

法》中规定的劳动合同试用期期限存在明显不同。

首先,确定试用期期限的具体情形不同。劳动合同试用期是按照所签订的劳动合同的期限进行确定的,而聘用单位与受聘人员签订聘用合同,可以约定试用期。试用期一般不超过3个月;情况特殊的,可以延长,但最长不得超过6个月。

其次,试用期最长期限不同。劳动合同试用期规定最长不超过6个月,而聘用合同试用期最长为12个月,即初次就业的工作人员与事业单位订立的聘用合同期限3年以上的,试用期为12个月。被聘人员为大中专应届毕业生的,试用期可以延长至12个月。试用期包括在聘用合同期限内。

最后,是否为法定条款不同。劳动合同试用期为双方当事人之间约定的条款;聘用合同对初次就业者,事业单位试用期是法定条款,而不是约定条款。

二、军队文职人员试用期期限

案例导引

21. 军队文职人员试用期期限争议案[①]

刘某是2006年某大学文学专业应届毕业生,在2007年1月应聘某军队文职岗位,经过军队的笔试和面试,最终被录用。2007年9月,刘某作为新受聘人员与军队签订了1年的聘用合同,但在聘用合同中约定了6个月的试用期。刘某因为试用期期限与军队发生争议,遂向当地劳动人事争议仲裁委员会提起仲裁。

当地劳动人事争议仲裁委员会认为,根据《人事争议处理规定》第2条规定,本规定适用于下列人事争议:……(四)军队聘用单位与文职人员之间因履行聘用合同发生的争议。双方争议类型属于履行聘用合同争议,应当适用事业单位聘用制度方面有关规定。

---

① 张雪萍,惠林法. 简析军队文职人员合同试用期[J]. 法制与社会,2008(12).

本案中，军队与刘某聘用合同中规定的试用期，符合《中国人民解放军文职人员条例》的规定。

仲裁裁决：驳回刘某的仲裁申请。

争议焦点

聘用合同中约定的军队文职人员试用期期限，是否具有合法性？

试用期是聘用单位和文职人员订立聘用合同后为相互了解、选择而约定的考察期，适用于首次被聘用的文职人员。在试用期内，军队可以进一步考察文职人员是否符合录用条件，是否符合岗位任职要求，是否能够胜任本职工作。如果发现其不称职或不符合录用条件，则军队可以解除聘用合同。

2019年1月实施的《军队文职人员聘用合同管理暂行规定》第9条规定，首次订立聘用合同的，可以约定试用期，试用期一般不超过6个月。其中，聘用合同期限为1年以上不满3年的，试用期一般为2个月；聘用合同期限为3年至5年的，试用期一般为6个月。订立以完成一定工作任务为期限的聘用合同的文职人员，以及现役军人转改的文职人员不实行试用期。直接引进的高层次和特殊专业文职人员，根据需要可以缩短试用期或者不实行试用期。实行试用期的文职人员，病假、事假累计超过40个工作日的，女性文职人员因孕期、产期、哺乳期不在岗的，试用期顺延补足其不在岗的工作日。其中，因病假、事假导致试用期顺延的，顺延时间不得超过6个月。试用期计入聘用合同期限和工作年限。

2022年修订的《中国人民解放军文职人员条例》第22条规定，新招录聘用的文职人员按照军队有关规定实行试用期。试用期满考核合格的，按照规定任职定级；考核不合格的或者试用期内本人自愿放弃的，取消录用。

本案中，刘某与某军队之间订立的聘用合同中关于试用期6个月的约定是合法的。

法律责任与后果

《军队文职人员聘用合同管理暂行规定》第37条规定，用人单位违反本规定与文职人员约定试用期,且约定的试用期已经履行的,由用人单位以文职人员试用期满月工资为标准,按照已经履行的超过法定试用期的期间向文职人员支付赔偿金。用人单位未按照聘用合同的约定或者军队规定及时足额支付文职人员工资报酬,或者未依法缴纳社会保险费、缴存住房公积金,或者解除、终止聘用合同未依照本规定向文职人员支付经济补偿的,应当予以支付或者缴纳、缴存;未在军队有关部门规定的期限内支付或者缴纳、缴存的,应当按照应支付或者缴纳、缴存金额50%～100%的标准向文职人员加付赔偿金。用人单位违反本规定解除或者终止聘用合同的,应当依照本规定第30条规定的经济补偿标准的2倍向文职人员支付赔偿金,不再支付经济补偿。赔偿金的计算年限从军队批准招录聘用之日起算。

在《军队文职人员聘用合同管理暂行规定》中,对用人单位违法约定试用期的行为,明确了法律责任:用人单位违反本规定与文职人员约定试用期,应承担支付赔偿金的责任,即以文职人员试用期满月工资为标准,按照已经履行的超过法定试用期的期间向文职人员支付赔偿金。

法律风险识别

根据2019年1月实施的《军队文职人员聘用合同管理暂行规定》,首次订立聘用合同的,可以约定试用期,试用期一般不超过6个月。

由于试用期是劳资双方劳动关系的不稳定期,对在试用期内被证明不符合聘用条件的,聘用单位可以随时单方面解除聘用合同。在试用期内,文职人员以书面形式告知聘用单位后,也可以随时单方面解除聘用合同。

虽然试用期能够让聘用单位有更多时间了解文职人员的工作能力,但聘用单位约定超过6个月的试用期,不仅对文职人员劳动权益的保护不利,也违背了文职人员平等就业的原则。同时,聘用单位因违反规定,应当以文职人员试用期月工资为基准,按照已经履行的超过法定试用期的期间,向文职人员支付赔偿金。

第二节　聘用合同试用期工资待遇与社会保险的法律风险识别

聘用单位在聘用合同试用期间常常存在一些错误认知。一方面，聘用单位认为，在聘用合同试用期间，可以不按照法律规定支付试用期工资。聘用单位的这种行为，会被视为未足额支付受聘人员劳动报酬，将承担相应的法律责任。

另一方面，聘用单位认为，在聘用合同试用期间，可以不为受聘人员缴纳社会保险。根据《劳动法》第72条规定，用人单位和劳动者必须依法参加社会保险，缴纳社会保险费。试用期间包括在聘用合同期限内，所以试用期间也应包括在必须缴纳社会保险费的期间内。

一、试用期工资待遇

案例导引

22. 试用期内工资待遇纠纷案[①]

申请人是被申请人2013年招录的应届毕业生，属于正式事业编制工作人员，双方于2013年8月签订了协议，其中试用期一年。双方约定在试用期内工资待遇按照当地最低生活保障标准的80%支付。双方约定若违反约定解除协议，则按照合同约定支付违约赔偿金。2014年2月，申请人因工资待遇问题提出书面辞职申请，被申请人同意辞职，但要求申请人缴足违约赔偿金后方可办理解除人事关系相关手续。申请人认为，协议书针对试用期工资待遇及违约赔偿金的约定违反《劳动合同法》的有关规定，遂向当地劳动人事争

[①] 赵晓燕，王平．事业单位聘用合同是否可以约定违约金条款［J］．山东人力资源与社会保障，2014（10）．

议仲裁委员会提出仲裁申请。

当地劳动人事争议仲裁委员会认为，双方当事人签订的协议中明确约定了合同期限、岗位职责要求、工资待遇、岗位工作条件、合同解除条件以及违反聘用合同的责任，符合事业单位聘用合同必备条款，加之申请人是事业单位正式在编人员身份，该协议书应当认定为事业单位聘用合同，双方争议类型属于履行聘用合同的争议，应当适用事业单位聘用制度方面的有关规定。

仲裁裁决：被申请人没有按照法律规定向申请人支付聘用合同试用期间的工资待遇，被申请人应向申请人补发未支付的工资待遇。

争议焦点

聘用单位在聘用合同试用期间，应当向受聘人员支付的工资标准是什么？

《关于事业单位试行人员聘用制度有关工资待遇等问题的处理意见（试行）》（国人部发〔2004〕63号）第3条第1款规定：试行人员聘用制度中未聘人员的待遇，由各地区、各部门根据实际情况确定，在未聘期间按适当比例逐步递减，最低不低于未聘人员单位所在地人民政府规定的最低生活保障标准。即受聘人员与聘用单位签订聘用合同，受聘人员在聘用合同试用期间的工资标准最低以聘用单位所在地人民政府规定的最低生活保障标准为限。

本案中，聘用单位向受聘人员只支付了所在地人民政府规定的最低生活保障标准工资的80%，应向申请人补足未支付的工资标准。

法律责任与后果

《关于事业单位试行人员聘用制度有关工资待遇等问题的处理意见（试行）》（国人部发〔2004〕63号）只规定了聘用人员在聘用合同试用期间的工资待遇标准，而没有对违反工资待遇标准的行为规定法律责任承担形式。在《劳动合同法》中对违反劳动合同试用期间工资待遇标准的行为，明确规定了法律责任承担形式。

《劳动合同法》第20条规定，劳动者在试用期的工资不得低于本单位相同岗位最低档工资或者劳动合同约定工资的80%，并不得低于用人单位所在地的最低工资标准。

第85条规定，用人单位有下列情形之一的，由劳动行政部门责令限期支付劳动报酬、加班费或者经济补偿；劳动报酬低于当地最低工资标准的，应当支付其差额部分；逾期不支付的，责令用人单位按应付金额50%～100%的标准向劳动者加付赔偿金：……（二）低于当地最低工资标准支付劳动者工资的……

如果聘用单位在试用期内剥夺或者克扣受聘人员的全部或部分权益，受聘人员不仅有权要求聘用单位予以补足。同时，还可以根据法律的规定，要求聘用单位支付相应的经济补偿。此外，如果聘用单位在试用期内工资低于法定标准，则受聘人员可以要求聘用单位补足少发的部分工资报酬。

法律风险识别

第一，聘用单位与受聘人员在聘用合同中规定试用期间的工资时，应当符合法律法规的规定，即试用期间的工资待遇标准最低不低于受聘人员单位所在地人民政府规定的最低生活保障标准，在聘用合同中规定的试用期间的工资待遇标准按高于受聘人员单位所在地人民政府规定的最低生活保障标准执行。

第二，针对试用期间的工资，聘用单位可以细化工作岗位和工作岗位级别，制定更详细的工资层级和工资构成，并在聘用合同中规定基本工资、级别工资、绩效考核工资等，有利于调动受聘人员的工作积极性。

二、试用期社会保险

针对军队文职人员在试用期间因工作发生伤亡事故的，应按照《关于事业单位、民间非营利组织工作人员工伤有关问题的通知》（劳社部发〔2005〕36号）有关规定，执行国家机关工作人员的工伤政策。军队文职人员的社会保险工作应按照《关于军队文职人员社会保险有关问题的通知》（军后财〔2018〕287号）执行。

 案例导引

23. 李某与某技工学校劳动争议案①

2014年2月，原告李某以在校大学生的身份，通过参加招聘双选会的形式，到被告某技工学校处工作。2014年2月11日，原告李某作为乙方，被告某技工学校作为甲方，双方订立聘用合同（试用期），约定：①乙方自愿到甲方教务处工作，试用期3个月，试用期间月工资1200元；②试用期满，甲方对乙方进行综合考评，乙方经甲方综合考评合格的，办理正式聘用手续，按照国家及甲方有关规定给予报酬及福利待遇。

因被告一直没有为原告缴纳养老保险费用，原告要求支付养老保险补偿1350元，双方发生争议，原告李某在2014年5月10日离职。离职后，原告向当地劳动人事争议仲裁委员会提出仲裁，原告李某因不服仲裁裁决，向法院提出诉讼。

法院认为，原告、被告于2014年2月订立聘用合同（试用期），合同约定原告李某到被告某技工学校处工作并服从管理。在合同中，双方明确约定"乙方服从甲方管理，严格遵守国家法律、法规及甲方的各项规章制度，积极认真地完成甲方分配的工作"，"试用期满，经综合考评合格，办理正式聘用手续，按照国家及甲方有关规定给予报酬及福利待遇"。

原告李某要求被告某技工学校支付养老保险补偿1350元的请求，在工作期间，原告李某尚未毕业，不符合缴纳养老保险的条件，该项主张没有法律依据，本院不予支持。

法院判决：驳回原告李某的诉讼请求。

争议焦点

在聘用合同的试用期期间，聘用单位是否应为受聘人员缴纳养老保险费用？

第一，事业单位养老保险。根据《国务院关于机关事业单位工作人员养

---

① 参见山东省济南市槐荫区人民法院判决，（2014）槐民初字第1331号。

老保险制度改革的决定》(国发〔2015〕2号)第2条规定,本决定适用于按照公务员法管理的单位、参照公务员法管理的机关(单位)、事业单位及其编制内的工作人员。本决定实施前参加工作的,视同缴费。所以,在本决定实施后,聘用单位与受聘人员在聘用合同试用期间,聘用单位应当为受聘人员缴纳养老保险费用。

第二,军队文职人员社会保险。根据《关于军队文职人员参加社会保险有关问题的通知》(军后财〔2018〕287号)第1条规定,军队用人单位及其文职人员,按照国发〔2015〕2号文件规定参加军队用人单位所在省(自治区、直辖市)机关事业单位养老保险,原则上由省级社会保险经办机构管理。即军队用人单位及其文职人员参照国家公务员和事业单位工作人员办法,参加所在地社会保险。军队用人单位在参加基本养老保险的基础上,应当为其文职人员建立职业年金。

本案中,2014年2月,原告、被告订立的聘用合同对试用期作出了规定。因为原告订立聘用合同时身份为在校大学生,所以,聘用单位不应为受聘人员缴纳养老保险费用。

事业单位在招聘时,为了避免招聘未毕业大学生而出现用工风险,应让大学生提供毕业证和学位证作为入职的凭证,以免招聘到尚未毕业的大学生。

法律责任与后果

《劳动法》第72条规定,社会保险基金按照保险类型确定资金来源,逐步实行社会统筹。用人单位和劳动者必须依法参加社会保险,缴纳社会保险费。第100条规定,用人单位无故不缴纳社会保险费的,由劳动行政部门责令其限期缴纳;逾期不缴的,可以加收滞纳金。

《中华人民共和国社会保险法》(以下简称《社会保险法》)第63条规定,用人单位未按时足额缴纳社会保险费的,由社会保险费征收机构责令其限期缴纳或者补足。用人单位逾期仍未缴纳或者补足社会保险费的,社会保险费征收机构可以向银行和其他金融机构查询其存款账户;并可以申请县级以上有关行政部门作出划拨社会保险费的决定,书面通知其开户银行或者其他金融机构划拨社会保险费。用人单位账户余额少于应当缴纳的社会保险费的,社会保险费征收机构可以要求该用人单位提供担保,签订延期缴费协议。用人单位未足额缴纳社会保险费且未提供担保的,社会保险费征收机构可以申请人民法院扣押、查封、拍卖其价值相当于应当缴纳社会保险费的财产,以拍卖所得抵缴社会保险费。第86条规定,用人单位未按时足额缴纳社会保险费的,由社会保险费征收机构责令限期缴纳或者补足,并自欠缴之日起,按日加收5‰的滞纳金;逾期仍不缴纳的,由有关行政部门处欠缴数额1倍以上3倍以下的罚款。

《社会保险费征缴暂行条例》第13条规定,缴费单位未按规定缴纳和代扣代缴社会保险费的,由劳动保障行政部门或者税务机关责令限期缴纳;逾期仍不缴纳的,除补缴欠缴数额外,从欠缴之日起,按日加收2‰的滞纳金。滞纳金并入社会保险基金。

《社会保险费申报缴纳管理规定》第11条第2款规定,用人单位未按时足额代缴的,社会保险经办机构应当责令其限期缴纳,并自欠缴之日起按日加收0.5‰的滞纳金。用人单位不得要求职工承担滞纳金。第30条第2款规定,用人单位未按时足额缴纳社会保障费的,由社会保险经办机构按照《社会保险法》第86条的规定,责令其限期缴纳或者补足,并自欠缴之日起按日加收0.5‰的滞纳金;逾期仍不缴纳的,由社会保险行政部门处欠缴数额1倍以上3倍以下的罚款。

第一,受到行政部门的行政处罚,同时要缴纳滞纳金,甚至面临罚款。聘用单位未按时足额为受聘人员缴纳社会保险费的,社会保险费征收机构可以责令聘用单位限期缴纳或者补足;聘用单位逾期仍未缴纳或者补足社会保险费的,社会保险费征收机构可以向银行和其他金融机构查询其存款账户,并可以申请县级以上有关行政部门作出划拨社会保险费的决定,书面通知其开户银行或者其他金融机构划拨社会保险费。除此之外,还可以自欠缴之日起,按日加收5‰的滞纳金;逾期仍不缴纳的,由有关行政部门处欠缴数额1倍以上3倍以下的罚款。

第二,向受聘人员赔偿相关费用的法律风险。聘用单位没有依法为受聘人员缴纳社会保险费的,在受聘人员出现工伤、失业、生病、生育等情况时,聘用单位需支付本应由社会保险基金管理中心支付的费用。

 法律风险识别

按照《社会保险法》的规定,聘用单位与受聘人员之间订立聘用合同之日到聘用合同解除或者聘用合同终止之日,聘用单位应当为受聘人员缴纳社会保险费(五险),即养老保险、医疗保险、失业保险、工伤保险、生育保险,但在实践中,有的聘用单位只缴纳"三险""四险"而不是"五险"。

一旦受聘人员与聘用单位之间因社会保险缴纳险种和费用问题发生争议,聘用单位除须为受聘人员补缴险种和社会保险费用外,还要缴纳逾期支付的滞纳金,严重时还会受到行政处罚。

第三节 聘用合同试用期考核的法律风险识别

聘用单位对在聘用合同试用期内的受聘人员,通常规定一个绩效考核评估制度,如果受聘人员考核合格,则可以转正;如果受聘人员考核不合格,则以受聘人员试用期间被证明不符合考核标准为由解除聘用合同。

试用期内的考核应当在试用期内进行,考核结果以及是否继续履行聘用合同的决定也应当在试用期满前完成。

 **案例导引**

24. 刘某与某医院聘用合同争议案①

2012年6月,刘某与某医院签订了事业单位聘用合同(2010年版),该合同聘用期限为自2012年6月1日起至2017年6月1日止。其中,试用期自

---

① 参见江苏省苏州市、太仓市人民法院判决,(2013)太民初字第0827、第0830号;江苏省苏州市中级人民法院判决,(2014)苏中民终字第02174、第02175号。

2012年6月1日起至2012年12月1日止，某医院聘用刘某在护理部门工作，岗位名称为"三级主管护师"，类别和等级为专业技术十级岗位。双方聘用合同约定"乙方试用期内被证明不符合岗位要求的，甲方可以随时单方面解除聘用合同"；第8条第2款约定"聘用合同解除后，甲方应当为乙方开具解除聘用合同证明，并办理相关手续"；第10条约定"本合同签订生效后，双方必须严格履行。如有违约，过错方应当承担相应的责任。甲方违约应当承担的责任：除应当继续履行本合同和赔偿乙方的经济损失外，偿付给乙方违约金5000元……"

2012年12月4日，某医院组织考评组对包括刘某在内的4位试用期护士进行定级考核。12月13日，某医院组织职称考评小组考评，结合刘某平时工作表现和考评情况，认为刘某各方面能力均达不到岗位要求，试用期考核不合格，作出予以解聘的决定。12月17日，某医院通知刘某解除聘用合同。12月18日，某医院出具解除（终止）聘用关系证明，以刘某试用期考核不合格为由与刘某解除聘用合同，但该证明未书面送达刘某。

2013年6月21日，当地劳动人事争议仲裁委员会受理了刘某诉某医院人事争议纠纷。刘某要求某医院撤销解除聘用合同的决定，继续履行原聘用合同。仲裁委作出裁决后，刘某和某医院均不服该裁决，向法院提起诉讼。一审宣判后，原告、被告不服一审判决，向二审法院提起上诉。

一审法院认为，根据《事业单位公开招聘人员暂行规定》第26条规定，事业单位公开招聘的人员按规定实行试用期制度。试用期包括在聘用合同期限内。试用期满合格的，予以正式聘用；不合格的，取消聘用。根据《江苏省事业单位人员实行聘用制暂行办法》（苏政办发〔2005〕123号）第28条规定，受聘人员在试用期内被证明不符合岗位要求的，聘用单位可以随时单方面解除聘用合同。根据《苏州市事业单位公开招聘工作人员暂行办法》（苏办发〔2011〕27号）第24条规定，试用期满考核合格的，予以正式聘用；不合格的，终止聘用，解除人事关系。某医院作为事业单位，依据人事部、江苏省以及苏州市的上述规定和聘用合同的约定对刘某进行试用期考核并无不当。但由于某医院对刘某作出的试用期考核不合格的决定缺乏评价标准，所以其据此对刘某作出解除聘用合同的决定缺乏事实依据，应当被撤销。

一审法院判决：撤销某医院对原告刘某作出的解除聘用合同的决定，双方于本判决生效后即时继续履行期限为 2012 年 6 月 1 日至 2017 年 6 月 1 日的聘用合同。

二审法院判决：某医院对刘某作出解除聘用合同的决定缺乏相应事实依据，属违法解除，应予撤销；刘某要求继续履行原聘用合同，某医院应当继续履行。

争议焦点

聘用合同试用期满，受聘人员刘某试用期考核是否合格？

当事人对自己的主张有责任提供证据证明。因用人单位作出的开除、除名、辞退、解除聘用合同等决定而发生的劳动争议，由用人单位负举证责任。某医院应提供刘某试用期考核不合格及发生不良事件的证据。

第一，试用期考核不合格问题。就试用期考核而言，某医院作为事业单位，依据人事部、江苏省以及苏州市的相关规定和聘用合同的约定对刘某进行试用期考核并无不当，但某医院应提供充分证据证明刘某试用期考核不合格。从某医院提供的证据材料来看，某医院的考核内容确实能反映对于刘某作为主管护师的基本任职要求。某医院提供的《2012 年护理工作计划与目标管理》也只是医院护理部对日常工作和年度考核的要求，并非针对试用期考核。该证据不仅包括考核成绩结果，还包括考核内容和评价标准本身。对于刘某所在科室（岗位）考核中的考评评价，某医院也未能提供考核合格标准。故某医院认为刘某试用期考核不合格依据不足。

第二，发生不良事件问题。在某医院未能提供聘用合同所载的《岗位说明书》对刘某工作要求的情况下，仅凭其一次护理不良事件就认定其试用期考核不合格或不符合岗位任职条件，缺乏相应依据。

虽然某医院对包括刘某在内的试用期满人员进行了考核，但其对刘某所作的试用期考核不合格的决定缺乏评价标准，某医院据此对刘某作出解除聘用合同的决定缺乏相应事实依据，应与刘某继续履行双方于 2012 年 6 月签订的期限为 2012 年 6 月 1 日至 2017 年 6 月 1 日的原聘用合同。

法律责任与后果

根据人力资源和社会保障部发布的《人事争议处理规定》第 2 条规定，本规定适用于下列人事争议：（一）实施公务员法的机关与聘任制公务员之间、参照《公务员法》管理的机关（单位）与聘任工作人员之间因履行聘任合同发生的争议；（二）事业单位与工作人员之间因解除人事关系、履行聘用合同发生的争议；（三）社团组织与工作人员之间因解除人事关系、履行聘用合同发生的争议；（四）军队聘用单位与文职人员之间因履行聘用合同发生的争议；（五）依照法律、法规规定可以仲裁的其他人事争议。

《劳动合同法》第 43 条规定，用人单位单方解除劳动合同，应当事先将理由通知工会。用人单位违反法律、行政法规规定或者劳动合同约定的，工会有权要求用人单位纠正。用人单位应当研究工会的意见，并将处理结果书面通知工会。

聘用单位在聘用合同试用期对受聘人员进行考核，若受聘人员不符合考核标准，需满足以下条件。

第一，有证据证明受聘人员在试用期内不符合考核标准；第二，聘用单位在试用期届满之前对受聘人员进行考核。

聘用单位在试用期因为受聘人员考核不合格从而解除聘用合同，需要有充分的证据证明受聘人员不符合考核标准，同时，还需要符合法律所规定的各种程序上的要求。即聘用单位在试用期内对考核不合格的受聘人员解除聘用合同，在证据和程序要求上非常严格。

在诉讼中，聘用单位如果因为对受聘人员考核标准证据不足，就会被法院认定为试用期考核不合格依据不充分或者不符合岗位任职条件缺少相应依据，进而承担败诉的结果。

法律风险识别

在试用期届满之前，聘用单位务必对受聘人员考核结果及试用期整体表现进行综合评估；同时，要预留出合理的时间决定是否辞退受聘人员。

第一，建立绩效考核评估机制。聘用单位须建立完善的试用期绩效考核评估机制。在实践中，试用期间的绩效考核评估机制方式很多，有的会设定指导人，由指导人给新进受聘人员安排试用期工作任务，并给出评分；有的会对新进受聘人员进行技能培训，并通过有组织的笔试或者日常绩效评估等方式对受聘人员进行绩效考核；还有的会对新进受聘人员的指导人及所在部门的绩效进行评估，以及对新进受聘人员各方面进行综合评价与反馈，形成最终的考核结果。

第二，保留考核证据。聘用单位对新进受聘人员的考核要保留所有证据，规范聘用单位的行为，在试用期内发生的任何情况，聘用单位都要做好相关的记录，并及时让新进受聘人员签字确认。

第四节 试用期内解除聘用合同的法律风险识别

在聘用合同试用期间，受聘人员或者聘用单位都可以解除聘用合同。为了能够证明受聘人员在试用期内不满足录用条件，聘用单位应制定明确、合理的考核评估制度，以此证明受聘人员不符合录用条件，并且解除聘用合同的时间确定在试用期内。

一、受聘人员在试用期内解除聘用合同

案例导引

25. 受聘人员在试用期内解除聘用合同纠纷案[①]

李某是某知名大学行政管理专业2011届毕业生，应聘某事业单位行政管理岗位，经过事业单位的笔试和面试，最终被录用，并与用人单位订立了3年期限的事业单位聘用合同，试用期为3个月。在试用期满前的最后一天，

---

① 王霞，吕金龙. 强化试用期培养［J］. 中国人力资源保障，2012（7）.

李某向单位人事部门提交了与其解除聘用合同的申请,要求在试用期内与事业单位解除聘用合同。为此,双方发生争议,事业单位向当地劳动人事争议仲裁委员会提起仲裁,要求继续履行聘用合同。

当地劳动人事争议仲裁委员会认为,根据《关于在事业单位试行人员聘用制度的意见》的规定,受聘人员可以随时单方面解除聘用合同。

仲裁裁决:驳回事业单位的仲裁请求。

争议焦点

在试用期解除聘用合同,受聘人员是否需要提前3日通知聘用单位?

《关于在事业单位试行人员聘用制度的意见》第6条第3款规定,对在试用期内被证明不符合本岗位要求又不同意单位调整其工作岗位的,聘用单位也可以随时单方面解除聘用合同。第6款规定有下列情形之一的,受聘人员可以随时单方面解除聘用合同:(一)在试用期内的;(二)考入普通高等院校的;(三)被录用或者选调到国家机关工作的;(四)依法服兵役的。

《劳动合同法》明确规定,劳动者在试用期内提前3日通知用人单位,可以解除劳动合同;而对于聘用合同的试用期,对聘用单位和受聘人员双方合同解除的条件都没有一个严格限制的期间。所以,根据《关于在事业单位试行人员聘用制度的意见》的上述规定,受聘人员在试用期内向聘用单位提出解除聘用合同,无须提前3日通知聘用单位。本案中,受聘人员在试用期内提出解除聘用合同的行为合法。

二、聘用单位在试用期内解除聘用合同

26. 陈某与某地区公安局人事争议案①

2017年11月1日,原告陈某与被告某地区公安局签订事业单位聘用合

---

① 参见新疆维吾尔自治区阿克苏市人民法院判决,(2020)新2901民初3173号。

同。合同期从 2017 年 11 月 1 日至 2022 年 10 月 31 日，试用期从 2017 年 11 月 1 日至 2018 年 10 月 31 日。合同签订后，原告陈某于 2017 年 11 月 3 日起接受新招录事业编制干部岗前培训；2018 年 1 月 20 日，原告陈某被分配至某地区公安局交警支队工作；2018 年 4 月 6 日，原告陈某请病假；2018 年 4 月 7 日，原告陈某到医院入院治疗，入院和出院均诊断为分裂情感性障碍；2018 年 5 月 24 日，原告陈某上班。

2018 年 11 月 5 日，某地区公安局交警支队向被告单位考核办提交"关于交警支队事业编干部转正的情况报告"，建议陈某延期转正。2019 年 2 月 20 日，被告单位政治部提交关于解聘事业编制干部陈某的请示，载明原告患有分裂情感性障碍，在治疗后仍不能适应岗位工作要求，建议解除与陈某的聘用合同，按程序上会研究并报地区人力资源和社会保障局备案。

2019 年 2 月 23 日，被告单位作出关于解除事业编制干部陈某聘用合同的决定，载明陈某患有分裂情感性障碍，在治疗后仍不能适应岗位工作要求，按程序提交党委研究通过，同意解除与陈某的聘用合同，由政治部报地区人力资源和社会保障局备案。后原告离职。

2019 年 11 月，原告向当地劳动人事争议仲裁委员会申请仲裁，仲裁委作出不予受理通知书，原告不服，后诉至法院。请求：判令被告关于解除聘用合同的通知文件违法无效，恢复原告与被告之间的人事关系。

本院认为，《新疆维吾尔自治区事业单位聘用合同书》第 7 条第 4 款规定，受聘人员不能胜任工作，应先对员工进行培训或者调整工作岗位，员工经培训或调岗后仍不能胜任工作的，聘用单位可以解除聘用合同，但应提前 30 日书面通知员工。现被告在试用期满后认为原告不能胜任工作，但未对原告进行培训或调岗，也未提前 30 日通知原告，即向原告发出解除人事关系的通知，不符合聘用合同约定，实属违约，应承担相应的违约责任。因本案被告系行政单位，依照部门规定，其招录事业编制工作人员需面向社会统一招考，办理事业编制手续后由当地财政核发工资，现原告在被告单位的编制已经核销，原告、被告之间的聘用合同实际已无法履行。

法院判决：驳回原告陈某的其他诉讼请求。

争议焦点

聘用单位以受聘人员在试用期内不合格,解除与其的聘用合同是否合法?

因聘用单位作出的开除、除名、辞退、解除聘用合同等决定而发生的人事争议,由聘用单位负举证责任。被告认为,原告因病不能胜任本职工作,以原告在试用期内不合格为由解除人事关系,对此事实被告负有举证责任。因原告系经面向社会公开招聘事业单位工作人员招录考试到被告处工作,依据《新疆维吾尔自治区事业单位人员聘用制试行办法》第 15 条规定,聘用合同可以约定试用期,试用期一般不超过 3 个月,最长不超过 6 个月,被聘用人员为大中专应届毕业生的,试用期可以延长至 12 个月,试用期包括在聘用合同期内。依据上述规定,聘用合同试用期最长不得超过 12 个月,即试用期不可延长。原告、被告之间聘用合同期从 2017 年 11 月 1 日至 2022 年 10 月 31 日,试用期从 2017 年 11 月 1 日至 2018 年 10 月 31 日。2018 年 11 月,原告试用期满。在 2019 年 2 月 26 日,被告单位作出关于解除聘用合同的通知,并报地区人力资源和社会保障局审批备案,依据《新疆维吾尔自治区事业单位人员聘用制试行办法》第 29 条第 2 项规定,在试用期内不合格的,解除聘用合同。根据《关于在事业单位试行人员聘用制度的意见》第 6 条第 3 款规定,对在试用期内被证明不符合本岗位要求又不同意单位调整其工作岗位的,聘用单位也可以随时单方面解除聘用合同。

被告如认为原告不能胜任本职工作即应于当时作出决定,解除原告、被告之间的人事关系,不应违反规定单方延长原告试用期,被告在原告试用期满后未明确表示因原告不能胜任本职工作要求解除人事关系,而继续履行聘用合同,且对原告薪金进行调整,即应视为原告试用期满。

因此,被告向原告发出解除人事关系的通知,不符合聘用合同约定,实属违约,应承担相应的违约责任。

法律责任与后果

《劳动合同法》第 21 条规定,在试用期中,除劳动者有本法第 39 条和第

40条第1项、第2项规定的情形外，用人单位不得解除劳动合同。用人单位在试用期解除劳动合同的，应当向劳动者说明理由。第39条规定，劳动者有下列情形之一的，用人单位可以解除劳动合同：……在试用期间被证明不符合录用条件的……第87条规定，用人单位违反本法规定解除或者终止劳动合同的，应当依照本法第47条规定的经济补偿标准的2倍向劳动者支付赔偿金。

关于聘用单位在试用期内解除聘用合同的期限，根据《劳动合同法》的规定，若聘用单位以受聘人员在试用期内不合格为由，与受聘人员解除聘用合同，则应该在试用期内通知受聘人员。若聘用单位超过试用期仍以试用期内不合格为由解除聘用合同，则属于违法解除聘用合同，需承担赔偿责任。

 法律风险识别

聘用单位对受聘人员试用期的考核，应在试用期内完成，并将解除通知书以书面形式送达受聘人员，同时要有受聘人员的签字确认。

第一，对试用期到期日进行统一管理。聘用单位在受聘人员试用期届满前，应通知受聘人员考核是否合格。受聘人员考核合格的，应予以转正，办理正式手续；受聘人员考核不合格的，应书面通知其解除聘用合同。

第二，规范试用期的时限管理。避免因为受聘人员过多而试用期不一致，导致试用期结束后才要求受聘人员解除聘用合同的情况出现。

第三，解除聘用合同严格的时间限制。对于试用期内考核不合格的受聘人员，聘用单位欲解除其与受聘人员之间的聘用合同，必须在试用期内提出。如果超出试用期，聘用单位就不能再以此为由提出解除聘用合同。

04

第四章

事业单位聘用合同履行的法律风险识别

《事业单位人事管理条例》专章对聘用合同管理进行了规定，涉及聘用合同的特定期限、初次就业人员的试用期、订立聘用至退休的合同的条件、聘用合同解除的特殊情形及人事关系的终止等方面。但仅对聘用管理的部分环节和情形作了规定，较为简略，并没有对聘用合同进行全面管理规范，聘用合同的订立、履行、变更、解除和终止等很多必要管理环节存在规范缺失或法律适用不明确的问题。在聘用合同管理中，《事业单位人事管理条例》未作规定的事项，依照《劳动合同法》和《劳动合同法实施条例》执行。

第一节 培训与服务期的法律风险识别

职业培训是提高受聘人员素质的重要手段，通过培训，聘用单位能够培养出所需的人才。但是，受聘人员接受培训后，可能出现另谋高就的现象，聘用单位应做好防范工作。尤其是聘用单位与受聘人员签订书面培训协议，对培训费用、服务期和违约责任等作出明确的约定，以最大限度地保护聘用单位的利益，降低诉讼成本。这既能让受聘人员享受到聘用单位的再教育福利，又能对聘用单位的培训投入起到一定的保护作用。

一、培训服务期协议

服务期是聘用单位和受聘人员在聘用合同签订之时或者履行过程中，聘用单位出资招用、培训或者提供特殊待遇后，经双方协商一致确定的一个服务期期限。

服务期协议以聘用合同为基础，既可以单独签订，也可以作为聘用合同的条款约定。服务期协议的主要内容一般包括：专业培训的内容、专项培训的期限和费用、培训期间的工资待遇、甲方（聘用单位）的责任和义务、乙方（受聘人员）的责任和义务、服务期的履行和终止、违约责任、争议处理等。

服务期的约定是聘用单位限制核心受聘人员辞职的重要手段之一，在一定程度上是对受聘人员自由择业权的限制,其更多的是为了保护聘用单位的权益。

(一) 服务期协议效力

 案例导引

27. 高某与某职业技术学院聘用合同争议案①

2019年6月20日前,高某系某职业技术学院(事业单位)聘用制工作人员。2014年,高某考取了某石油大学化学工程专业博士研究生,遂与某职业技术学院签订教育合同,约定如下。①甲方(某职业技术学院)同意乙方(高某)到某石油大学参加自2014年9月至2019年8月为期5年的化学工程专业博士研究生脱产学习。②乙方学习期间,停发工资和福利待遇,一切费用自理。甲方与乙方保持人事关系。乙方的工资、户籍关系不转入乙方学习所在地,乙方的人事档案转入其入学学校。③乙方在学习结束后,应及时返回甲方报到工作,并及时将本人档案转入甲方,由甲方重新安排工作。经培养取得的博士学位证书,乙方必须将原件交给甲方,甲方先将证书的复印件交给乙方,待乙方返(在)甲方工作满5年后,甲方将证书原件交还乙方。④乙方毕业后必须在甲方服务5年以上方可流动,提前流动者,应全额退还学习期间甲方为乙方支付的所有费用,并另给甲方支付违约赔偿金20000元。该合同签订后,高某到某石油大学参加为期5年的化学工程专业博士研究生脱产学习并取得博士学位。2019年6月3日,高某以自身存在不完善、想进一步提升自身能力为由提出辞职,某职业技术学院同意其辞职,但要求高某按教育合同约定支付违约金并承担学习期间应缴纳的基本养老保险费、生育保险费、工伤保险费、基本医疗保险费、失业保险费和住房公积金合计365939.28元(单位承担部分为233548.26元,高某承担部分为132391.02元)。随后,高某向某职业技术学院缴纳了上述费用365939.28元和违约金

---

① 参见新疆维吾尔自治区克拉玛依市中级人民法院判决,(2020)新02民终314号。

20000元。2019年6月20日，某职业技术学院下发《关于与高某解除聘用合同的通知》，决定自2019年6月18日起与高某解除聘用合同。高某向当地劳动人事争议仲裁委员会提起仲裁，要求某职业技术学院退还违约金和所交费用，高某不服仲裁裁决，向法院提起诉讼。一审宣判后，高某不服一审判决，向二审法院提出上诉。

一审法院认为，某职业技术学院按照合同约定为高某继续缴纳基本养老保险费、生育保险费、工伤保险费、基本医疗保险费、失业保险费和住房公积金合计365939.28元（含应由高某个人缴纳的132391.02元），但高某没有按合同约定提供5年服务，以辞职的方式拒绝继续履行合同义务，故依合同约定应承担上述费用并支付违约金20000元。

一审法院判决：驳回高某的全部诉讼请求。

二审法院认为，一审法院认定事实清楚，证据充分，适用法律和处理结果正确。

二审法院判决：驳回上诉，维持原判。

争议焦点

高某与某职业技术学院之间签订的服务期协议是否有效？

高某与某职业技术学院之间签订的教育合同属于职业培训服务期协议。除教育合同中第3条"高某必须将证书原件交给某职业技术学院，待高某工作满5年后归还证书原件"条款因违反法律强制性规定无效，其他条款合法有效。

教育合同对受聘人员高某接受教育学习并取得博士学位后履行合同义务有明确约定，同时对违反合同义务的违约责任也有具体明确约定，意思表示真实，上述内容不违反法律法规禁止性规定，属于有效合同，对当事人均有约束力。

（二）服务期的起始日期计算

案例导引

28. 朱某与某人力资源和社会保障局人才引进安家费纠纷案①

2013年7月10日，朱某在某大学应用数学专业研究生毕业后，与某县第一中学（以下简称"某一中"）订立了事业单位聘用合同，该合同期限为5年，自2013年7月10日起至2018年7月10日止，由某一中聘用朱某从事中学数学岗位的工作。2015年4月17日，某县发布了《2015年某县公开引进事业单位专业技术人才公告》，面向社会公开引进48名急需紧缺专业技术人才，该公告对人才引进的服务期约定不低于5年，在其他优惠政策中约定：对硕士研究生、副高级职称人员一次性发放8万元安家补贴。朱某报名后，通过资格审查、笔试、面试、体检、考核等程序，经公示后作为教育系统人才引进到某一中从事数学教学工作。试用期满经考核合格后，朱某根据《×××某县委办公室某县人民政府办公室〈关于加快人才引进工作的补充规定〉的通知》（江永办〔2015〕3号）精神，于2016年4月向朱某一次性发放8万元安家补贴。后朱某为解决夫妻两地分居问题，参加了2019年某市教师公开招聘考试，并通过了考试、体检等程序。朱某于2019年6月向主管部门提交了申请调动的报告。经上级主管部门批准后，朱某于2019年9月到某县人社局处办理调动手续。因某县人社局认为，朱某作为人才引进人员，其服务期未满5年，要办理调动手续，必须一次性退还发放的8万元安家补贴。2019年9月25日，朱某在退还了8万元安家补贴后，某县人社局为其办理了调动手续。后朱某认为其作为人才引进人员在某一中的服务期已满5年，安家补贴不应退还，遂向法院起诉。一审宣判后，朱某不服一审判决，向二审法院提出上诉。

一审法院认为，此案的关键问题在于朱某在人才引进岗位的服务期期限

---

① 参见湖南省永州市道县人民法院判决，（2020）湘1124行初34号；湖南省永州市中级人民法院判决，（2020）湘11行终193号。

是否满足了某县关于人才引进文件规定的服务期不低于5年的规定。根据江永办〔2015〕3号文件第4条第2项规定，服务期未满5年的，原则上不允许调动。确需调动的，由本人写出申请，单位研究呈报，经县人才领导小组研究同意后经县委常委会研究方可调动，但需全额退还一次性安家补贴。因此，某县人社局根据该文件精神要求朱某一次性退还8万元安家补贴是有事实和法律依据的，故朱某的诉请本院不予支持。综上所述，依照《中华人民共和国行政诉讼法》第69条的规定，驳回朱某的诉讼请求。

二审法院认为，一审法院判决认定事实清楚，适用法律正确，应予维持。

二审法院判决：驳回上诉，维持原判。

争议焦点

朱某作为人才引进人员的5年服务期期限从何时开始计算？

朱某作为人才引进人员5年服务期是从2013年7月开始计算，还是从2015年8月开始计算？朱某于2013年7月10日与某一中签订事业单位聘用合同后一直在某一中从事数学教学工作。但某一中2013年未申报人才引进计划，朱某也未按2013年度人才引进程序进行报名，通过资格初审、面试考核、体检与政审等。《2015年某县公开引进事业单位专业技术人才公告》明确规定了某县人才引进的程序。朱某于2015年8月通过人才引进程序到某一中从事数学教学工作，人才引进的服务期期限应从朱某通过人才引进程序进入人才引进岗位工作的时间2015年8月开始计算，朱某在2013年7月签订的事业单位聘用合同中约定的合同期限5年不能等同于人才引进的服务期期限，到朱某2019年9月办理工作调动手续时并未满5年。

(三) 服务期年限的计算

案例导引

29. 某大学与张某人事争议案①

张某于 2004 年大学毕业后，应聘至某大学处从事教学和科研工作。2008 年 10 月，经张某申请，某大学同意张某进入北京某大学博士后流动站开展科研工作，双方签订了信守合同。2010 年 9 月，张某出站后，某大学支付被告读博士后期间的工资及各项福利待遇共计 61309 元。2011 年 11 月，张某向某大学提出调动申请；2012 年 10 月 9 日，某大学研究后同意张某调出，但以张某服务期期限未满 8 年为由，收取张某违约金 30000 元、安家费 12500 元。张某按某大学要求缴纳了上述费用。2013 年 1 月，张某从某大学处调离。后张某以自己在某大学处服务期年限满 8 年为由，向当地劳动人事争议仲裁委员会申请仲裁，2013 年 9 月 3 日，仲裁委作出仲裁裁决，张某不服裁决，诉至法院。一审宣判后，某大学不服一审判决，向二审法院提出上诉。

法院认为，双方对此期间的权利、义务进行了约定，并已实际履行，故此期间应计入张某的服务期年限，张某的服务期年限已满 8 年，某大学收取张某违约金及安家费无依据，本院不予支持。

一审法院判决：本判决生效后 10 日内某大学返还张某违约金 30000 元，安家费 12500 元。

二审法院判决：2008 年 10 月至 2010 年 9 月，张某虽然未在某大学的教师岗位上进行教学，但其在北京某大学博士后流动站开展科研工作不违背学校的招聘目的，张某在博士后流动站工作期间应当计入其为学校的服务期年限。由于张某在学校的服务年限已满 8 年，学校收取张某的违约金及安家费应予返还。

---

① 参见河南省焦作市山阳区人民法院判决，(2013) 山民劳初字第 00093 号；河南省焦作市中级人民法院判决，(2014) 焦民劳终字第 00129 号。

争议焦点

张某服务期年限怎样计算？

张某自2008年10月至2010年9月到北京某大学博士后流动站开展科研工作，系本人提出申请，经某大学同意，双方签订了信守合同，对此期间双方的权利、义务进行了约定，且已实际履行。张某在此期间，虽然未在某大学的教师岗位上进行教学，但其在北京某大学博士后流动站开展科研工作不违背学校的招聘目的，张某在博士后流动站工作期间应当计入其为学校的服务期年限。按照国家博士后流动站管理规定，在博士后流动站开展科研工作期间，工龄可以连续计算，故此期间应计入张某为原告的服务期年限。

2004年，张某在某大学工作；2012年10月9日，某大学经研究同意张某调出，此时，张某在某大学的服务年限已满8年。

 法律责任与后果

《中华人民共和国劳动合同法实施条例》（以下简称《劳动合同法实施条例》）第17条规定，劳动合同期满，但是用人单位与劳动者依照《劳动合同法》第22条的规定约定的服务期尚未到期的，劳动合同应当续延至服务期满；双方另有约定的，从其约定。

当聘用单位与受聘人员之间约定的服务期短于或者等于聘用合同期限时，服务期被聘用合同吸收，聘用合同期限与服务期期限不存在冲突。但当服务期期限长于聘用合同期限时，聘用合同就要延续到服务期满。

法律风险识别

第一，服务期适用范围的限制。服务期协议只适用于聘用单位对受聘人员进行了专项培训的情形，聘用单位仅提供了一般职业培训的，不能约定服务期。

第二，约定合理的服务期期限。聘用单位在订立培训协议时，切忌约定过长的服务期。一般地，聘用单位与受聘人员之间约定的服务期以3~5年为宜。

第三，订立服务期条款的注意事项。在设定服务期条款时，将实际履行时可能发生的各种情况加以列明，并配置与之相应的法律义务或者责任承担形式。如果受聘人员违反了服务期条款的约定，聘用单位就可以依据约定主张违约金。

第四，管理服务期受聘人员注意事项。如果聘用合同期限届满而服务期期限尚未届满，则聘用单位应当及时与受聘人员续签聘用合同，也可以在签订服务期时约定，聘用合同期限早于服务期期限的，自动延长至服务期期限。

二、服务期违约金

对于服务期约定的违约金，只适用于由聘用单位出资招聘、培训或者提供其他特殊待遇三种情形的受聘人员。《劳动合同法》规定，除了可以在培训服务期和竞业限制中约定违约金外，其他情况下，聘用单位不得约定由受聘人员承担违约金。事业单位因政策性规定给予工作人员的某些直接经济和物质待遇具有数额大、资源稀缺、关系公共利益等特点，聘用单位可与新聘人员约定服务期期限或业绩要求，若受聘人员违反约定，单位可收回部分优惠、资格或收取违约金。但违约金应不超过所获待遇本身的经济价值和服务期尚未履行部分所应分摊的费用。

（一）服务期未满支付违约金

案例导引

30. 叶某与某县木材检查站聘用合同争议案[①]

2015年12月15日，某县人力资源和社会保障局发出《某市某县2015年事业单位公开招聘工作人员公告》，公开招聘事业单位工作人员。原告叶某报

---

① 参见广东省肇庆市封开县人民法院判决，（2018）粤1225民初137号；广东省肇庆市中级人民法院判决，（2018）粤12民终1501号。

考了岗位代码为C013的某县木材检查站管理人员岗位。2016年7月14日，某县人力资源和社会保障局下发《关于聘用李××等同志为某县事业单位工作人员的通知》，同意聘用原告叶某在内的63人。2016年8月2日，原告叶某与被告某县木材检查站签订了事业单位聘用合同。合同期限为5年，自2016年8月1日起至2021年7月31日止；试用期为12个月，另双方在聘用合同中约定，乙方在甲方工作单位连续工作服务期不少于5年，乙方如果在5年内提出解除与甲方的人事关系，要承担违约责任，必须向甲方支付违约金20000元。2016年9月30日，原告叶某以考取某市某区某事业单位为由向被告申请辞职。被告主管部门经研究，同意原告辞职，但原告须向被告支付违约金20000元。2016年10月12日，原告叶某通过某县农村信用合作联社向被告主管部门某县林业局转账20000元。同日，某县林业局出具了罚款收据，收据载明罚款金额20000元，罚款原因为叶某解除聘用合同违约金。2016年10月17日，某县林业局作出了关于叶某同志辞职申请的批复，同意原告叶某的辞职要求，并为其办理了相关离职手续。之后，原告叶某向当地劳动人事争议仲裁委员会申请仲裁。后原告不服裁决，遂以原告与被告双方签订的聘用合同中关于服务期未满、受聘人员解除聘用合同需赔偿违约金的约定违反了法律规定为由诉至法院。一审宣判后，叶某不服一审判决，向二审法院提出上诉。

一审法院认为，原告提出判令被告退还其已缴纳的违约金20000元及支付相关利息的请求，因理据不足，本院不予支持；关于原告提出依照《劳动法》的相关规定，被告不能在事业单位聘用合同中设定违约金的主张，属适用法律错误，本院不予采纳。

一审法院判决：驳回原告叶某的诉讼请求。

二审法院认为，叶某因在服务期未满5年内提出辞职，已构成违约，应承担相应的违约责任，故一审法院驳回叶某主张退还其已缴纳的违约金的诉讼请求并无不当，本院予以维持。

二审法院判决：驳回上诉，维持原判。

争议焦点

叶某与某县木材检查站约定的违约金是否有效？

叶某对于履行聘用合同中涉及的承担违约责任问题，并非原告的劳动权利问题，而应主张实体权利。根据最高人民法院的答复，本案在实体适用法律上，不适用《劳动法》的规定，而应适用人事方面的法律规定，故本案应适用《关于在事业单位试行人员聘用制度的意见》的规定。

根据《关于在事业单位试行人员聘用制度的意见》第4条规定，规范聘用合同的内容……聘用合同必须具备下列条款：（一）聘用合同期限；（二）岗位及其职责要求；（三）岗位纪律；（四）岗位工作条件；（五）工资待遇；（六）聘用合同变更和终止的条件；（七）违反聘用合同的责任。经双方当事人协商一致，可以在聘用合同中约定试用期、培训和继续教育、知识产权保护、解聘提前通知时限等条款，叶某与某县木材检查站在事业单位聘用合同中约定的违约责任符合《关于在事业单位试行人员聘用制度的意见》第4条"（七）违反聘用合同的责任"的规定，并不违反我国法律以及行政法规的强制性规定，属合法有效。

（二）进修培训违约金支付

31. 某人民医院与周某聘用合同争议案[①]

周某系某人民医院事业编制工作人员。周某于2014年10月27日至2015年10月30日在某市××医院进修学习，某人民医院为此支出培训费180元及与培训有关的其他差旅费14805元。周某晋升中级职称后，与某人民医院续签了10年服务期期限的聘用合同。周某未完全履行约定的服务期向某人民医院提出辞职后，未办理事业单位在编人员离职手续而离开某人民医院。某人

[①] 参见湖北省宜昌市中级人民法院判决，（2021）鄂05民终2429号。

民医院根据法律法规和院内规章制度解除与周某的聘用合同,并于2021年2月24日向当地劳动人事争议仲裁委员会申请仲裁,要求周某向某人民医院支付违约金。周某对解除双方的聘用合同表示无异议,但对支付违约金有异议。双方发生争议,不服仲裁裁决,向法院起诉。某人民医院向一审法院起诉。一审宣判后,某人民医院不服一审判决,向二审法院提出上诉。

一审法院认为,某人民医院在周某培训期间发放工资、绩效工资系基于双方之间聘用合同存续应尽的义务,不属于为培训支出的费用,故双方聘用合同约定的"违约金标准为甲方支付乙方的培训费、工资、交通费及相关福利待遇等实际费用的3倍",违反了法律法规的规定,属无效约定,一审法院不予支持。

《劳动合同法》第22条第2款规定,用人单位要求劳动者支付的违约金不得超过服务期尚未履行部分所应分摊的培训费用。即周某应支付的违约金为尚未履行服务期的分摊部分,计9740.25元(14985元÷10年×6.5年)。

一审法院判决:对于某人民医院的诉讼请求,部分支持。

二审法院认为,一审判决认定事实清楚,适用法律正确,应予维持。

二审法院判决:驳回上诉,维持原判。

争议焦点

当受聘人员违反服务期协议时,应当如何承担违约金?

《关于在事业单位试行人员聘用制度的意见》第6条第8款规定,受聘人员经聘用单位出资培训后解除聘用合同,对培训费用的补偿在聘用合同中有约定的,按照合同的约定补偿。

某人民医院在周某培训期间发放工资、绩效工资系基于双方之间聘用合同存续应尽的义务,不属于为培训支出的费用。而周某于2014年10月27日至2015年10月30日在某市××医院进修学习,某人民医院为此支出培训费180元及与培训有关的其他差旅费14805元,合计14985元,周某应支付的违约金为尚未履行服务期的分摊部分,计9740.25元(14985元÷10年×6.5年)。

(三)服务期违约金数额

案例导引

32. 某医院与贾某人事争议案①

2014年9月2日,贾某与某医院签订协议,约定贾某在某医院的工作时间不低于8年服务期期限,每少服务1年缴纳1万元违约金。2014年9月22日,贾某与某医院签订事业单位聘用合同,规定单方解除合同应支付违约金0.5万~15万元,贾某每少工作1年应向某医院支付违约金1万元,不满1年按1年计算。2014年10月9日,贾某与某医院签订外出参加专科医师培训协议,约定培训结束后贾某应在某医院处服务8年以上;不足8年,要求调离本院的,除需要承担医院规定的其他违约责任外,还需要退还培训期间某医院所发的各项费用并支付违约金。2014年10月15日至2017年10月,贾某被派外出培训。贾某自2019年2月11日起不再上班。某医院认为是贾某无故不上班导致合同不能继续履行,贾某理应退还某医院2014年10月15日至2017年10月培训期间的全部工资收入等,并支付违约金。

某医院向当地劳动人事争议仲裁委员会申请劳动仲裁,要求贾某退还住院医师规范培训期间工资收入、绩效奖金、公积金、为贾某缴纳的各项保险费用、住房补贴,并支付违约金等。某医院不服仲裁裁决,诉至法院。

法院认为,贾某在2014年10月至2017年10月接受外派培训,帮助贾某提高医疗水平及医疗技能,其间某医院按照贾某正常提供劳动的标准向其发放工资应当属于对贾某培训的投资,享有培训的期待收益权。双方约定贾某在培训期满后应当在某医院服务不得少于8年,贾某的离职行为对某医院应当享受的培训收益产生重要影响,造成培训收益的重大损失,应当按照双方的约定承担赔偿责任。

法院判决:被告贾某在本判决生效之日起7日内支付原告某医院违约金,

---

① 参见北京市顺义区人民法院判决,(2020)京0113民初3339号。

返还工资、绩效奖金、住房补贴等。

如何确定聘用合同中约定的服务期违约金数额？

第一，作为行政法规的《事业单位人事管理条例》，对人事体系违约金并无涉及，违约金的最高执行依据仍为人事部于2002年颁布的《关于在事业单位试行人员聘用制度的意见》。根据《上海市事业单位聘用合同办法》，聘用合同当事人可以对由聘用单位出资招聘、培训或者提供其他特殊待遇的受聘人员的服务期作出约定，违反服务期约定的，受聘人员应当支付违约金，违约金数额应当遵循公平、合理的原则约定。

第二，人民法院对人事争议案件的实体处理应当适用人事方面的法律规定。根据《北京市事业单位聘用合同制试行办法》的规定，聘用合同必须具备违反聘用合同的责任条款，违约金数额由双方当事人在聘用合同中自行约定；在聘用合同中未约定，但造成可计算经济损失的，由责任人按实际损失承担经济赔偿责任。

本案中，某医院与贾某在毕业生协议及外出培训协议中关于违约金及培训违约责任的约定并不违反规定，应当认定为有效。贾某在服务期内提出离职，属于违约行为，应当承担违约责任。但是，某医院主张按照所有关于违约责任的条款向贾某主张违约金显失公平，属于重复评价其违约行为。因此，贾某对应支付的违约金数额，应结合约定、违约情节及过错程度予以确定。

（四）服务期约定违约金的效力

33. 孙某与某大学人事争议案①

孙某原系某大学事业编制工作人员。2015年9月6日，某大学（甲方）

---

① 参见贵州省贵阳市花溪区人民法院判决，（2018）黔0111民初6329号；贵州省贵阳市中级人民法院判决，（2019）黔01民终2617号。

与孙某（乙方）签订聘用协议（硕士）。该协议第一条约定："根据招聘岗位的要求，甲方聘乙方在管理岗位工作，服务期为8年，自2015年9月6日至2023年9月6日。参加工作时间从某省人力资源和社会保障厅批复下达之日起算。"第五条约定："乙方未满8年服务期有下列情况之一的，视为违约：①调动或辞职……"第六条约定："乙方每年向甲方缴付5000元人民币的违约金；本违约金最高为40000元，随乙方服务期年限的增加而逐年递减。"2018年6月22日，孙某因个人原因向某大学提交了辞职报告。2018年7月12日，孙某向某大学缴纳了未完成服务期违约金25417元。2018年7月16日，某大学发出《关于同意孙某同志辞职的通知》，双方聘用合同解除。2018年7月26日，孙某向当地劳动人事争议仲裁委员会申请仲裁，请求裁决某大学退还25417元违约金。仲裁委经审理后，裁决驳回孙某的仲裁请求。孙某不服，遂诉至法院。一审宣判后，孙某不服一审判决，向二审法院提出上诉。

一审法院认为，孙某与某大学双方签订的协议第一条约定，原告服务期为8年（2015年9月6日至2023年9月6日），原告在被告处工作的时间为3年10个月（2015年9月6日至2018年7月16日），被告因原告个人原因离职而向其收取违约金25417元，符合双方在协议中的约定，并无不妥，故对原告主张被告退还其25417元违约金的请求，本院不予支持。

一审法院判决：驳回原告孙某的诉讼请求。

二审法院认为，2015年9月6日，上诉人孙某与被上诉人某大学签订聘用协议（硕士），并约定合同期内孙某单方面解除聘用合同将按相应服务期年限赔偿被上诉人违约金。现上诉人孙某于2018年6月22日提出辞职，单方面解除聘用合同，应当按照双方签订的聘用协议（硕士）的约定，支付被上诉人某大学违约金25417元。上诉人孙某按照双方约定向被上诉人某大学缴纳了违约金25417元，双方就此解除了聘用合同。故对于上诉人孙某诉请某大学返还已收取违约金25417元及利息的诉讼请求，一审法院不予支持并无不当。

二审法院判决：驳回上诉，维持原判。

争议焦点

如何认定聘用合同约定的违约金效力？

《最高人民法院关于事业单位人事争议案件适用法律等问题的答复》（法函〔2004〕30号）第1条规定，人民法院审理事业单位人事争议案件的程序适用《劳动法》的相关规定。人民法院对事业单位人事争议案件的实体处理应当适用人事方面的法律规定。根据人事部《关于在事业单位试行人员聘用制度的意见》第4条，聘用合同必须具备下列条款：……（七）违反聘用合同的责任的规定，即违约金条款是聘用合同的必备条款。

本案中，孙某应当依照其与某大学签订的聘用协议（硕士）中关于赔偿解除聘用合同违约金的约定进行赔偿，该约定并不违反法律规定，应当认定为有效。

法律责任与后果

《违反〈劳动法〉有关劳动合同规定的赔偿办法》第4条第2款规定，劳动者违反规定或劳动合同的约定解除劳动合同，对用人单位造成损失的，劳动者应赔偿用人单位支付的下列损失：……（二）用人单位为其支付的培训费用，双方另有约定的按约定办理。

《劳动合同法》第22条规定，用人单位为劳动者提供专项培训费用，对其进行专业技术培训的，可以与该劳动者订立协议，约定服务期。

劳动者违反服务期约定的，应当按照约定向用人单位支付违约金。违约金的数额不得超过用人单位提供的培训费用。用人单位要求劳动者支付的违约金不得超过服务期尚未履行部分所应分摊的培训费用。

用人单位与劳动者约定服务期的，不影响按照正常的工资调整机制提高劳动者在服务期期间的劳动报酬。

《劳动合同法实施条例》第26条规定，用人单位与劳动者约定了服务期，劳动者依照《劳动合同法》第38条的规定解除劳动合同的，不属于违反服务期的约定，用人单位不得要求劳动者支付违约金。

有下列情形之一，用人单位与劳动者解除约定服务期的劳动合同的，劳动者应当按照劳动合同的约定向用人单位支付违约金：

①劳动者严重违反用人单位的规章制度的；②劳动者严重失职，营私舞弊，给用人单位造成重大损害的；③劳动者同时与其他用人单位建立劳动关系，对完成本单位的工作任务造成严重影响，或经用人单位提出，拒不改正的；④劳动者以欺诈、胁迫的手段或者乘人之危，使用人单位在违背真实意思的情况下订立或者变更劳动合同的；⑤劳动者被依法追究刑事责任的。

在服务期内，如果聘用单位在受聘人员不履行服务期条款时，不能举证证明受聘人员有违反服务期约定的事实时，就不能要求受聘人员承担赔偿责任。

聘用单位只有在出资培训的情况下，才能与受聘人员签订服务期协议，约定违约金。

第一，支付违约金。《劳动合同法》明确规定，聘用单位与受聘人员在培训及服务期协议中依法约定违约金的，如果受聘人员违反服务期约定，应按照约定向聘用单位支付违约金。但是，聘用单位与受聘人员不能任意约定违约金，数额应按照法律规定的违约金上限进行约定，主要分为以下两种情形。一是服务期尚未开始的，违约金的数额不得超过聘用单位提供的培训费用；二是服务期已经开始的，违约金的数额不得超过服务期尚未履行部分所应分摊的培训费用。根据以上规定，聘用单位在确定违约金的数额时，可以直接按培训费总额约定，如果受聘人员发生实际违约，再根据违约时间和服务期已经履行的时间长短确定受聘人员应承担的违约金数额。

第二，承担损失赔偿责任。如果聘用单位与受聘人员没有签订培训或者服务期协议，或者虽然签订了协议，但是没有对违约金的数额作出明确规定，受聘人员违反服务期约定的，仍然需要承担赔偿责任。按照聘用单位实际支付的培训费用和已经履行的服务期情况，承担损失赔偿责任。

法律风险识别

聘用单位在对受聘人员进行培训时，要与受聘人员签订培训或者服务期协议，并在协议中明确约定违约金的具体数额或者计算方法。

第一，明确约定培训费用。培训协议中应明确约定培训费用的数额和包括的项目，如果培训前无法确定，则要明确费用的支付依据和支付标准，并约定由受聘人员先行垫付，等培训结束后，受聘人员凭有效票据报销。

第二，明确约定培训期间受聘人员的待遇。法律对于培训期间受聘人员工资和福利待遇的支付没有作出强制性规定，聘用单位应根据具体情况，与受聘人员确定培训期间的工资和福利待遇支付标准。

第三，明确约定违约金支付标准。聘用单位在培训协议中，应明确与受聘人员约定，当受聘人员违反服务期约定时应当承担的违约责任。具体确定受聘人员支付的违约金数额或者计算方法，聘用单位应严格遵守法律规定约定违约金的上限标准，不能随意扩大。

第四，服务期与受聘人员发生纠纷注意事项。对于依法合理设计的服务期条款而言，在服务期内发生纠纷，聘用单位应积极面对。如果是受聘人员自身原因导致服务期不能履行或者不需要履行的，聘用单位要提供证据，如证明受聘人员离职事实等相关书面证据，才能在纠纷中占据主动地位；否则，聘用单位不能要求受聘人员承担支付违约金的赔偿责任。

第二节 薪酬管理的法律风险识别

劳动者的劳动报酬包括三个部分：货币工资、实物工资和社会保险。工资由基本工资和辅助工资两部分构成。劳动法中的工资是指，用人单位根据国家有关规定或者劳动合同的约定，以货币形式直接支付给本单位劳动者的劳动报酬。根据国家统计局1990年发布的《关于工资总额组成的规定》，工资一般包括计时工资、计件工资、奖金、津贴和补贴、加班加点工资、特殊情况下支付的工资。

在高校人事聘任合同中，实行的是"薪俸法定主义"，这本身是政府干预合同的体现，薪酬协商是被排除在集体协商权之外的，是按照编制、教师职称职级的高低，由国家财政保障和发放，教师与国家、学校之间不是纯粹的平等主体。

一、基本工资

标准工资，即基本工资，是指按规定工资标准计算的工资（包括实行结构工资制的基础工资、职务工资和工龄津贴）。根据《关于工资总额组成的规定》第4条规定，工资总额由下列6个部分组成：计时工资、计件工资、奖金、津贴和补贴、加班加点工资、特殊情况下支付的工资。

（一）岗位职称待遇

案例导引

34. 刘某与某学院聘用合同争议案①

原告刘某于1998年调至被告某学院任职。2016年5月26日，刘某与某学院签订事业编制人员聘用合同，合同约定刘某在管理岗位工作，合同期限为自2016年5月1日起的无固定期限。2017年1月10日，刘某向某学院提出书面申诉，要求兑现副高职称的全部待遇。2017年3月3日，某学院拒绝了刘某的申请。根据有关文件，某学院实行不同类型岗位、不同等级工资计发方式。其中，刘某主张的副高职称系属专业技术类岗位。刘某的工资条显示，其工资发放中有部分发放情况符合某学院副高职称的待遇，但部分发放情况不符合副高职称的待遇。原告刘某向一审法院起诉，提出以副高职称享受各项福利待遇的诉讼请求。

一审宣判后，刘某因不服一审判决，向二审法院提起上诉。

一审法院认为，现有证据均显示，刘某的工作岗位为校工会工会专干（主办科员），属于管理岗位，刘某不能举证证明某学院聘任其为高级政工师

---

① 参见广东省中山市第一人民法院，（2018）粤2071民初184号；广东省中山市中级人民法院判决，（2018）粤20民终6342号。

一职，应承担举证不能的法律后果。故刘某据此要求某学院按照副高职称补发其福利待遇及按高级政工师副高的标准兑现其各项福利待遇的诉讼请求，无事实和法律依据，一审法院不予支持。

一审法院判决：驳回刘某的全部诉讼请求。

二审法院认为，本案证据证明，刘某的工作岗位为校工会工会专干（主办科员），属于管理岗位，据此，一审认定刘某未举证证明某学院聘任其为高级政工师一职，应承担举证不能的法律后果，处理正确，本院予以支持。

二审法院判决：驳回上诉，维持原判。

争议焦点

刘某能否按照副高职称享受相应的福利待遇？

公办学校的教师薪资一般包括基本工资、绩效工资、校内津贴、福利、社会保险等。基本工资、绩效工资主要来源于国家财政和地方补贴，校内津贴、福利和社会保险主要来源于社会创收。民办教师属于企业编制，待遇取决于高校自身经营状况，收入没有切实保障。民办高校职工工资主要采用职务工资体系，基本上由工资、课时费、各种补贴、保险、奖金、福利构成，实施工资绩效改革后，有的学校建立了绩效工资。

本案中，刘某与某学院签订的事业编制人员聘用合同及相应的岗位应聘报名表显示，刘某应聘的工作岗位为校工会工会专干（主办科员），某岗位性质为管理岗，实际工作岗位为工会专干（计生专干）。某学院的相关文件显示，校工会工会专干（主办科员）岗位性质系属管理岗；而刘某具备担任高级政工师的资格，与其任职岗位两者并不相同，即评聘是分开的。刘某提交的证据不能证明其任职岗位为高级政工师岗位。刘某认为其取得高级政工师资格的前提是某学院同意其申报，即认可其职位以及基本工资已经享受部分工资待遇为由，认为某学院已经同意其任职岗位职务为高级政工师，是将任职资格与实际聘用岗位混同。本案证据证明，刘某的工作岗位为校工会工会专干（主办科员），属于管理岗位，不是专技岗位，不能按照副高职称享受相应的福利待遇。

（二）病休假+年休假待遇

 案例导引

35. 吴某与某县人民医院聘用合同争议案①

原告吴某系被告某县人民医院的工作人员，目前工作年限为18年。双方从2011年9月15日到2017年12月31日，签订了3份事业单位聘用合同，合同约定被告根据国家和省有关事业单位工资政策及本单位内部分配方法按月向原告支付工资、奖金及各种津贴、补贴，并按规定调整工资标准。2016年6月22日至2016年7月11日，原告因中度抑郁症在某市第二人民医院住院治疗，后于2016年11月7日回到被告处的门诊岗位工作。对此，被告扣发了原告自2016年6月22日至2016年11月6日的工资津贴等3634元以及部分奖金，并评定原告2016年的年度考核为基本合格。后原告向当地劳动人事争议仲裁委员会提出仲裁申请，要求被告支付扣发的工资、年休假奖金等待遇。仲裁委于2017年10月18日作出仲裁裁决，驳回原告的仲裁申请，原告不服仲裁裁决，遂提起诉讼。一审宣判后，吴某不服一审判决，向二审法院提出上诉。

一审法院认为，病假期间应当照发的是基本工资，上述扣发部分不属于岗位工资和薪级工资范围，即吴某的岗位工资和薪级工资并未扣发。因此，单位的扣发工资行为未违反相关规定，本院对吴某要求支付扣发工资的诉讼请求依法不予支持。吴某累计请病假136天，已经远远超过3个月，其已不能享受当年年休假。因此，吴某要求支付扣发的年休假奖金的诉讼请求依法不能成立，本院不予支持。

一审法院判决：驳回原告吴某的全部诉讼请求。

二审法院认为，一审判决认定事实清楚，适用法律正确，实体处理得当，应予维持。

---

① 参见浙江省台州市三门县人民法院判决，（2017）浙1022民初5489号；浙江省台州市中级人民法院判决，（2018）浙10民终807号。

二审法院判决：驳回上诉，维持原判。

争议焦点

（1）病休假待遇的计算标准是什么？

病假期，是指受聘人员患病或者非因工负伤，需要接受诊疗而无法上班的期间。医疗期，是指受聘人员患病或者非因工负伤停止工作治病休息，而聘用单位不得因此解除聘用合同的期限。

实践中，经常把病假期与医疗期相混淆，认为受聘人员只要过了医疗期就不能请病假了。

二者的区别：医疗期是法定期间，目的是给予患病的受聘人员一段时间的辞退保护，即医疗期内聘用单位解除聘用合同的权利受到了限制；而病假期是根据受聘人员病情或者负伤情况实际需要的治疗期间，不是由任何人的主观意志决定的，更不可能由法律决定。

二者的联系：医疗期满后，如果聘用单位未与受聘人员解除聘用合同，受聘人员仍需要请病假的，聘用单位应予安排。

病假期间应当照发的是基本工资，基本工资由岗位工资和薪级工资组成。本案中，从吴某与某县人民医院提供的工资发放明细表来看，吴某的岗位工资和薪级工资并没有被扣发，而吴某也没有提供岗位工资和薪级工资被扣发的证据。医院扣发的主要是岗位津贴、生活补贴、月考核奖、考勤奖、午餐补贴、卫生津贴等。所以，吴某病假期间的工资待遇是按照其100%的基本工资由某县人民医院支付的。

（2）吴某是否享受年休假奖金？

事业单位的受聘人员连续工作1年以上的，享受带薪年休假，聘用单位应当保证受聘人员享受年休假，受聘人员在年休假期间享有与正常工作期间相同的工资收入。

根据《职工带薪年休假条例》第4条规定，职工有下列情形之一的，不享受当年的年休假：

①职工依法享受寒暑假，其休假天数多于年休假天数的；②职工请事假

累计20天以上且单位按照规定不扣工资的；③累计工作满1年不满10年的职工，请病假累计2个月以上的；④累计工作满10年不满20年的职工，请病假累计3个月以上的；⑤累计工作满20年以上的职工，请病假累计4个月以上的。

本案中，吴某从2016年6月22日起请假至2016年11月6日，累计请病假136日，已经远远超过3个月，即上诉人已不能享受当年年休假，因此，上诉人要求支付扣发的年休假奖金的诉讼请求依法不能成立，法院不应支持。

二、辅助工资

辅助工资，是指标准工资以外的各种工资，包括奖金、津贴、补贴、加班加点工资以及特殊情况下支付的工资。

案例导引

36. 吴某与某大学人事争议案①

2010年6月23日，原告吴某进入被告某大学工作，系事业编制人员。2010年6月24日，甲方某大学与乙方吴某签订《某大学引进博士协议》，约定吴某应聘该大学某工程学院从事教学、科研及安排的其他工作。2015年，吴某收到国家留学基金管理委员会发的国家留学基金资助出国留学资格证，由国家留学基金资助吴某赴日本留学，留学身份为访问学者，留学期限为12个月，资助期限为12个月。2016年6月23日，甲方某大学及下属某工程学院与乙方吴某就其申请到日本进修一事经协商三方签订协议，约定：乙方在出国规定的期限内享受工资福利待遇。出国期满后，乙方必须按期回甲方工作。服务期为4年（自回校报到工作之日算起）。乙方出国进修的时间不计算为服务期。吴某进修回校后，2017年12月15日，甲方某大学与乙方吴某签订《某大学聘任教授职务协议》，约定甲方聘乙方任教授职务，乙方在服务期

---

① 参见安徽省淮南市庵区人民法院判决，（2020）皖0403民初5589号；安徽省淮南市中级人民法院判决，（2021）皖04民终775号。

内,若参加进修培训、做访问学者、攻读学位等之后,不回校服务或回校后没有完成约定的服务期限,除交纳以上违约金外,还须偿还在学习期间由甲方支付的工资、培训费、差旅费、岗位津贴及其他福利待遇等。在某大学任职期间,原告应聘了某科技学院的职位并被录用。

2019年5月16日,原告向被告提出辞职申请,被告经开会讨论不同意其辞职。2019年10月20日,吴某向当地劳动人事争议仲裁委员会申请仲裁,仲裁委以不属受案范围为由决定不予受理。随后,某大学与吴某就其辞职事宜签订离职协议。吴某遂向法院提起诉讼,请求法院判决被告某大学支付其学习期间的岗位津贴及其他福利待遇等。一审宣判后,吴某不服,向二审法院提起上诉。

一审法院认为,原告吴某与被告某大学就"辞职调动工作、违约金、培养成本、协助办理辞职手续"等事宜经平等协商达成一致意见,并就上述辞职等协商一致,双方签订离职协议,该离职协议是双方真实意思表示,不违反法律法规强制性规定,对双方均具有法律约束力。另双方均已按照离职协议约定履行各自的义务,故原告诉请被告支付岗位津贴及其他福利待遇等款项缺乏事实和法律依据,且违反诚实信用原则,本院不予以支持。

一审法院判决:驳回原告吴某的诉讼请求。

二审法院认为,一审判决认定事实清楚,适用法律正确,应予维持。

二审法院判决:驳回上诉,维持原判。

争议焦点

岗位津贴的法律性质有哪些?

津贴是指为了补偿受聘人员特殊或者额外的劳动消耗和因其他特殊原因而支付给受聘人员的报酬,具有补偿作用和激励作用。津贴包括:为补偿受聘人员在特殊劳动条件下的劳动消耗和额外劳动消耗而设的津贴;为补偿受聘人员特殊劳动消耗和额外生活支出而设的津贴;为特种保健要求而设的津贴;为鼓励受聘人员钻研技术、努力工作而设的津贴。

津贴属于工资的一部分,属于辅助工资,是聘用单位针对受聘人员超出正常劳动之外的劳动耗费而给付的劳动报酬。岗位津贴属于辅助劳动报酬。

本案中，原被告之间签订的离职协议不违反法律、行政法规强制性规定，应当认定合法有效。离职协议是双方真实意思表示，对双方均具有法律约束力，并且双方均已按照离职协议约定履行完毕各自的义务，被告不须支付原告岗位津贴。

三、不计入工资范围的收入

不计入工资范围的收入：根据国务院发布的有关规定颁发的发明创造奖、自然科学奖、国家星火奖、科学技术进步奖、支付的合理化建议和技术改进奖，以及支付给运动员、教练员的奖金；有关劳动保险和职工福利方面的各项费用；有关离休、退休、退职人员的各项支出；劳动保护的各项支出；稿费、讲课费、翻译费及其他专门工作报酬；出差伙食补助费、午餐补助、调动工作的差旅费用和安家费；对购买本企业股票和债券的职工支付的股息（包括股金分红）与利息等。

37. 张某与某大学聘用合同争议案[①]

张某系某大学中国语言文学系教师，事业编制人员，双方签有聘用合同、教学科研岗位聘任合同。被告某大学为开展通识教育，于专业院系外，在校内开设了包括希德书院、任重书院在内的五大书院，向大一、大二学生统一授课。系争期间，张某在某大学希德书院"经典阅读小组"担任指导教师，负责指导该小组学生阅读，每两周上一次课等。此后，某大学仅支付2014—2015学年酬金1000元，并经原告张某不断反映后补发2000元酬金，共计3000元，另外发放的1500.3元为报销费用，不属于酬金。虽然双方就担任书院指导教师享有酬金及酬金数额均未有明确约定，但相同学年间，原告在任

---

① 参见上海市杨浦区人民法院判决，（2018）沪0110民初3790号。

重书院担任指导教师和书院导师获得了10700元酬金,比希德书院的酬金高了7700元,且同在希德书院的其他两名教师所得酬金也高于原告张某。基于此,同样工作环境、工作内容应实行同工同酬,原告诉至法院,要求被告补足酬金差额,要求被告支付2014—2015学年、2016—2017学年原告担任希德书院"经典阅读小组"指导教师的酬金7700元。

法院认为,现双方明确从未就酬金支付及酬金数额有所约定,而希德书院与任重书院的人员配置、财政规划也非完全相同,原告在两个书院从事工作内容也不相同,不具有可比性。原告张某主张被告某大学违反同工同酬原则,缺乏事实和法律依据。对其诉请,本院不予支持。

法院判决:原告张某要求被告某大学支付2014—2015学年、2016—2017学年指导教师的酬金7700元之诉讼请求,不予支持。

争议焦点

(1)"经典阅读小组"指导教师酬金,是否属于工资?

货币工资,是指聘用单位以货币形式直接支付给受聘人员的各种工资、奖金、津贴、补贴等。"经典阅读小组"指导教师的酬金属于讲课费,属于不计入工资收入的范围。受聘人员的以下劳动收入也不属于工资范围:保险福利费用、劳动保护方面的费用、按规定未列入工资总额的各种劳动报酬、实物折款、财产性收入、转移性收入、其他现金收入。

本案中,原告张某系被告某大学文学系在编教师,从事中文系的教学科研工作,其主张之希德书院"经典阅读小组"指导教师酬金,并非原告张某日常工作的常规性收入,也非双方聘任合同中约定之报酬,不属于工资性质。

(2)某大学是否违反同工同酬原则?

同工同酬,是指用人单位对所有劳动者同等价值的劳动应付给同等的劳动报酬。同工同酬是劳动法确立的一项基本规则,用人单位必须严格遵守。但由于劳动者存在个体差异,不能简单以不同劳动者是否在相同岗位工作作为"同工"的标准,而应综合考虑劳动者的个人工作经验、工作技能、工作积极性等特殊因素。

同在希德书院的两名教师所得酬金高于原告,有悖于同工同酬原则。张某称此两名教师酬金高于自己,然而并无证据佐证,某大学核实后予以否认并作合理解释。因此,张某称要求某大学依照任重书院发放标准支付系争期间希德书院的酬金,缺乏依据,某大学没有违反同工同酬的原则。

法律责任与后果

第一,病假期的法律责任与后果。

①病假的期限。

《企业职工患病或非因工负伤医疗期规定》(劳部发〔1994〕479号)第3条规定,企业职工因患病或非因工负伤,需要停止工作医疗时,根据本人实际参加工作年限和在本单位工作年限,给予3个月到24个月的医疗期:

(1)实际工作年限10年以下的,在本单位工作年限5年以下的为3个月;5年以上的为6个月。(2)实际工作年限10年以上的,在本单位工作年限5年以下的为6个月;5年以上10年以下的为9个月;10年以上15年以下的为12个月;15年以上20年以下的为18个月;20年以上的为24个月。

第4条规定,医疗期3个月的按6个月内累计病休时间计算;6个月的按12个月内累计病休时间计算;9个月的按15个月内累计病休时间计算;12个月的按18个月为累计病休时间计算;18个月的按24个月内累计病休时间计算;24个月的按30个月内累计病休时间计算。

②病假期间的待遇。

《劳动合同法》第40条规定,有下列情形之一的,用人单位提前30日以书面形式通知劳动者本人或者额外支付劳动者1个月工资后,可以解除劳动合同:

(1)劳动者患病或者非因工负伤,在规定的医疗期满后不能从事原工作,也不能从事由用人单位另行安排的工作的……

《企业职工患病或非因公负伤医疗期规定》(劳部发〔1994〕479号)第6条规定,企业职工非因工致残和经医生或医疗机构认定患有难以治疗的疾病,在医疗期内医疗终结,不能从事原工作,也不能从事用人单位另行安排的工作的,应当由劳动鉴定委员会参照工伤与职业病致残程度鉴定标准进行劳动能力的鉴定。被鉴定为一级至四级的,应当退出劳动岗位,终止劳动关系,办理退休、退职手续,享受退休、退职待遇;被鉴定为五级至十级的,医疗期内不得解除劳动合同。

第7条规定,企业职工非因工致残和经医生或医疗机构认定患有难以治疗的疾病,医疗期满,应当由劳动鉴定委员会参照工伤与职业病致残程度鉴定标准进行劳动能力的鉴定。被鉴定为一级至四级的,应当退出劳动岗位,解除劳动关系,并办理退休、退职手续,享受退休、退职待遇。

第8条规定,医疗期满尚未痊愈者,被解除劳动合同的经济补偿问题按照有关规定执行。

《劳动部关于印发〈关于贯彻执行《中华人民共和国劳动法》若干问题的意见〉的通知》(劳部发〔1995〕309号)第59条规定,职工患病或非因工负伤治疗期间,在规定的医疗期间内由企业按有关规定支付其病假工资或疾病救济费,病假工资或疾病救济费可以低于当地最低工资标准支付,但不能低于最低工资标准的80%。

《浙江省劳动厅关于转发劳动部〈企业职工患病或非因工负伤医疗期规定〉的通知》(浙劳险〔1995〕231号)规定,职工因病或非因工负伤,病假在6个月以内的,按其连续工龄的长短发给病假工资。其标准为:连续工龄不满10年的,为本人工资(不包括加班加点工资、奖金、津贴、物价生活补贴,下同)的50%;连续工龄满10年不满20年的,为本人工资的60%;连续工龄满20年不满30年的,为本人工资的70%;连续工龄满30年以上的,为本人工资的80%。

职工因病或非因工负伤,连续病假在6个月以上的,按其连续工龄的长短改发疾病救济费。其标准为:连续工龄不满10年的,为本人工资的40%;连续工龄满10年不满20年的,为本人工资的50%;连续工龄满20年不满30年的,为本人工资的60%;连续工龄满30年以上的,为本人工资的70%。

首先,解除聘用合同。聘用单位应当按照受聘人员的工作年限支付经济补偿和不低于6个月工资的医疗补助费。对患重病和绝症的,还应增加医疗补助费，患重病的增加部分不低于医疗补助费的50%，患绝症的增加部分不低于医疗补助费的100%。

其次，终止聘用合同。聘用合同到期，聘用单位可以终止与病休受聘人员的聘用合同。但是，聘用单位应支付经济补偿和不低于6个月工资的医疗补助费。

第二，年休假的法律责任与后果。

①享受带薪年休假的条件。

《劳动法》第45条规定，国家实行带薪年休假制度。劳动者连续工作1年以上的，享受带薪年休假。具体办法由国务院规定。

《职工带薪年休假条例》第2条规定，机关、团体、企业、事业单位、民办非企业单位、有雇工的个体工商户等单位的职工连续工作1年以上的，享受带薪年休假。单位应当保证职工享受年休假。职工在年休假期间享受与正常工作期间相同的工资收入。

②不享受带薪年休假的情形。

《职工带薪年休假条例》第4条规定，职工有下列情形之一的，不享受当年的年休假：（一）职工依法享受寒暑假，其休假天数多于年休假天数的；（二）职工请事假累计20天以上且单位按照规定不扣工资的；（三）累计工作满1年不满10年的职工，请病假累计2个月以上的；（四）累计工作满10年不满20年的职工，请病假累计3个月以上的；（五）累计工作满20年以上的职工，请病假累计4个月以上的。

③带薪年休假的工资报酬。

《企业职工带薪年休假实施办法》第6条规定，职工依法享受的探亲假、婚丧假、产假等国家规定的假期以及因工伤停工留薪期间不计入年休假假期。

《企业职工带薪年休假实施办法》第10条第1款规定，用人单位经职工同意不安排年休假或者安排职工年休假天数少于应休年休假天数，应当在本年度内对职工应休未休年休假天数，按照其日工资收入的300%支付未休年休假工资报酬，其中包含用人单位支付职工正常工作期间的工资收入。

依据《职工带薪年休假条例》第3条第2款规定，国家法定休假日、休息日不计入年休假的假期。

首先,聘用单位不安排职工年休假又不依照《职工带薪年休假实施办法》规定支付未休年休假工资报酬的,由县级以上地方人民政府劳动行政部门依据职权责令限期改正;对逾期不改正的,除责令该单位支付年休假工资报酬外,单位还须按照年休假工资报酬标准向职工加付赔偿金;对拒不执行支付未休年休假工资报酬、赔偿金行政处理决定的,由劳动行政部门申请人民法院强制执行。

其次,聘用单位安排受聘人员年休假,但是受聘人员因本人原因且书面提出不休年休假的,聘用单位只支付其正常工作期间的工资报酬。

最后,年休假在一个年度内既可以集中安排,也可以分段安排,但一般不跨年度安排。

法律风险识别

第一,病假法律风险识别。

受聘人员较长时间病休,对于聘用单位而言,确实会带来很多问题,但这也是聘用单位必须承担的社会责任。

首先,规范病假申请和审批权限。聘用单位应拟定格式化的病假申请单,病假申请单的内容包括病因、预计病休时间、医生的姓名和联络方式、病休期间实际居住地、固定联系方式及联系人。受聘人员申请病假,应按要求填写病假申请单,并提交适格或者指定医院开具的病假单。

聘用单位规定,所有的病休都必须经过申请和审批,并根据假期的类型、长短及申请人的级别等因素,确定相应的审批权限。

其次,规范的请假流程。聘用单位应制定规范的请假流程,要求受聘人员必须按聘用单位规定的流程办理请假手续,经批准并移交工作后方可离开工作岗位。未按流程请假或者虽然请假但未获批准就离开工作岗位的,按旷工处理。如果受聘人员遇到特殊情况,不能及时办理请假手续,则要求其说明情况,尽快补办书面请假手续,逾期未办的,可以按旷工处理。

再次,建立病假定期报告制度。聘用单位规定,受聘人员在病休期间,本人应及时与聘用单位联系，汇报治疗情况。病休期间，病情或者治疗地等发生变化，应及时通知聘用单位。

最后，完备的销假制度。聘用单位应要求受聘人员病假期满及时办理销假手续。

对于医疗终结或者医疗期满的病休受聘人员，根据病情治疗情况，及时就聘用合同作出处理，聘用单位应注意保存好受聘人员病假的证据，在发生人事争议时，若聘用单位无法提交相应的证据，就会面临败诉的风险。

第二，年休假法律风险识别。

聘用单位应当依法为符合年休假条件的受聘人员安排带薪年休假，如果安排年休假的天数少于受聘人员应休年休假的天数，或者经受聘人员同意不安排年休假，则应当支付3倍的工资。在聘用单位与受聘人员解除或者终止聘用合同时，如果未安排受聘人员休满年休假，则应当折算支付未休年休假部分的工资报酬。

注意保存好受聘人员已经享受带薪年休假的证据，如带薪年休假审批表、考勤记录和劳动报酬支付凭证等，否则，一旦发生人事争议，受聘人员否认已休年休假，则应由聘用单位承担举证责任。若聘用单位无法提交相应的证据，就会面临败诉的风险。

在受聘人员放弃年休假的情况下，聘用单位一定要保留好受聘人员放弃年休假的书面证据，以免在发生人事争议时处于被动地位。

四、拖欠支付劳动报酬

拖欠工资，是指聘用单位无法定理由逾期未支付或者未足额支付受聘人员应得工资的行为。因此，拖欠工资包括逾期未支付工资和未足额支付工资两种情况。

（一）逾期未支付工资

案例导引

38. 某医院与段某聘用合同争议案①

原告段某系被告某医院事业编制员工。2006—2011 年，被告共拖欠原告工资款 38862 元。2018 年 11 月 6 日，原告因索要该欠款向法院提起诉讼，后原告撤回起诉。2019 年 12 月 3 日，原告为被告出具了一份保证，内容为"（原告）不再去法院起诉被告拖欠工资事宜"。经查，2018 年被告以借款的方式付给原告 10000 元，2019 年以借款的方式付给原告 15000 元，合计 25000 元；另，被告还按本单位制订的还款计划支付了原告部分工资欠款，尚欠原告工资款 10811.20 元，双方对尚欠的工资数额均表示无异议。2020 年 10 月，原告以其患病需要用款等为由诉至法院，要求被告给付工资款 10811.20 元。一审判决后，某医院不服一审判决，提出上诉。

法院认为，被告某医院系事业单位，经费来源为财政部分补助，原告段某在其退休前系被告单位事业编制员工，故本案案由应为人事争议纠纷。被告单位对拖欠原告 10811.20 元工资款数额没有异议，故应按此数额给付原告工资欠款。保证书中约定原告不再向法院起诉的内容是无效的，且原告在保证书中并没有放弃对所欠工资款主张权利的意思表示，故原告要求被告给付工资款的诉讼请求应予支持。一审判决认定事实清楚，适用法律正确，应予维持。

法院判决：驳回上诉，维持原判。

争议焦点

聘用单位拖欠工资承担什么法律责任？

《最高人民法院关于审理拒不支付劳动报酬刑事案件适用法律若干问题的

---

① 参见黑龙江省鹤岗市中级人民法院判决，（2021）黑 04 民终 14 号。

解释》(法释〔2013〕3号)第1条规定,劳动者依照《劳动法》和《劳动合同法》等法律的规定应得的劳动报酬,包括工资、奖金、津贴、补贴、延长工作时间的工资报酬及特殊情况下支付的工资等,应当认定为刑法第276条之一第1款规定的"劳动者的劳动报酬"。

第8条规定,用人单位的实际控制人实施拒不支付劳动报酬行为,构成犯罪的,应当依照刑法第276条之一的规定追究刑事责任。

第9条规定,单位拒不支付劳动报酬,构成犯罪的,依照本解释规定的相应个人犯罪的定罪量刑标准,对直接负责的主管人员和其他直接责任人员定罪处罚,并对单位判处罚金。

2011年5月,《中华人民共和国刑法修正案(八)》新设了拒不支付劳动报酬罪;2013年1月,《最高人民法院关于审理拒不支付劳动报酬刑事案件适用法律若干问题的解释》出台,对拒不支付劳动报酬罪,实行双罚制。

本案中,某医院拖欠段某工资10811.20元,并与段某约定不允许其到法院起诉的行为,已经构成了拒不支付劳动报酬罪,在主观方面具有故意,在客观方面实施了拖欠劳动报酬的行为,且不允许段某起诉的行为既侵犯了段某的财产权,又妨碍了正常的人事关系,扰乱了社会主义市场经济秩序。

(二)未足额支付工资

案例导引

39. 刘某与某计划节约用水办公室聘用合同争议案①

被告某计划节约用水办公室属自收自支的事业单位。原告刘某系其职工。2019年7月9日,被告出具证明一张,其内容为,刘某普调工资:2013年7月至12月1818元,2014年10月至12月2001元,共计3819元。被告一直没有支付原告该工资。原告起诉至法院,请求被告补发拖欠原告普调工资3819元。

法院认为,依法订立的聘用合同具有约束力,聘用单位与受聘人员应当

---

① 参见河南省洛阳市嵩县人民法院判决,(2019)豫0325民初2402号。

履行聘用合同约定的义务。本案中，被告给原告出具的普调工资证明是原告与被告之间存在聘用合同的证据，该合同未发现有违反法律强制性规定的情形，应为有效。被告虽属自收自支的事业单位，有权自主决定单位工资的发放，但被告给原告出具的证明能够证明该普调工资是被告确定发放的工资，被告没有证据证明该工资已发放给原告，因此原告请求被告支付 2013 年 7 月至 12 月、2014 年 10 月至 12 月的普调工资 3819 元，本院应予支持。

法院判决：被告某计划节约用水办公室于判决书生效后 10 日内支付原告刘某劳动报酬 3819 元。

争议焦点

未足额支付劳动报酬，是否属于人事争议受案范围？

根据《最高人民法院关于人民法院审理事业单位人事争议案件若干问题的规定》第 1 条规定，事业单位与其工作人员之间因辞职、辞退及履行聘用合同所发生的争议，适用《劳动法》的规定处理；第 3 条规定，本规定所称人事争议是指事业单位与其工作人员之间因辞职、辞退及履行聘用合同所发生的争议。

人事争议属于人民法院主管范围，工资报酬作为事业单位聘用合同的主要条款，拖欠工资报酬的争议属于履行聘用合同的争议。

法律责任与后果

《最高人民法院关于审理劳动争议案件适用法律问题的解释（一）》（法释〔2020〕26 号）第 15 条规定，劳动者以用人单位的工资欠条为证据直接提起诉讼，诉讼请求不涉及劳动关系其他争议的，视为拖欠劳动报酬争议，人民法院按照普通民事纠纷受理。

第 45 条规定，用人单位有下列情形之一，迫使劳动者提出解除劳动合同的，用人单位应当支付劳动者的劳动报酬和经济补偿，并可支付赔偿金：（一）以暴力、威胁或者非法限制人身自由的手段强迫劳动的；（二）未按照劳动合同约定支付劳动报酬或者提供劳动条件的；（三）克扣或者无故拖欠劳动者工资的;(四)拒不支付劳动者延长工作时间工资报酬的;(五)低于当地最低工资标准支付劳动者工资的。

《劳动合同法》第30条规定,用人单位应当按照劳动合同约定和国家规定,向劳动者及时足额支付劳动报酬。用人单位拖欠或者未足额支付劳动报酬的,劳动者可以依法向当地人民法院申请支付令,人民法院应当依法发出支付令。

第38条规定,用人单位有下列情形之一的,劳动者可以解除劳动合同:……(二)未及时足额支付劳动报酬的……

第46条规定,有下列情形之一的,用人单位应当向劳动者支付经济补偿:(一)劳动者依照本法第38条规定解除劳动合同的……

第85条规定,用人单位有下列情形之一的,由劳动行政部门责令限期支付劳动报酬、加班费或者经济补偿;劳动报酬低于当地最低工资标准的,应当支付其差额部分;逾期不支付的,责令用人单位按应付金额50%～100%的标准向劳动者加付赔偿金:(一)未按照劳动合同的约定或者国家规定及时足额支付劳动者劳动报酬的;(二)低于当地最低工资标准支付劳动者工资的;(三)安排加班不支付加班费的;(四)解除或者终止劳动合同,未依照本法规定向劳动者支付经济补偿的。

《中华人民共和国刑法修正案(八)》增设拒不支付劳动报酬罪。修正后的《中华人民共和国刑法》第276条之一规定,以转移财产、逃匿等方法逃避支付劳动者的劳动报酬或者有能力支付而不支付劳动者的劳动报酬,数额较大,经政府有关部门责令支付仍不支付的,处3年以下有期徒刑或者拘役,并处或者单处罚金;造成严重后果的,处3年以上7年以下有期徒刑,并处罚金。单位犯前款罪的,对单位判处罚金,并对其直接负责的主管人员和其他责任人员,依照前款的规定处罚。有前两款行为,尚未造成严重后果,在提起公诉前支付劳动者的劳动报酬,并依法承担相应赔偿责任的,可以减轻或者免除处罚。

聘用单位未依法支付工资的情形主要是克扣或者无故拖延工资。聘用单位有上述违法情形的,应承担以下法律后果。

第一,全额支付或者补发。聘用单位克扣、拖延工资或者不支付加班费的，应当在规定时间内全额支付受聘人员工资；聘用单位支付的工资低于当地最低工资标准的，应当补足差额部分。

第二，受聘人员向当地人民法院申请支付令，聘用单位应足额支付拖欠的工资。

第三，支付赔偿金。劳动行政部门可以责令聘用单位限期支付或者补足差额，如果聘用单位逾期不支付，则责令聘用单位按应付金额50%~100%的标准向受聘人员加付赔偿金。

第四，受聘人员可以解除聘用合同，聘用单位应支付经济补偿。

第五，如果聘用单位拒不支付劳动报酬，情节严重，构成犯罪的——拒不支付劳动报酬罪，还将被依法追究刑事责任。2013年1月23日实施的《最高人民法院关于审理拒不支付劳动报酬刑事案件适用法律若干问题的解释》，针对拒不支付劳动报酬罪涉及的术语界定、量刑标准和单位犯罪等问题，明确了法律适用标准。

法律风险识别

如果聘用单位无故迟延支付劳动报酬，则受聘人员可以单方面解除聘用合同，并要求聘用单位支付经济补偿。严格按照法律规定而言，即使晚发一天的劳动报酬，也属于"未及时"支付的情形。

第一，约定工资发放时间的技巧。聘用单位在与受聘人员约定劳动报酬发放的时间时，应当约定一个较长的时间段，如"聘用单位在每月的10日前发放劳动报酬"。出于合理性考虑，最好在每月的前半月，这样既可以满足法律规定的"工资每月至少发一次"，又可以给聘用单位留下操作空间。

第二，如遇到特殊情况，应履行法定程序后延期支付。根据《对〈工资支付暂行规定〉有关问题的补充规定》第4条规定，用人单位确因生产经营困难、资金周转受到影响，在征得本单位工会同意后，可暂时延期支付劳动者工资，延期时间的最长限制可由各省、自治区、直辖市劳动行政部门根据各地情况确定。在有正当理由时，聘用单位迟延支付工资是不需要承担法律责任的。因此，当出现非人力所能抗拒的支付受到影响时，应履行一个征得工会同意的程序,从而避免承担法律责任。

第三,正当理由消失后应及时补发工资。在非人力所能抗拒的支付原因消失后,应当在合理时间内,及时支付受聘人员的工资。如果时间过长,则既丧失合理性,又会有被认定为无故拖欠工资的法律风险。

第三节 社会保险的法律风险识别

1985年,劳动人事部、财政部出台《关于国家机关和事业单位工作人员工资制度改革后奖金、津贴、补贴和保险福利问题的通知》;1999年,劳动和社会保障部、财政部、人事部出台《关于事业单位参加失业保险有关问题的通知》;2005年,劳动和社会保障部、人事部、民政部、财政部出台《关于事业单位、民间非营利组织工作人员工伤有关问题的通知》;2008年,国务院出台《关于印发事业单位工作人员养老保险制度改革试点方案的通知》;2008年,国务院通过《事业单位工作人员养老保险制度改革试点方案》(国发〔2008〕1号),并确定在山西、上海、浙江、广东和重庆先期开展试点工作,探索事业单位工作人员养老保险制度的设计;2015年1月3日,国务院发布《关于机关事业单位工作人员养老保险制度改革的决定》(国发〔2015〕2号),标志着我国事业单位社会保障方面的改革开始启动;2015年1月12日,《国务院办公厅转发人力资源和社会保障部财政部关于调整机关事业单位工作人员基本工资标准和增加机关事业单位离退休费三个实施方案的通知》(国办发〔2015〕3号)。

2015年3月,《机关事业单位职业年金办法》(国办发〔2015〕18号)公布,职业年金与基本养老保险制度同步建立。《机关事业单位职业年金办法》第4条第1款规定,职业年金所需费用由单位和工作人员个人共同承担。单位缴纳职业年金费用的比例为本单位工资总额的8%,个人缴费比例为本人缴费工资的4%,由单位代扣。单位和个人缴费基数与机关事业单位工作人员基本养老保险缴费基数一致。

《机关事业单位基本养老保险关系和职业年金转移接续经办规程（暂行）》第3条规定，县级以上社会保险经办机构负责机关事业单位基本养老保险关系和职业年金的转移接续业务经办。

一、养老保险

（一）养老保险补缴

案例导引

40. 黄某与某市人民医院聘用合同纠纷案[①]

原告黄某于1993年大学毕业后，按照当时的大中专毕业生分配政策，分配到某市人民医院（以下简称"人民医院"）工作。1995年3月，某市政府为加强人民医院的建设，切实解决医院面临的困难和问题，将人民医院合并到某醇酒厂，合并后仍然保留人民医院的建制和牌子。2012年8月，某市政府明确人民医院为正科级单位，领导权、业务指导管理权归某市政府及相关部门。

1997年，某市政府市长办公会议议定，对人民医院1995年1月1日以后退休的职工工资按国家规定列入市财政预算。

2000年，人民医院按照某市委、市政府关于印发《某市机关事业单位职工基本养老保险制度改革实施细则（试行）》的规定，从2000年1月开始缴纳包括原告黄某在内的职工养老保险，至2006年按某市委、市政府《关于机关事业职工基本养老保险制度改革工作有关事宜的通知》要求，停收包括全市机关事业单位职工（除合同制工人外）的基本养老保险，某市社保局还将2000—2005年所收职工养老保险退还各单位，由各单位退还职工本人，人民医院已将属于黄某个人缴纳的部分养老保险费退给黄某。

2013年10月16日，原告黄某与人民医院签订事业单位人员聘用合同，合同期限自2013年9月1日至2016年12月31日，聘用原告黄某为专业技术

[①] 参见贵州省兴义市人民法院判决，（2015）黔义民初字第02021号。

岗位主任医师。

2014年3月，原告黄某因个人原因，经过慎重考虑，决定辞去副院长及公职，2014年3月24日，某市委组织部批准，准许原告黄某辞职。2015年，原告向当地劳动人事争议仲裁委员会申请仲裁，请求人民医院补缴从1993年8月至2014年3月的养老保险。原告在收到仲裁裁决后不服，在法定期限内向法院提起诉讼。

法院认为，原告黄某在职期间属于事业单位编制人员，不属于《社会保险费征缴暂行条例》规定征缴养老保险费的范围，人民医院不能为其缴纳养老保险费，未缴纳养老保险费并不减损原告退休后的养老保险待遇。双方签订的聘用合同是根据《某省事业单位试行人员聘用制度的意见》，单位对技术、管理人员的一种管理方式，而不是劳动合同，原告要求按《劳动合同法》的规定，补缴养老保险的诉讼请求不予支持。

法院判决：驳回原告黄某的诉讼请求。

争议焦点

某市人民医院是否需要为黄某补缴养老保险？

1999年，《社会保险费征缴暂行条例》第3条第1款规定，基本养老保险费的征缴范围：国有企业、城镇集体企业、外商投资企业、城镇私营企业和其他城镇企业及其职工，实行企业化管理的事业单位及其职工。人民医院作为财政拨款的事业单位，不是实行企业化管理的事业单位，不属于《社会保险费征缴暂行条例》规定征缴养老保险的范围。

某市政府已印发文件对人民医院退休人员的待遇明确由市财政负担，原告黄某作为人民医院的事业编制职工，当地政府明文确定不交养老保险，达到退休年龄后的待遇由市财政负担。在不用缴纳保险费比缴纳保险费可享受的预期养老收益还高的情况下，虽然人民医院有选择权，但选择不用缴纳养老保险费由财政负担才符合常理，并能更好地保障单位职工的养老待遇，符合职工的意愿，故人民医院不缴纳养老保险费，并不减损包括原告在内的职工退休后应享受的养老待遇。机关事业单位的养老保险，已逐步按照《关于机关事业单位工作人员养老保险制度改革的决定》（国发〔2015〕2号）及相关规定办理。

（二）受刑事处罚的受聘人员养老保险金缴费年限计算

41. 安某与某社会保险服务中心不履行法定职责二审行政判决书案①

安某是事业单位的工作人员，2012年4月28日受刑事处罚被某市监察局给予行政开除处分。2015年7月24日，安某向某社会保险服务中心申请将社会保险关系转移至市人才服务中心后，因安某属于受刑事处罚被开除公职的情况，某社会保险服务中心依据《事业单位工作人员处分暂行规定》第31条、原某市人事局《关于印发〈《某市机关事业单位工作人员社会养老保险暂行办法》实施细则〉的通知》，对其1995年4月至2012年4月缴纳的养老保险金年限不予计算，缴纳的养老保险金予以吊销，不予转移。安某认为，其符合《事业单位工作人员处分暂行规定》第31条规定，事业单位工作人员受到开除处分后，事业单位应当及时办理档案和社会保险关系转移手续。安某认为，某社会保险服务中心不执行上述规定，而以本市的规定为由不给自己转移社会保险关系，是行政不作为，侵犯了自身的权利，诉至法院依法判决将其31年的社保关系予以转移。

法院认为，某社会保险服务中心具有办理社会保险转移接续手续的职权，是本案的适格被告。安某被开除公职，某社会保险服务中心对其1995年4月至2012年4月缴纳的养老保险金予以吊销，不予转移，并无不当。

法院判决：驳回安某的诉讼请求。

争议焦点

受到刑事处罚的受聘人员，养老保险金缴费年限如何计算？

---

① 参见山东省烟台市中级人民法院判决，（2016）鲁06行终83号。

我国法律、行政法规中都没有对社会保险关系转移手续作出明确规定，而是由各省、市制定社会保险的实施细则。根据《〈某市机关事业单位工作人员社会养老保险暂行办法〉实施细则》第6条规定，因受刑事处分被开除公职的，其缴纳养老保险金的年限不予计算，所缴纳的养老保险金予以吊销。

二、工伤保险赔偿

工伤保险，又称为"职业伤害保险"，是指劳动者在工作过程中或者在法定情形下因工作原因或者因接触职业性有害因素，导致劳动者暂时或者长期丧失劳动能力、死亡时，对劳动者本人或者其近亲属提供医疗救治、职业康复、经济补偿等必要物质帮助的一项社会保险制度。

聘用单位依法为受聘人员缴纳工伤保险费，发生工伤事故后，受聘人员享受的工伤保险待遇由两部分构成，一部分由工伤保险基金支付，另一部分由聘用单位支付。

事业单位人事制度中涉及因公死亡或者因公致残的相关法律规定如下。

因公死亡执行的是人事部、财政部《关于工资制度改革后事业单位工作人员死亡一次性抚恤金计发问题的通知》，因公致残执行的是教育部、财政部发布的《关于各级各类学校公办教职工因工负伤致残抚恤问题的通知》。另外，还有2005年12月29日劳动保障部、人事部、民政部、财政部四部门联合发布的《关于事业单位、民间非营利组织工作人员工伤有关问题的通知》（劳社部发〔2005〕36号），2010年修订的《工伤保险条例》，2018年修正的《社会保险法》。

（一）突发疾病

42. 突发疾病工伤认定案①

曲某生前是原告某大学交通学院物流教研室教师。2013年5月24日下

---

① 参见山东省烟台市中级人民法院判决，（2016）鲁06行终178号。

午，曲某的学生王某要将毕业论文交到学院，但其论文尚未改好。当日7时37分，曲某主动打电话询问王某毕业论文修改情况。至10时25分，曲某与王某先后四次通过电话指导学生毕业论文。其间的8时35分，曲某因身体不适被送到医院住院治疗。曲某病历记载：发热两天，2013年5月24日10时16分入院，15时23分自行去厕所小便返回病房时，突然意识丧失，经抢救无效于16时55分死亡，诊断为败血病、猝死。

当地人力资源和社会保障局在2014年3月28日作出《工伤认定决定书》（烟人社工伤案字〔2014〕0001号），认定曲某不是因工死亡。曲某家属不服，提起诉讼，请求认定曲某工伤。一审法院判决，当地人力资源和社会保障局适用《工伤保险条例》第14条、第15条的规定作为法律依据，属于适用法律错误。且在未认定工亡的事实和理由中，未载明非因工死亡的事实，也未对非因工死亡的证据及理由进行具体阐明，属于认定事实不清，主要证据不足，适用法律错误，依法应当撤销。某大学不服一审判决，向法院提起上诉。

法院认为，根据《工伤保险条例》第15条第1款规定，职工在工作时间和工作岗位，突发疾病死亡或者在48小时之内经抢救无效死亡的，视同工伤。关于此项规定的"突发疾病"，根据《关于实施〈工伤保险条例〉若干问题的意见》（劳社部函〔2004〕256号）第3条规定，条例第15条规定"职工在工作时间和工作岗位，突发疾病死亡或者在48小时之内经抢救无效死亡的，视同工伤"。这里的"突发疾病"包括各类疾病。"48小时"的起算时间，以医疗机构的初次诊断时间作为突发疾病的起算时间。曲某在事发前的2013年5月24日上午7时37分至10时25分多次用电话指导学生完成毕业论文，不违反某大学教学规程的规定，应视为工作时间和工作岗位的延伸。曲某在指导学生完成毕业论文过程中突发疾病在48小时内经抢救无效死亡，符合《工伤保险条例》第15条第1款第1项的规定，符合视同工伤认定的情形，应视同工伤。

法院判决：驳回上诉，维持原判。

争议焦点

曲某突发疾病死亡是否构成工伤？

高校教师实行不坐班制是我国普通高校的普遍做法。这种做法在某大学制定的大学教学与教学管理工作规程中也得到充分体现。该规程明确规定了课外辅导和答疑是课堂教学的辅助形式，是整个教学的组成部分；辅导和答疑的方式与时间由教师根据课程类型及教学条件确定。在某大学没有为教师配备电脑和固定办公桌椅的情况下，曲某在事发前的2013年5月24日上午7时37分至10时25分多次用电话指导学生完成毕业论文，不违反某大学上述规程的规定，应视为工作时间和工作岗位的延伸。

《工伤保险条例》第15条规定，职工有下列情形之一的，视同工伤：（一）在工作时间和工作岗位，突发疾病死亡或者在48小时之内经抢救无效死亡的……

第一，曲某是否属于在工作时间突发疾病。这里所称的"工作时间"，是指法律规定的或者单位要求职工工作的时间，包括加班加点时间及为开展正常工作必需的与工作有关的预备性或收尾性工作时间。根据某大学《关于调整作息时间的通知》的规定，某大学规定的5月1日至10月31日的工作时间是8时至12时，曲某感到身体不适被从家中送到医院的时间是8时35分，此时应为突发疾病时间，属于某大学的工作时间。曲某从7时37分开始给学生打电话指导毕业论文写作至10时25分结束，8时以前的时间视为工作时间的延伸。

第二，关于曲某是否突发疾病死亡或经抢救无效48小时内死亡。这里所称的"突发疾病"，是指上班期间突然发生任何种类的疾病，此处48小时以医疗机构的初次诊断时间作为突发疾病的起算时间。本案中，根据曲某的病历资料，可证明曲某的初次诊断时间为2013年5月24日10时16分，该时间依法应为曲某突发疾病的时间，其于当日16时55分去世，符合突发疾病在48小时内死亡的情形。

第三，关于曲某突发疾病是否处在工作岗位上。这里所称的"工作岗位",是指职工日常所在的工作岗位和本单位领导指派从事工作的岗位,即工作岗位是指在工作场所从事或者履行与工作有关的活动空间。本案中,根据高校教师不坐班的特点,曲某从 7 时 37 分开始给学生打电话指导毕业论文写作至 10 时 25 分结束,曲某履行的是其指导学生毕业论文写作的职责,应视为工作岗位的延伸。

所以,曲某在工作时间和工作岗位,突发疾病在 48 小时之内经抢救无效死亡,符合《工伤保险条例》第 15 条视同工伤的规定,应当认定为视同工伤。

(二) 上下班途中

43. 上下班途中工伤认定案①

第三人石某系原告某幼儿园员工。2012 年 7 月 13 日晚,石某下班与同事结伴而行,路过宿舍楼下,未回到宿舍,径直与同事去市场购买水果等食品。在返回宿舍途中,当日 18 时 10 分许,石某受到交通事故伤害。在该起交通事故中,石某无责任。2013 年 6 月 27 日,石某母亲邹某对石某所受伤害向被告某区人力资源和社会保障局申请工伤认定。被告于 2013 年 8 月 26 日作出〔2013〕1 号不予认定工伤决定,对石某所受伤害不予认定工伤。石某母亲不服,诉至某区人民法院。某区人民法院作出撤销不予认定工伤决定,被告不服,向某市中级人民法院上诉。被某市中级人民法院予以撤销,责令某区人民法院重审该案后,被告于 2015 年 11 月 16 日作出《工伤认定决定书》(沈河人社工认字〔2015〕218 号),对石某所受伤害认定为工伤。原告某幼儿园不服,诉至法院。一审宣判后,某幼儿园不服一审判决,向法院提起上诉。

法院认为,本案中,石某在下班后,经过居住地并未上楼,前往附近市场购买食品的行为属于日常工作生活所需的活动,其时间及路线也在合理范

---

① 参见辽宁省沈阳市中级人民法院判决,(2017)辽 01 行终 32 号。

围内，此情形应认定为属于《工伤保险条例》第14条第（六）项规定的"上下班途中"，故被上诉人某区人力资源和社会保障局认定石某在下班途中受到非本人主要责任的交通事故伤害为工伤，并无不当。综上所述，原审判决认定事实清楚，适用法律正确，本院予以维持。

法院判决：驳回上诉，维持原判。

争议焦点

受聘人员上下班途中工伤如何认定？

《最高人民法院关于审理工伤保险行政案件若干问题的规定》第6条规定，对社会保险行政部门认定下列情形为"上下班途中"的，人民法院应予支持：（一）在合理时间内往返于工作地与住所地、经常居住地、单位宿舍的合理路线的上下班途中；（二）在合理时间内往返于工作地与配偶、父母、子女居住地的合理路线的上下班途中；（三）从事属于日常工作生活所需要的活动，且在合理时间和合理路线的上下班途中；（四）在合理时间内其他合理路线的上下班途中。

本案中，石某下班后，经过居住地并未上楼，而是前往附近的市场购买食品，其购买食品的行为应属于"从事属于日常工作生活所需要的活动"，故应该认定交通事故发生在上下班途中的合理路线上，且是在下班的合理时间，即石某在合理时间和合理路线上的上下班途中，故应该认定石某在上下班途中受到的非本人主要责任的交通事故伤害为工伤。

法律责任与后果

《工伤保险条例》第17条规定，职工发生事故伤害或者按照职业病防治法规定被诊断、鉴定为职业病，所在单位应当自事故伤害发生之日或者被诊断、鉴定为职业病之日起30日内，向统筹地区社会保险行政部门提出工伤认定申请。遇有特殊情况，经报社会保险行政部门同意，申请时限可以适当延长。

用人单位未按前款规定提出工伤认定申请的，工伤职工或者其近亲属、工会组织在事故伤害发生之日或者被诊断、鉴定为职业病之日起 1 年内，可以直接向用人单位所在地统筹地区社会保险行政部门提出工伤认定申请。

按照本条第 1 款规定应当由省级社会保险行政部门进行工伤认定的事项，根据属地原则由用人单位所在地的设区的市级社会保险行政部门办理。

用人单位未在本条第 1 款规定的时限内提交工伤认定申请，在此期间发生符合本条例规定的工伤待遇等有关费用由该用人单位负担。

第 65 条规定，公务员和参照公务员法管理的事业单位、社会团体的工作人员因工作遭受事故伤害或者患职业病的，由所在单位支付费用。具体办法由国务院社会保险行政部门会同国务院财政部门规定。

如果聘用单位未在法定的期限内提出申请，将承担以下法律后果。

第一，事故伤害发生日至社会保险行政部门受理工伤认定申请日期间，发生的符合工伤保险待遇的有关费用全部由聘用单位承担，包括已经参保职工由工伤保险基金支付的工伤保险待遇。

第二，工伤职工或者其直系亲属认为是工伤，而聘用单位不认为是工伤，由聘用单位承担举证责任，聘用单位证据不足无法举证的，认定工伤成立。

法律风险识别

工伤保险赔偿争议，是社会保险争议中发生频率最高、涉及纠纷最复杂的一类争议。一方面是由于发生工伤后，涉及的赔偿和待遇的给付数额较高；另一方面是由于有关工伤的各种法定程序相对复杂，持续时间较长，包括工伤认定、鉴定和工伤待遇给付等多个环节。其中，工伤认定是工伤保险制度中一个重要环节，也是决定受伤职工或者其近亲属是否可以享受工伤保险待遇的关键因素。工伤范围是工伤认定的前提，一般由法律直接规定。《工伤保险条例》把工伤认定分为三种情况：应当认定为工伤、视同工伤、不认定为工伤。聘用单位在任何一个环节处理不妥当，都可能引发纠纷。

三、未及时为受聘人员缴纳社会保险

44. 徐某与某师范大学未及时缴纳社会保险纠纷案①

徐某从 2011 年 10 月开始在某师范大学从事教学工作。某师范大学未与徐某签订劳动合同,未给徐某缴纳社会保险费。2013 年 6 月,某师范大学给徐某颁发荣誉证书,该证书载明:徐某老师在 2012 年 9 月至 2013 年 7 月自治区临聘学前双语教师培训工作中,认真负责,被评为"优秀班主任"。2014 年 1 月,徐某感到身体不适,被送到医院治疗,后被诊断为癌症晚期。2014 年 3 月,徐某开始以个人名义缴纳社会保险费。徐某诉至法院,要求某师范大学支付其治病期间的生活补助、医疗费及相关费用,要求某师范大学补缴 2011 年 9 月至 2014 年 5 月的社会保险费。一审宣判后,徐某不服一审判决,向法院提起上诉。

法院认为,徐某与某师范大学之间虽然没有签订书面劳动合同,但存在事实劳动关系。针对社会保险内容,劳动关系存续期间,某师范大学给徐某缴纳社会保险费是法定义务,未予缴纳,应当补缴养老保险费、失业保险费,并承担期间利息。根据我国现有政策,工伤保险、医疗保险、生育保险属于现收现支,不能补缴。

法院判决:对于徐某要求某师范大学补缴 2011 年 9 月至 2014 年 5 月社会保险费的诉讼请求,法院部分予以支持。

争议焦点

某师范大学是否应为徐某补缴社会保险费用?

某师范大学给徐某发放"优秀班主任"证书的行为可证明双方之间存在

---

① 参见新疆维吾尔自治区乌鲁木齐市中级人民法院判决,(2015) 乌中民五终字第 178 号。

管理与被管理的关系,结合某师范大学长期按月支付徐某劳动报酬的事实,应认定徐某与某师范大学之间虽然没有签订书面劳动合同,但存在事实劳动关系。针对社会保险内容,劳动关系存续期间,某师范大学为徐某缴纳社会保险费属于法定义务,但某师范大学未予缴纳,应当为徐某补缴养老保险费、失业保险费,还要承担期间利息。

 法律责任与后果

《劳动法》第100条规定,用人单位无故不缴纳社会保险费的,由劳动行政部门责令其限期缴纳,逾期不缴的,可以加收滞纳金。

《劳动合同法》第38条规定,用人单位有下列情形之一的,劳动者可以解除劳动合同:……(三)未依法为劳动者缴纳社会保险费的……

第46条规定,有下列情形之一的,用人单位应当向劳动者支付经济补偿:(一)劳动者依照本法第38条规定解除劳动合同的……

《社会保险费征缴暂行条例》第13条规定,缴费单位未按规定缴纳和代扣代缴社会保险费的,由劳动保障行政部门或者税务机关责令限期缴纳;逾期仍不缴纳的,除补缴欠缴数额外,从欠缴之日起,按日加收2‰的滞纳金。滞纳金并入社会保险基金。

《社会保险法》第63条规定,用人单位未按时足额缴纳社会保险费的,由社会保险费征收机构责令其限期缴纳或者补足。用人单位逾期仍未缴纳或者补足社会保险费的,社会保险费征收机构可以向银行和其他金融机构查询其存款账户;并可以申请县级以上有关行政部门作出划拨社会保险费的决定,书面通知其开户银行或者其他金融机构划拨社会保险费。用人单位账户余额少于应当缴纳的社会保险费的,社会保险费征收机构可以要求该用人单位提供担保,签订延期缴费协议。用人单位未足额缴纳社会保险费且未提供担保的,社会保险费征收机构可以申请人民法院扣押、查封、拍卖其价值相当于应当缴纳社会保险费的财产,以拍卖所得抵缴社会保险费。

第84条规定,用人单位不办理社会保险登记的,由社会保险行政部门责令限期改正;逾期不改正的,对用人单位处应缴社会保险费数额1倍以上3

倍以下的罚款，对其直接负责的主管人员和其他直接责任人员处500元以上3000元以下的罚款。

第86条规定，用人单位未按时足额缴纳社会保险费的，由社会保险费征收机构责令限期缴纳或者补足，并自欠缴之日起，按日加收5‰的滞纳金；逾期仍不缴纳的，由有关行政部门处欠缴数额1倍以上3倍以下的罚款。

聘用单位应当严格根据法律规定为受聘人员缴纳社会保险费，否则应承担以下责任。

第一，限期改正。聘用单位不办理社会保险登记的，由社会保险行政部门责令限期改正。

第二，限期缴纳或者补足，并加收滞纳金。聘用单位未按时足额缴纳社会保险费的，由社会保险费征收机构责令限期缴纳或者补足，并自欠缴之日起，按日加收5‰的滞纳金。

第三，对聘用单位处以罚款。聘用单位不办理社会保险登记，逾期仍不改正的，社会保险费征收机构对聘用单位处应缴纳社会保险费数额1倍以上3倍以下的罚款，对直接负责的主管人员和其他直接责任人员处500元以上3000元以下的罚款。

法律风险识别

聘用单位不给受聘人员缴纳社会保险费的法律风险很大。所以，聘用单位应当按照《社会保险法》的规定为受聘人员缴纳社会保险费，降低法律风险；否则，需要承担社会保险行政部门的罚款处罚。

聘用单位未按时足额缴纳社会保险费，逾期仍不缴纳的，由社会保险费征收机构处欠缴数额1倍以上3倍以下的罚款。

第一，对聘用单位强制征缴。聘用单位逾期仍未缴纳或者补足社会保险费的，社会保险费征收机构可以向银行和其他金融机构查询其存款账户，并可以申请县级以上有关行政部门作出划拨社会保险费的决定，书面通知其开户银行或者其他金融机构划拨社会保险费。聘用单位账户余额少于应当缴纳的社会保险费的，社会保险费征收机构可以要求聘用单位通过担保，签订延期缴费协议。

聘用单位未足额缴纳社会保险费且未提供担保的，社会保险费征收机构可以申请人民法院扣押、查封、拍卖其价值相当于应当缴纳社会保险费的财产，以拍卖所得抵缴社会保险费。

第二，受聘人员可以解除聘用合同，聘用单位还应当支付经济补偿、相关待遇或者承担赔偿责任。由于聘用单位未按照规定为受聘人员缴纳社会保险费，受聘人员不能享受工伤、失业、生育、医疗保险待遇的，受聘人员可以与聘用单位解除聘用合同，要求聘用单位按照相关法律规定支付上述待遇或者赔偿金。

第五章

事业单位聘用合同变更的法律风险识别

第五章　事业单位聘用合同变更的法律风险识别

聘用合同的变更是在原聘用合同的基础上对其内容作出的部分修改、补充或者删减，而不是签订新的聘用合同，原聘用合同未变更的部分仍然有效，变更后的内容就取代了原聘用合同的相关内容，新达成的变更协议条款与原聘用合同中的其他条款具有同等法律效力，对新聘用单位与受聘人员都具有约束力。聘用合同的变更从性质上说，一般是指内容上的变更，但聘用合同的变更也包括主体的变更——承继。

第一节　聘用合同承继的法律风险识别

聘用合同的承继是聘用合同主体的变更。聘用单位变更时，聘用合同按照承继原则处理。承继是指聘用单位的主体发生变更后，由新聘用单位接替，新聘用单位继续履行原聘用合同的权利和义务。承继通过聘用合同的主体变更，使原聘用合同内容得以保留。承继是对传统合同相对性原则的突破，在此引入三方关系，由新主体代替旧主体履行原有合同，且合同内容不发生改变。

一、聘用单位名称变更

案例导引

45. 霍某与某社区卫生服务中心人事争议案[①]

某医院的前身是某社区卫生服务中心，虽经行政区划调整、单位名称变更等，但用人单位主体未改变。霍某为某社区卫生服务中心单位事业编制在编人员，霍某持有2002年9月3日签发的医师执业证书，并于2007年9月14日被注销执业证书，注销理由为中止医师执业活动满2年。双方确认霍某自

[①] 参见广东省广州市越秀区人民法院判决，(2018) 粤0104民初30421号；广东省广州市中级人民法院判决，(2019) 粤01民终3266号。

2005年起因病休假至2012年5月。2012年5月，霍某重新上班后从事社区基本公共卫生资料分类整理工作。某社区卫生服务中心每年对霍某进行考核。霍某在2015年度考核等次为基本合格。霍某于2016年8月16日向某社区卫生服务中心提出复核，某社区卫生服务中心于2016年9月9日作出维持霍某2015年度考核结果为基本合格的复核决定。后霍某向区卫生和计划生育局申诉，该局于2016年11月11日作出申诉处理决定，决定维持某社区卫生服务中心原人事处理决定。

霍某于2016年12月8日向当地劳动人事争议仲裁委员会申请仲裁，要求某社区卫生服务中心继续履行与霍某的人事关系，确认人事关系从1996年8月至2016年12月8日。霍某不服仲裁裁决，诉至法院。一审宣判后，霍某不服一审判决，向二审法院提出上诉。

一审法院认为，根据1996年8月起霍某与某社区卫生服务中心建立社会保险缴存关系，即霍某与某社区卫生服务中心人事关系的建立，确认霍某的入职时间。

一审法院判决：确认霍某与某社区卫生服务中心在1996年8月至2016年9月30日存在人事关系。

二审法院认为，某社区卫生服务中心与霍某签订的最后一份聘用合同于2016年9月30日期限届满后，双方就续订聘用合同事宜继续进行协商，在协商期间，某社区卫生服务中心向霍某发放工资至2016年10月、为其缴纳社会保险费至2016年11月，可见双方至2016年11月仍存在人事关系。一审法院认定双方的人事关系截至2016年9月30日欠妥，双方人事关系截至2016年11月23日，本院予以纠正。

二审法院判决：变更一审判决第一项为，确认霍某与某社区卫生服务中心在1996年8月至2016年11月23日期间存在人事关系。

争议焦点

当聘用单位名称发生变更时，聘用合同应如何履行？

根据《劳动合同法》第33条的规定，用人单位变更名称、法定代表人、主要负责人或者投资人等事项,不影响劳动合同的履行。

聘用单位名称只是一个聘用单位的称谓符号,聘用单位名称发生变更只是称谓发生了变化,而聘用单位实体组织及其内部机构、人员并没有发生任何变动,自然不会影响聘用合同的履行。

聘用单位名称变更后,可相应修改聘用合同中的当事人条款对应信息,原聘用合同继续有效。

二、聘用单位合并

案例导引

46. 刘某与某乙中学人事争议案①

刘某系北京市某甲中学数学教师,双方签订了自2000年1月13日至2006年1月12日的聘用合同,月工资为3700元。2004年2月,区教委作出关于某甲中学合并到某乙中学的决定。某甲中学于2004年7月开始进行善后工作,该校按每月3700元的标准向刘某支付工资至当年8月底。2004年9月,某乙中学与刘某签订了外聘教师岗位聘任协议,协议有效期为2004年9月12日至2005年9月11日,该协议未约定刘某的具体工资标准。签订协议后,刘某的工作岗位依然是原某甲中学的工作岗位,其原任教的班级、学生及校址均未发生变更,而某甲中学因种种原因并未办理注销手续,依然系独立事业单位。2004年9月18日,某乙中学行政会通过了某乙中学外聘人员待遇方案第2条的规定,向刘某发放了2004年9月至2005年5月的工资(每月约1500元)。2005年6月,某乙中学对刘某作出解除人事关系决定,告知因学校现数学教师岗位已满额,故学校决定解除与刘某的人事关系,学校同意向刘某支付相当于1个月工资的解除聘用协议经济补偿1500元。接到上述解聘通知后,刘某于2005年7月向当地劳动人事争议仲裁委员会提出申诉,后被仲裁委驳回仲裁申请,其不服裁决,于法定期限内起诉至人民法院。

---

① 法律出版社法规中心. 劳动合同法律纠纷处理依据与解读 [M]. 北京:法律出版社,2016.

法院认为，在某甲中学并未与教师办理解除聘用协议的相应手续，也无法证明刘某了解并同意人事关系解除的前提下，法院对某乙中学主张的某甲中学已于 2004 年 8 月解除与刘某的人事关系之抗辩意见，不予认可。

法院判决：某乙中学按每月 3700 元的标准向刘某补发工资，并按 3700 元的标准向刘某计发相当于 6 个月的工资作为解除聘用合同的经济补偿。

争议焦点

（1）某乙中学与刘某之间是聘用合同的变更还是重新签订聘用合同？

本案中，根据区教委"关于某甲中学合并到某乙中学的决定"，某甲中学与刘某已然于 2004 年 9 月解除了双方的人事关系。而 2004 年 9 月之后，刘某系被某乙中学重新聘用，故双方因此重新建立了人事关系，这是原人事关系的延续而非重新建立人事关系，即原聘用合同继续有效，由承继主体继续履行。

（2）某乙中学应按什么标准向刘某支付工资待遇？

存续单位可能由两个甚至多个单位合并而成，甚至多个单位可能不在相同行政区域，各个原聘用单位薪酬制度可能均不同。存续单位为了方便管理，统一薪酬制度，并体现同工同酬，通常需要重新拟定新的薪酬制度。一般情况下，受聘人员新的薪酬待遇应当与原聘用单位给予的薪酬待遇基本相当。

本案中，某乙中学认为，某甲中学与某乙中学分别系两个独立的法人单位，某乙中学有权根据自己学校的规章制度确定教师的考核标准及工资数额，故刘某无权要求某乙中学按其原在甲中学的工资标准支付工资的观点不符合法律规定，某乙中学应按照某甲中学的工资待遇标准给付刘某工资待遇。

法律责任与后果

《关于贯彻执行〈中华人民共和国劳动法〉若干问题的意见通知》（劳部发〔1995〕309 号）第 37 条规定，"企业法人分立、合并，它的权利和义务由变更后的法人享有和承担"，用人单位发生分立或合并后，分立或合并后的用人单位可依据其实际情况与原用人单位的劳动者遵循平等自愿、协商一致的原则变更、解除或重新签订劳动合同。在此情况下的重新签订劳动合同视为原劳动合同的变更，用人单位变更劳动合同，劳动者不能依据《劳动法》第28条要求经济补偿。

《劳动合同法》第87条规定，用人单位违反本法规定解除或者终止劳动合同的，应当依照本法第47条规定的经济补偿标准的2倍向劳动者支付经济赔偿金。

《劳动合同法实施条例》第10条规定，劳动者非因本人原因从原用人单位被安排到新用人单位工作的，劳动者在原用人单位的工作年限合并计算为新用人单位的工作年限。原用人单位已经向劳动者支付经济补偿的，新用人单位在依法解除、终止劳动合同计算支付经济补偿的工作年限时，不再计算劳动者在原用人单位的工作年限。

如果聘用单位因出现合并、分立的情况而辞退受聘人员，此种情形将被认定为违法辞退，应当以经济补偿标准的2倍向受聘人员支付经济赔偿金。

法律风险识别

聘用单位发生合并、分立等变化时，组织体系也随之发生变化，内部组织结构变化必然会导致工作岗位、工作地点、晋升机遇以及福利报酬等发生变化，极易对受聘人员做出产生不利影响的变更行为。

第一，聘用单位合并或者分立情况下发生人事争议，如何确定诉讼主体的问题。根据《最高人民法院关于审理劳动争议案件适用法律问题的解释（一）》（法释〔2020〕26号）第26条规定，用人单位与其他单位合并的，合并前发生的劳动争议，由合并后的单位为当事人；用人单位分立为若干单位的，其分立前发生的劳动争议，由分立后的实际用人单位为当事人。用人单位分立为若干单位后，具体承受劳动权利、义务的单位不明确的，分立后的单位均为当事人。

第二，受聘人员工作年限的问题。聘用单位合并只是引起劳动合同主体发生变动，主体发生变动而内容不变动，即在聘用合同承继的情况下，受聘人员在原聘用单位的工作年限，应计算为新聘用单位的"同意聘用单位连续工作"时间，受聘人员因聘用单位合并导致工作调动的，其在原聘用单位和新聘用单位的工作年限合并计算。受聘人员的工作年限由新聘用单位承继，以后受聘人员与新聘用单位发生人事争议涉及经济补偿、赔偿金等需要计算工作年限，应将受聘人员在原聘用单位的工作年限和新聘用单位的工作年限合并计算。

第三，新聘用单位适度变更劳动条件和劳动待遇的问题。聘用合同承继规则，侧重于保障受聘人员的合法权益，聘用单位因为特定原因有所变更，聘用合同由新聘用单位承继，新聘用单位会对原聘用合同中的条款进行变更，即在聘用单位合并时，会出现调岗、调薪、工作地点变更、聘用合同解除等情形，有可能出现侵犯受聘人员报酬权与福利权的情况。在调岗前后薪酬水平基本相当的情况下，聘用单位应先与受聘人员双方就变更事宜进行协商，在受聘人员表示是否接受变更后，再决定是否对聘用合同进行变更。如果聘用单位没有与受聘人员进行协商，单方行使变更权，导致聘用合同解除，则须向受聘人员支付经济补偿。

第二节　调岗的法律风险识别

调岗，即调整受聘人员的工作岗位，是一个具有劳动法律意义的专业用语，涉及变更受聘人员"工作内容和工作地点"，属于变更劳动合同的内容。

工作岗位是聘用合同的必备条款之一，聘用单位与受聘人员协商一致，可以变更聘用合同约定的内容。调岗必须有依据，主要包括以下两种。第一，法律法规规定。法律法规明确规定了聘用单位可以依法调整受聘人员的工作岗位，即聘用单位依法调岗。第二，聘用合同约定。在聘用单位与受聘人员协商一致的情况下，可以调岗。除此之外，聘用单位均不得调整受聘人员的工作岗位。

一、工作岗位调整

47. 张某与某职业学院聘用合同争议案①

2012年2月16日,原告张某与被告某职业学院签订事业单位聘用合同,合同期限为2012年2月16日至2017年2月15日,原告岗位为专职教师。2014年5月26日,双方协商同意,原告岗位调整至外语教学部担任专职教师。2016年8月25日,双方协商原告岗位调整至科研处职员。2016年10月25日,被告向原告出具岗位调配单,将原告的工作岗位调整至外语教学部,担任专任教师,并注明:"请您持岗位调配单按期到调配后的部门岗位报到,并于3日内携带本人合同到干部人事处作变更。"原告接到该岗位调配单后,未携带事业单位聘用合同到干部人事处作变更。2016年10月25日至2016年11月20日,原告未到岗。2016年11月20日,被告向原告发出解除聘用合同的通知。原告张某不同意被告的解聘通知,向当地劳动人事争议仲裁委员会申请仲裁。仲裁委作出裁决后,张某不服仲裁裁决,向法院提起诉讼。

法院认为,原告张某在接到被告于2016年10月25日出具的岗位调配单后,未按期到调配后的部门岗位报到,并于3日内携带本人合同到干部人事处作变更。张某在未完成岗位变更手续的情况下,2016年10月25日至2016年11月20日未到岗工作。被告依据《事业单位人事管理条例》第15条规定,事业单位工作人员连续旷工超过15个工作日,或者1年内累计旷工超过30个工作日的,事业单位可以解除聘用合同。本案中,原告张某从2016年10月25日至2016年11月20日连续旷工已超过15个工作日,被告与其解除聘用合同,属于合法解除。

法院判决:驳回原告张某全部诉讼请求。

---

① 参见天津市津南区人民法院判决,(2017)津0112民初473号。

争议焦点

某职业学院与张某之间是否构成聘用合同内容的变更？

判断岗位调整是否合法，即岗位的调整是否改变了受聘人员订立聘用合同的目的。聘用合同的变更是对聘用合同内容的局部变更，一般不是对聘用合同主体的变更。变更后的内容对于已经履行的部分不发生效力，仅对将来发生效力。聘用合同未变更的部分，聘用合同双方应当继续履行。

本案中，张某与被告某职业学院签订期限为 2012 年 2 月 16 日至 2017 年 2 月 15 日的事业单位聘用合同，原告岗位为专职教师。2014 年 5 月 26 日，双方协商同意，原告岗位调整至外语教学部担任专职教师。2016 年 8 月 25 日，双方协商原告岗位调整至科研处职员。2016 年 10 月 25 日，被告向原告出具岗位调配单，将原告的工作岗位调整至外语教学部，担任专任教师。从以上工作岗位调整可以看出，张某与某职业学院之间存在工作岗位的变更情况，此为聘用合同内容的变更。

二、岗位等级变更

案例导引

48. 徐某与某医院、某公司人事争议案[①]

2003 年 7 月，原告徐某毕业分配进入某医院工作，系具有事业编制的在岗工作人员。2010 年 12 月 31 日，原告徐某与被告某医院签订事业单位聘用合同，合同期限为 2010 年 12 月 31 日至 2013 年 12 月 31 日。2011 年 1 月 21 日，被告某医院与被告某公司、××医院签订全面委托管理合作项目托管合同。全面托管后，某医院全民所有制的性质不变，非营利性性质不变，在职职工的身份不变。2013 年 12 月 31 日，原告徐某事业单位聘用合同到期后，双方续签聘用合同至 2015 年 12 月 31 日，同时徐某工作岗位由专业技术十一级岗

---

① 参见湖北省武汉市武昌区人民法院判决，（2017）鄂 0106 民初 1238 号。

位变更为专业技术十级岗位。此后，双方未再续签聘用合同。被告某医院开始拖欠原告奖励性补贴和奖励性绩效工资。

2016年7月13日，原告徐某向当地劳动人事争议仲裁委员会申请人事仲裁。仲裁委作出不予受理通知。原告不服裁决，起诉至法院。

法院认为，人事争议，是指事业单位与其工作人员之间因辞职、辞退及履行聘用合同发生的争议。本案被告某医院系差额拨款的全民所有制事业单位，原告徐某系该医院具有事业编制的在编人员。原告徐某主张被告某医院拖欠其工资待遇的纠纷应属于人事争议。根据国务院《事业单位人事管理条例》第32条规定，国家建立激励与约束相结合的事业单位工资制度。事业单位工作人员工资包括基本工资、绩效工资和津贴补贴。事业单位工资分配应当结合不同行业事业单位特点，体现岗位职责、工作业绩、实际贡献等因素。原告徐某的工资总额应当根据事业单位的工资总额组成计算。原告申请追加某公司、××医院为本案共同被告并无不当。

法院判决：某公司、××医院应与某医院承担连带责任，向徐某支付奖励性补贴和奖励性绩效工资。

争议焦点

岗位等级的变更是否属于聘用合同的变更？

聘用合同变更的对象，只限于聘用合同中的部分条款。其应当符合下述要求：是尚未履行或者尚未完全履行的条款，是依法可以变更的条款，是引起合同变更的原因指向的条款。

聘用合同的岗位等级条款是聘用合同的必备条款，受聘人员在聘用单位工作期间，岗位等级会发生变化，从低级别升至高级别，或者从高级别降至低级别。

本案中，2010年12月31日，原告徐某与某医院签订事业单位聘用合同，岗位类别专业技术，岗位等级十一级；2013年12月31日，原告徐某与某医院续签聘用合同，工作岗位由专业技术十一级岗位变更为专业技术十级岗位。岗位属于聘用合同必备条款。案例中，徐某在与某医院续签的聘用合同中调整了岗位等级，属于聘用合同的变更。

三、轮岗

2022年印发的《新时代基础教育强师计划》明确提出，"重点加强城镇优秀教师、校长向乡村学校、薄弱学校流动"；"完善交流轮岗激励机制"。教师轮岗制度是促进教育公平，推进义务教育均衡发展的重要举措。

实践中存在三种轮岗路径：一是骨干教师从城市校、优质校到农村校、薄弱校的向下流动，二是教师从农村校、薄弱校到城市校、优质校的向上流动，三是教师在同层次学校间进行的同级流动。

教师轮岗制度，是指教师将不再固定学校授课，实行跨学校及跨地区流动。

49. 吴某与温州市某小学劳动争议案①

2007年8月，原告吴某进入被告温州市某小学工作，在温州市某小学城南校区担任教师。2015年7月1日，双方签订事业单位聘用合同，期限为2015年7月1日至2018年8月31日，双方约定，甲方（温州市某小学）根据工作需要和乙方（吴某）岗位意向，决定聘用乙方从事教学工作。乙方同意在该岗位工作，并按甲方岗位职责要求履行义务，完成工作任务。被告温州市某小学包括三个校区，分别为甲校区、乙校区、丙校区。根据教育部门的教师轮岗制度要求，2014年6月26日，温州市某小学制定了《教师岗位交流实施办法》；6月30日，教师会议通过该办法。

2015年8月26日，被告经讨论决定将原告吴某交流至丙校区担任语文教师兼班主任，并于27日予以公示。原告对被告将其交流至丙校区表示不同意，未服从被告的工作安排到丙校区上班，而擅自到甲校区参加党组织活动

---

① 参见浙江省温州市中级人民法院判决，（2016）浙03民终5833号。

或签到以示到校。2015年9月14日、2015年10月27日、2016年1月26日、2016年2月26日，被告多次发通知给原告，要求其按学校要求到丙校区报到履行分派的教师任务。2016年2月29日，原告向被告提交病假单，表示患有抑郁症需要请假，被告核查后认为不符合请假的条件，请假不予准许。自2015年9月1日至2016年9月1日，原告均未到丙校区履行被告分派的工作。被告扣发了原告2016年3月至7月的部分工资。原告遂向当地劳动人事争议仲裁委员会申请劳动仲裁，仲裁委裁决后双方未能解决纠纷，原告遂诉至一审法院，一审宣判后，吴某不服一审判决，向二审法院提起上诉。

一审法院认为，吴某拒不履行聘用合同约定的义务，吴某没有确凿证据证明存在不能履行聘用合同义务的事实，应认定吴某无故旷工。

一审法院判决：驳回原告的诉讼请求。

二审法院认为，被上诉人温州市某小学制定的《教师岗位交流实施办法》已经通过教师会议，被上诉人温州市某小学据此对符合交流条件的上诉人进行校区交流，符合被上诉人的管理制度，上诉人吴某也有服从管理的义务。上诉人吴某主张被上诉人温州市某小学未安排教学工作，理由不能成立。2016年3月，医院开具了上诉人吴某患有抑郁症的医疗证明，并载明退休时间，即应认定上诉人吴某自2016年3月起未能参加工作存在客观障碍。但教育部门对教职工请假制度已提出规范性意见，上诉人吴某与被上诉人温州市某小学均应恪守履行。吴某在被上诉人温州市某小学已经派员核查其病情后，仍未按照规范性意见办理请假、续假手续，存在明显不当。综合本案实际情况，上诉人吴某主张被上诉人温州市某小学支付2016年3月至7月扣发工资，原判不予支持并无不当，本院予以维持。原判认定事实清楚，适用法律正确，程序合法。

二审法院判决：驳回上诉，维持原判。

吴某是调岗还是轮岗？

从法律的角度而言，轮岗并非法律专业术语。轮岗是否属于调岗，要区分具体情况。

如果只是聘用单位为培养人才,在一定期限内要求受聘人员多经历轮岗工作,最终受聘人员回归到聘用合同约定的工作岗位,其工资待遇也没有发生变化,则属于轮岗,不属于调岗,不视为对聘用合同内容的变更,一般无须征得受聘人员的同意。

如果工作岗位发生变化,完全违背聘用合同的约定,或者假借轮岗之名,聘用单位恶意调整受聘人员的工作岗位,则属于调岗,应作为变更聘用合同的内容,与受聘人员协商一致。

轮岗的岗位范围一定要合理,不能让受聘人员在行政类岗位和技术类岗位之间进行轮换;对在什么条件下进行轮岗,以及轮岗的周期等都要有明确规定。

本案中,温州市某小学制定的《教师岗位交流实施办法》规定,在现校区已连续任职满8年的应纳入交流,吴某符合这一规定。温州市某小学经讨论决定吴某交流至丙校区担任语文教师兼班主任,并经过公示。因此,吴某的情况是轮岗,不是调岗。

四、工作地点变更

案例导引

50. 某医院与赵某人事争议案①

2007年10月1日,原告与被告签订聘用合同,约定:原告某医院聘用被告赵某任主诊医师(主任医师),从事医疗工作;合同期限为2007年10月1日至2010年6月30日;自2011年6月开始,被告考勤记录上显示为缺勤。原告为被告办理的社保缴纳至2011年9月,为被告办理的住房公积金缴纳至2011年8月。被告赵某于2010年8月提出不再与单位续签聘用合同。2011年6月21日,被告赵某与中国人民解放军某医院签订特聘教授协议,期限为

---

① 参见厦门市思明区人民法院判决,(2013)思民初字第12937号。

2011年6月27日至2016年6月30日。因被告赵某人事关系未调入该院，故只实行包干工资，该院不负责缴纳社保和住房公积金。2013年9月17日，被告赵某以工作地点变更为由申请变更医师执业注册，原告某医院及中国人民解放军某医院均在该申请审核表上盖章确认。2013年，原告、被告双方因人事关系发生争议，赵某向当地劳动人事争议仲裁委员会申请仲裁，依法裁决确认双方的聘用合同自2012年11月26日终止，某医院为赵某办理人事关系、人事档案关系等相关转移手续。仲裁委裁决后，赵某不服仲裁裁决，向法院起诉。

法院认为，被告赵某于2010年8月提出双方不再续签聘用合同，但此后仍继续在原告某医院处工作，原告某医院继续向被告支付工资并缴纳社保，可见在被告赵某提出不再续签聘用合同后，某医院未对此作出答复，故2010年6月30日原告、被告签订的固定期限聘用合同到期以后，双方之间事实上形成无固定期限的聘用合同。至2012年11月26日，双方才就聘用合同共同盖章、签字，再经过原告上级主管部门审核，证明以上内容，应视为双方对终止聘用合同达成的一致意见，双方聘用合同于2012年11月26日终止。

法院判决：原告某医院与被告赵某的聘用合同自2012年11月26日终止，原告某医院应于本判决生效之日起10日内配合被告赵某办理人事关系、人事档案关系等转移手续。

争议焦点

赵某以工作地点变更为由申请变更医师执业注册，是否属于聘用合同的变更？

从广义上说，工作岗位包含了工作地点这一内容。调整工作地点，既可以表现为一个城市内不同地点的调整，也可以表现为省内不同城市的调整，还可以表现为不同省份之间的调整。调整工作地点，本质上属于变更聘用合同内容。原则上，聘用单位与受聘人员双方应当协商一致。

本案中，赵某于2013年填写医师变更执业注册申请审核表，变更了执业注册地，实际上就是对工作地点的调整，属于变更聘用合同的内容。

法律责任与后果

《事业单位人事管理条例》第 5 条规定，国家建立事业单位岗位管理制度，明确岗位类别和等级。第 16 条规定，事业单位工作人员年度考核不合格且不同意调整工作岗位，或者连续 2 年年度考核不合格的，事业单位提前 30 日书面通知，可以解除聘用合同。

根据《劳动合同法》第 35 条规定，用人单位与劳动者协商一致，可以变更劳动合同约定的内容。变更劳动合同，应当采用书面形式。变更后的劳动合同文本由用人单位和劳动者各执一份。

《最高人民法院关于审理劳动争议案件适用法律问题的解释（一）》（法释〔2020〕26 号）第 43 条规定：用人单位与劳动者协商一致变更劳动合同，虽未采用书面形式，但已经实际履行了口头变更的劳动合同超过 1 个月，变更后的劳动合同内容不违反法律、行政法规且不违背公序良俗，当事人以未采用书面形式为由主张劳动合同变更无效的，人民法院不予支持。

变更聘用合同，应当遵循平等自愿、协商一致的原则，不得违反法律、行政法规的规定。变更聘用合同，应当采用书面形式。变更聘用合同未采用书面形式，但是已经实际履行了口头变更的聘用合同超过 1 个月的，视为双方已经合意变更聘用合同。

聘用合同依法变更的法律后果，即合同当事人双方的权利和义务，从变更合同的协议约定之日起发生变更。如果约定的权利和义务变更日期在合同变更手续完毕之前，在前一日期至后一日期之间受聘人员因合同变更而应增加的利益，如补发的工资和津贴等，则应当补发。

经聘用单位与受聘人员协商，无法就变更聘用合同达成协议的，双方之间解除聘用合同，聘用单位应向受聘人员支付经济补偿。

法律风险识别

变更工作地点也应属于变更聘用合同的内容，在聘用合同的变更中极易发生纠纷。聘用单位应当与受聘人员进行平等协商，但这种协商的过程，不是双方当事人签订补充协议，而是受聘人员认可聘用单位变更工作地点而去新的工作地点工作。变更工作地点属于双方聘用合同内容的变更，同时又属于聘用单位指示权的范畴，即赋予聘用单位单方变更的权利，亦应受聘用合同目的的约束。

第一，变更聘用合同，应当采用书面形式，并在签字时由受聘人员加盖手印确认。因聘用单位与受聘人员之间对聘用合同变更的内容约定不明确的，推定为聘用合同内容未变更，按原聘用合同履行。

第二，聘用合同的变更由聘用单位与受聘人员当面签订书面聘用合同，一般情况下，受聘人员不得委托他人代为签订聘用合同；如果委托他人代签的，应当要求受聘人员及时予以书面追认，或者在变更聘用合同后的30日内及时重新签订聘用合同。

第三，如果聘用单位单方对受聘人员的工作地点进行调整，受聘人员没有义务无条件服从，受聘人员可以此为由提出解除聘用合同。司法实践中，一般地会认定为聘用单位未能按照聘用合同约定提供劳动条件，支持受聘人员主张解除聘用合同并要求聘用单位支付经济补偿的诉请。

06

第六章

事业单位考核与规章制度的法律风险识别

党的二十大提出，要建设堪当民族复兴重任的高素质干部队伍，推动干部能上能下、能进能出，形成能者上、优者奖、庸者下、劣者汰的良好局面。

事业单位人员招聘之后，对受聘人员进行岗位调整，依据的是考核结果，即考核结果分为优秀、合格、基本合格以及不合格四个等级。受聘人员在聘期内考核不合格或者年度考核不合格的，如果受聘人员不同意事业单位进行岗位调整或者进行岗位调整之后仍然考核不合格的，则事业单位可以与其解除聘用合同。

2004年，《最高人民法院关于事业单位人事争议案件适用法律等问题的答复》（法函〔2004〕30号）对有关问题作了限制性的解释。该函回复道："这里'适用《劳动法》的规定处理'是指人民法院审理事业单位人事争议案件的程序运用《劳动法》的相关规定。人民法院对事业单位人事争议案件的实体处理应当适用人事方面的法律规定，但涉及事业单位工作人员劳动权利的内容在人事法律中没有规定的，适用《劳动法》的有关规定。"在人事法律未作规定的前提下，人事争议中的辞职、辞退以及与聘用合同有关的劳动权利争议问题适用《劳动法》，而在考核、职称评定等其他领域并不适用。事业单位（聘用单位）和编制内职工（受聘人员）之间的关系与《劳动法》调整的劳动关系相比，仍有很多特殊性。

第一节 事业单位考核的法律风险识别

2020年，国家提出应"健全聘期考核制度，加强聘后管理，在岗位聘用中实现人员能上能下"。事业单位人员年度考核工作是人事管理中的一项重要工作，对于激励先进、推动形成干事创业的良好氛围具有重要作用。

一、年度考核

(一) 年度考核不合格

 案例导引

51. 何某与某医院聘用合同争议案[1]

何某系某医院事业编制正式职工,双方签订聘用合同。其中,2005 年 10 月双方签订聘用合同,到 2018 年 4 月 30 日止,原聘用合同其他条款不变。其中,2012 年何某考核不合格。2013 年,何某被调至医务科工作后,均正常到岗,但存在不在其所在办公室上班的情况。2011 年 12 月 6 日,常州市人力资源和社会保障局、常州市财政局、常州市机构编制委员会办公室联合制定了《关于贯彻我市公共卫生与基层医疗卫生和其他事业单位绩效工资实施办法中若干问题的处理意见》,规定:因个人原因参加考核不定等次或不合格人员,其岗位津贴在考核结果审核备案后次月起停发 6 个月。何某对某医院作出的处理决定不服,遂向当地劳动人事争议仲裁委员会申请仲裁,不服仲裁裁决向法院提起诉讼,不服一审判决,在上诉期间又提起上诉。

一审法院认为,根据《人事争议处理规定》第 36 条规定,因考核、职务任免、职称评审等发生的人事争议,按照有关规定处理。即因考核、职务任免、职称评审等发生的人事争议,不属于人民法院的受理范围。

本案中,何某就某医院对其年终考核、岗位调整、职称变动等事项提出的异议,属于《人事争议处理规定》第 36 条规定的人事争议,不属于人民法院的受理范围,法院不予受理。

一审判决:驳回原告诉讼请求。

二审法院判决:驳回上诉,维持原判。

---

[1] 参见江苏省常州市中级人民法院判决,(2014) 常民终字第 1212 号。

争议焦点

事业单位受聘人员年度考核不合格如何认定？

根据《事业单位工作人员考核规定》第14条规定，事业单位工作人员有下列情形之一的，年度考核应当确定为不合格档次：……（四）不履行岗位职责、未能完成工作任务，或者在工作中因严重失职失误造成重大损失或者恶劣社会影响。

本案中，受聘人员何某因长期严重违反劳动纪律拒不履行岗位职责，2012年度考核不合格，事实清楚，证据充分。2012年何某考核不合格后，仍然不严格遵守劳动纪律，不能坚守自己的工作岗位，该事实有证据证明。故受聘人员何某被认定为年度考核不合格，有事实和法律依据。

（二）考核结果不服的申诉程序

52. 倪某与某政法学院人事争议上诉案①

倪某认为，某政法学院给其发放的工资、奖金有差额，经过劳动仲裁、法院一审程序，倪某的部分诉讼请求获得支持。倪某不服，提起上诉。

法院认为，某政法学院系事业单位，工作人员对涉及本人的考核结果、处分等不服的，可以按照国家有关规定申请复核、提出申诉。根据《事业单位人事管理条例》《人事争议处理暂行规定》等规定，人民法院受理人事争议的范围限于辞职、辞退和履行聘用合同发生的人事争议。倪某关于工资、奖金差额的诉请不属于人民法院受理范围，故裁定驳回倪某的上诉。

法院判决：驳回上诉，维持原裁定。

争议焦点

高校教师的诉求只有涉及聘用合同的履行问题，属于人民法院的受案范

---

① 参见上海市第二中级人民法院，（2015）沪二中民三（民）终字第436号。

围；而涉及考核、岗位设置、职称职级、科研经费分配，或者是聘用合同的订立，这些情况均不属于人民法院的受案范围，只能通过复核、提出申诉途径解决。

申诉，是指受聘人员的某些权益受到侵害时，向行政机关陈述理由，请求权利救济或者重新处理，而行政机关根据法定职权和程序作出处理决定的行政行为。

根据《事业单位工作人员申诉规定》第 2 条规定，事业单位工作人员对涉及本人的人事处理不服的，可以依照本规定申请复核；对复核结果不服的，可以依照本规定提出申诉、再申诉。第 34 条规定，机关工勤人员申请复核或者提出申诉、再申诉，参照本规定执行。

第一，复核。申请人应自知道或者应当知道人事处理之日起 30 日内，向原处理单位递交书面申请书，提出复核。受理单位应在接到申请书之日起 15 日内，作出受理或者不予受理的决定，并以书面形式通知申请人。不予受理的，应当说明理由；受理复核申请的单位应当自接到申请书之日起 30 日内作出维持、撤销或者变更原人事处理的复核决定，并以书面形式通知申请人。

第二，申诉。申诉申请人对复核决定不服的，应自收到复核决定之日起 30 日内，向有管辖权的人事综合管理部门或者主管部门递交书面申请书，提出申诉。因不可抗力或者有其他正当理由，不能在规定时效期间内申诉的，经受理机关批准可以延长期限。受理单位应在接到申请书之日起 15 日内，作出受理或者不予受理的决定，并以书面形式通知申请人。不予受理的，应当说明理由；受理申诉申请的单位应当自决定受理之日起 60 日内作出处理决定。案情复杂的，可以适当延长，但是延长期限不得超过 30 日。受理单位应当根据申诉公正委员会的审理意见，区别不同情况，作出下列申诉处理决定：①原人事处理认定事实清楚，适用法律、法规、规章和有关规定正确，处理恰当、程序合法的，维持原人事处理；②原人事处理认定事实不存在的，或者是超越职权、滥用职权作出处理的，按照管理权限责令原处理单位撤销或者直接撤销原人事处理；③原人事处理认定事实清楚，但认定情节有误，或者适用法律、法规、规章和有关规定有错误，或者处理明显不当的，按照管理权限责令原处理单位变更或者直接变更原人事处理;④原人事处理认定事实不清、证据不足,或者违反规定程序和权限的,责令原处理单位重新处理。

第三,再申诉。再申诉申请人对申诉决定不服的,应自收到申诉决定之日起 30 日内,向有管辖权的部门递交书面申请书,提出再申诉。再申诉案件审理的要求与申诉相同。再申诉处理决定书参照申诉处理决定书的要求作出。

申诉的管辖:申请人对中央和地方直属事业单位作出的复核决定不服提出的申诉,由同级事业单位人事综合管理部门管辖;对中央和地方各部门所属事业单位作出的复核决定不服提出的申诉,由主管部门管辖;对主管部门或者其他有关部门作出的复核决定不服提出的申诉,由同级事业单位人事综合管理部门管辖;对乡镇党委和人民政府作出的复核决定不服提出的申诉,由县级事业单位人事综合管理部门管辖。

根据《事业单位工作人员申诉规定》第 28 条规定,处理决定应当在发生效力后 30 日内执行。

下列处理决定是发生效力的最终决定:(一)已过规定期限没有提出申诉的复核决定;(二)已过规定期限没有提出再申诉的申诉处理决定;(三)中央和省级事业单位人事综合管理部门作出的申诉处理决定;(四)再申诉处理决定。

再申诉的管辖:申请人对主管部门作出的申诉处理决定不服提出的再申诉,由同级事业单位人事综合管理部门管辖;申请人对市级、县级事业单位人事综合管理部门作出的申诉处理决定不服提出的再申诉,由上一级事业单位人事综合管理部门管辖;但是,申请人对中央和省级事业单位人事综合管理部门作出的申诉处理决定不服的,不能再申诉。

在本案中,倪某应根据以上规定,对涉及本人的人事处理不服的,按照《事业单位工作人员申诉规定》的规定,申请复核,对复核结果不服的,再提出申诉、再申诉。

(三) 年终奖考核争议

53. 钟某与某水利信息管理中心年终奖考核争议案[①]

1990年9月，钟某经分配进入某水利信息管理中心工作。2012年11月30日，钟某与某水利信息管理中心签订聘用合同，约定钟某从事某水利信息管理中心技术管理A岗位工作，钟某需按岗位职责要求履行义务、完成工作任务，合同期限为2012年7月25日至法定或约定的终止（解除）合同的条件出现时止。某水利信息管理中心为钟某提供了办公室等工作条件。根据某水利信息管理中心的职位说明书，技术管理A岗位的工作为在技术科科长领导下工作，承办水利信息化行业管理和信息技术推广应用。2013年底，钟某在年终考核中被评为基本合格，致其年终考核奖金被减半发放。2014年3月25日，钟某认为某水利信息管理中心没有为其安排工作任务，遂向某水利信息管理中心提出书面报告，要求单位以书面形式安排工作任务。2014年4月17日，某水利信息管理中心向钟某书面布置"某省地方水利信息化发展现状调查"工作任务。钟某认为，这一工作任务不是技术管理A岗位的工作，且某水利信息管理中心除了安排这一项工作外，未安排过其他工作，故向当地劳动人事争议仲裁委员会提出仲裁申请，要求某水利信息管理中心履行聘用合同，安排技术管理A岗位的工作，撤销2013年底的考核结果，补发15000元年终考核奖金。

劳动人事争议仲裁委员会裁决认为，撤销2013年度考核结果，补发年终考核奖金，不属人事争议仲裁受理范围。

劳动人事争议仲裁委员会裁决：不予处理。

争议焦点

要求撤销2013年年终考核结果，补发年终考核奖金是否属于人事争议仲

[①] 浙仲. 考核争议是否属于仲裁受理范围 [J]. 人才资源开发, 2016 (8).

裁受理范围?

根据《事业单位工作人员考核暂行规定》第 16 条规定，事业单位工作人员对年度考核结果如有异议，可以在接到考核结果通知之日起 10 日内向考核组织申请复核，考核组织在 10 日内提出复核意见，经部门或单位负责人批准后以书面形式通知本人。其中，如复核结果仍被确定为不合格等次的人员对复核意见不服，可以向上一级主管单位人事机构提出申诉。

《人事争议处理规定》第 36 条规定，考核争议不属于人事争议仲裁的受理范围，申请人对考核等级有异议的，可按有关规定通过其他渠道处理，仲裁委可不予处理。

对于考核争议这一类争议，《人事争议处理规定》中明确规定，不在劳动人事争议仲裁委员会受理范围，应通过复核、申诉途径解决。

本案中的难点是因考核产生的年终考核奖金争议是否在劳动人事争议仲裁委员会受理范围。年终考核奖金的发放与否取决于年终考核结果，最终仍指向考核争议。而考核工作具有特殊性，是内部管理事项，不适合通过仲裁程序解决。所以，本案中，钟某与某水利信息管理中心年终奖考核争议不在人民法院的受案范围内。

（四）年终激励性绩效奖金

案例导引

54. 管某与某经济和信息化发展研究中心聘用合同争议案①

原告管某系某杂志社广告部经理。被告某经济和信息化发展研究中心系某杂志社等事业单位整合后新设立的事业单位。2015 年 7 月 30 日，原告与被告签订期限为 2015 年 8 月 1 日至 2018 年 8 月 23 日的聘用合同，约定被告安排原告在编辑出版部工作。2015 年 11 月 25 日，原告因涉嫌贪污罪被刑事拘留，于同年 12 月 9 日采取取保候审，于 2016 年 12 月 9 日解除取保候审。

---

① 参见上海市黄浦区人民法院判决，(2021) 沪 0101 民初 3812 号。

2015年11月25日至2016年12月8日，被告按原告基本工资75%的标准向原告发放工资。2019年1月21日，某市某区人民检察院向原告出具不起诉决定书。2020年5月14日，被告对原告给予记过处分决定，该处分决定中载明：上述原告参与经手的45万余元，原告从中获得98200元，原告作为直接责任人参与违规发放津补贴等行为违反了国家法律法规和事业单位相关规定，依据《事业单位工作人员处分暂行规定》第二章第15条、第三章第19条第7项相关规定，决定给予原告记过处分，收缴其违规所得。原告未就处分决定申请复核。

2016年3月31日至2020年7月9日，原告考勤异常。2020年8月，原告开始领取养老金。

原告提供2015—2019年绩效奖金考核办法，该证据可以证明接受立案审查尚未结案的工作人员不参与本年度考核，如立案审查后没有问题，可以补办考核手续，但被告认为，原告不符合补办条件，不予补办。为此，双方发生争议。

法院认为，根据相关规定，事业单位工作人员被取保候审、刑事拘留期间，停发原工资待遇，按本人原基本工资的75%计发生活费，不计算工作年限。但经审查核实，公安机关撤销案件或人民检察院不起诉且未受处分的，恢复工资待遇，减发的工资予以补发，被采取强制措施期间计算工作年限。具体到本案，2015年11月25日至12月8日，原告被刑事拘留，此后至2016年12月8日被取保候审，故被告按原告原基本工资的75%发放原告2015年11月25日至2016年12月8日工资并无不当。尽管检察院于2019年1月21日向原告出具不起诉决定书，但检察院认定原告实施了贪污犯罪行为，系因超过追诉期限故对原告决定不予起诉，而原告并未对不起诉决定书提出申诉。此后，被告针对决定书中查明的原告违法违纪问题立案调查，并于2020年5月14日对原告作出给予记过处分决定并收缴其违规所得，原告未就处分决定申请复核。故原告不符合上述规定的恢复工资待遇的条件。原告要求被告支付2015年11月25日至2016年12月8日工资差额，缺乏事实依据，本院不予支持。

法院判决：驳回原告诉讼请求。

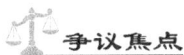

以年度考核为依据发放的奖励性绩效奖金，是否属于人民法院的受案范围？

根据《最高人民法院关于人民法院审理事业单位人事争议案件若干问题的规定》（法释〔2003〕13号）第3条规定，本规定所称人事争议是指事业单位与其工作人员之间因辞职、辞退及履行聘用合同所发生的争议。而可以申诉的争议是指履行聘用合同、解除人事关系之外的其他人事处理行为，即《事业单位人事管理条例》第38条规定，事业单位工作人员对涉及本人的考核结果、处分决定等不服的，可以按照国家有关规定申请复核、提出申诉。

原告与被告签订的聘用合同并未约定年度奖励性绩效奖金，原告管某依据被告处绩效奖金考核办法主张年度奖励性绩效奖金，而被告制定绩效奖金考核办法并依据其实施考核奖励的行为，属于单位内部自主管理范畴，由此产生的争议不属于目前人民法院受理人事争议的范围。故原告管某要求被告某经济和信息化发展研究中心支付年度奖励性绩效奖金，法院不予处理。

二、聘期考核

（一）聘期考核不合格

55. 某海洋学院与章某人事争议案①

章某于2008年1月进入某海洋学院经济与管理学院从事教师工作，双方签订了事业单位聘用合同、人才引进协议、引进人才住房协议。聘用合同约定合同期限为2008年1月21日至2015年7月31日，并载明"有下列情形

---

① 参见浙江省舟山市定海区人民法院判决，（2015）舟定民初字第1088号。

之一的，甲方可以单方解除本合同，但应当提前30日以书面形式通知乙方：……乙方年度考核或者聘期考核不合格，又不同意甲方调整其工作岗位……"2014年2月，某海洋学院对章某进行引进人才服务期任务考核，"学校考核意见"一栏载明"根据双方人才引进协议约定，章某未完成三大检索或核定一级期刊论文2篇，考核不合格。另，章某博士学位被原单位收回"。人才引进协议载明，乙方应在服务期内承担甲方规定的教学、科研和社会服务等各项工作，并在服务期前5年内至少完成聘期工作任务。2014年11月1日，某海洋学院出具解除聘用合同证明，载明"根据双方于2008年1月21日签订的聘用合同附件之规定，本单位于2014年11月1日起与章某解除聘用合同"。章某向当地劳动人事争议仲裁委员会提起仲裁，要求某海洋学院继续履行聘用合同。仲裁委作出裁决后，章某不服仲裁裁决，向法院提起诉讼。

法院认为，本案原告章某未完成人才引进协议中约定的5年工作任务，被告某海洋学院据此单方解除与原告的事业单位聘用合同、人才引进协议的理由成立，但其未事先将理由通知工会并将处理结果书面通知工会，属程序违法。被告单方解除与原告聘用合同及相关人才引进协议的行为系违法行为，原告要求继续履行聘用合同及相关人才引进协议的请求，可予支持。

法院判决：某海洋学院于2014年11月1日起继续履行与章某签订的事业单位聘用合同、人才引进协议、引进人才住房协议。

争议焦点

受聘人员章某聘期考核不合格，聘用单位解除与其聘用合同的程序是否违法？

某海洋学院与章某签订的聘用合同明确约定：章某年度考核或聘期考核不合格，又不同意原告调整其工作岗位，或虽同意调整工作岗位，但到新岗位后考核仍不合格的，被告才可单方解除聘用合同，且某海洋学院要求章某重新签订的聘用补充合同中载明："协议解除后甲方（某海洋学院）同意乙方（章某）继续为甲方工作，工作岗位不变。"根据《劳动合同法》第40条规定,有下列情形之一的,用人单位提前 30 日以书面形式通知劳动者本人或者额外支付劳动者 1 个月工资后,可以解除劳动合同:……(二)劳动者不能胜任工作,经过培训或者调整工作岗位,仍不能胜任工作的……可见,解聘没有经过调岗程序。根据《劳动合同法》第 43 条规定,用人单位单方解除劳动合同,应当事先将理由通知工会。用人单位违反法律、行政法规规定或者劳动合同约定的,工会有权要求用人单位纠正。用人单位应当研究工会的意见,并将处理结果书面通知工会。某海洋学院单方解除聘用合同未征求工会意见,系程序违法。

(二)聘期考核与年度考核的区别

案例导引

56. 某海洋学院与杜某人事争议案①

原告杜某于 2008 年 8 月进入被告某海洋学院船舶与海洋工程学院从事教师工作,双方于 9 月 19 日签订了事业单位聘用合同,约定合同期限为 2008 年 8 月 21 日至 2016 年 7 月 31 日,并载明"有下列情形之一的,甲方可以单方解除本合同,但应当提前 30 日以书面形式通知乙方:……(2)乙方年度考核或者聘期考核不合格,又不同意甲方调整其工作岗位……"2014 年 2 月,被告对原告进行引进人才服务期任务考核,"学校考核意见"一栏载明"根据双方人才引进协议约定,未完成三大检索或校定一级期刊论文 1 篇,考核不合格"。2014 年 10 月 11 日,被告院长办公室又下发《关于对 2007 年、2008 年引进人才中未完成引进工作任务人员处理意见的补充抄告》,载明"2007 年、2008 年引进人才中未完成引进工作任务的相关人员,重新签订新聘用合同的截止日期为 2014 年 10 月 31 日,原聘用合同于 2014 年 10 月 31 日终止"。杜某向当地劳动人事争议仲裁委员会提起仲裁,要求某海洋学院继续履行聘用合同。仲裁委作出裁决后,杜某不服仲裁裁决,向法院提起诉讼。

---

① 参见浙江省舟山市定海区人民法院判决,(2015)舟定民初字第 1087 号。

法院认为，根据《事业单位工作人员考核规定》第 18 条规定，聘期考核是对事业单位工作人员在一个完整聘期内总体表现所进行的全方位考核，以聘用（任）合同为依据，以聘期内年度考核结果为基础，一般在聘用（任）合同期满前 1 个月内完成。聘期考核侧重考核聘期任务目标完成情况。根据双方人才引进协议约定，杜某未完成三大检索或校定一级期刊论文 1 篇，考核不合格。但某海洋学院单方解除双方之间签订的聘用合同及附属协议属违法解除。解除聘用合同证明载明某海洋学院解除与杜某聘用合同的依据为人才引进协议第 6 条第 1 款、第 5 款的规定，而该协议并未生效，不具有约束力。所以，某海洋学院根据该协议解除双方聘用合同的行为不合法。

根据《劳动合同法》规定，用人单位单方解除劳动合同，应当事先将理由通知工会。但本案中，某海洋学院未提供证据证明其已通知工会，属程序违法。

法院判决：某海洋学院于 2014 年 11 月 1 日起继续履行与杜某签订的事业单位聘用合同。

争议焦点

受聘人员聘期考核不合格与年度考核不合格，法律规定有何不同？

第一，受聘人员年度考核不合格的处理规定。《事业单位人事管理条例》第 16 条规定，事业单位工作人员年度考核不合格且不同意调整工作岗位，或者连续两年年度考核不合格的，事业单位提前 30 日书面通知，可以解除聘用合同。《事业单位工作人员考核规定》第 30 条第 5 项规定，被确定为不合格档次且不同意调整工作岗位，或者连续 2 年被确定为不合格档次的，可以按规定解除聘用（任）合同。

第二，受聘人员聘期考核不合格的处理规定。根据《事业单位工作人员考核规定》第 18 条规定，聘期考核是对事业单位工作人员在一个完整聘期内总体表现进行的全方位考核，以聘用（任）合同为依据，以聘期内年度考核结果为基础，一般在聘用（任）合同期满前 1 个月内完成。聘期考核侧重考核聘期任务目标完成情况。第 21 条规定，事业单位工作人员无正当理由，未完成聘期目标任务的，聘期考核应当确定为不合格档次。第 32 条第 2 款规定，聘期考核被确定为不合格档次的，合同期满一般不再续聘；特殊情况确需续订聘用（任）合同的，应当报经主管机关（部门）审核同意。

第三，二者的不同之处。

根据法律规定，受聘人员年度考核不合格，聘用单位可以解除聘用合同；而根据法律规定，受聘人员聘期考核不合格，聘用单位可以终止聘用合同，不再续聘。

本案中，杜某因没有完成某海洋学院的聘期考核任务，依据《事业单位工作人员考核规定》第 32 条第 2 款规定，聘期考核被确定为不合格档次的，合同期满一般不再续聘。但是，某海洋学院又与杜某重新签订新聘用合同，截止日期为 2014 年 10 月 31 日。

某海洋学院单方解除双方之间签订的聘用合同及附属协议属违法解除，而且聘用单位单方解除聘用合同，没有事先将理由通知工会，属于程序违法。因此，某海洋学院应继续履行与杜某之间的聘用合同。

法律责任与后果

《事业单位人事管理条例》第 22 条规定，考核结果作为调整事业单位工作人员岗位、工资以及续订聘用合同的依据。第 38 条规定，事业单位工作人员对涉及本人的考核结果、处分决定等不服的，可以按照国家有关规定申请复核、提出申诉。

《事业单位工作人员考核规定》第 32 条规定，事业单位工作人员聘期考核被确定为合格档次且所聘岗位存续的，经本人、单位协商一致，可以续订聘用（任）合同。聘期考核被确定为不合格档次的，合同期满一般不再续聘；特殊情况确需续订聘用（任）合同的，应当报经主管机关（部门）审核同意。

第 36 条规定，事业单位工作人员对考核确定为基本合格或者不合格档次不服的，可以按照有关规定申请复核、提出申诉。

《事业单位工作人员申诉规定》（人社部发〔2014〕45 号）第 11 条规定，

事业单位工作人员对涉及本人的下列人事处理不服，可以申请复核或者提出申诉、再申诉：（一）处分；（二）清退违规进人；（三）撤销奖励；（四）考核定为基本合格或者不合格；（五）未按国家规定确定或者扣减工资福利待遇；（六）法律、法规、规章规定可以提出申诉的其他人事处理。

第12条第1款规定，申请复核或者提出申诉、再申诉的时效期间为30日。复核的时效期间自申请人知道或者应当知道人事处理之日起计算；申诉、再申诉的时效期间自申请人收到复核决定、申诉处理决定之日起计算。

聘用单位应坚持考用结合，将考核结果与选拔任用、培养教育、管理监督、激励约束、问责追责等结合起来，作为事业单位工作人员调整岗位、职务、职员等级、工资和评定职称、奖励，以及变更、续订、解除、终止聘用（任）合同等的依据。

对受聘人员的考核确定为基本合格或者不合格的，受聘人员可以按照有关规定申请复核、提出申诉程序。聘用单位不得剥夺受聘人员申请复核、提出申诉的权利，但只是因为受聘人员对考核结果不服，向人民法院提起诉讼的，不在人民法院的受案范围之内。

 法律风险识别

对聘用单位的受聘人员考核分为平时考核、年度考核和聘期考核。

平时考核是对事业单位工作人员日常工作和一贯表现进行的经常性考核。

聘期考核是对事业单位工作人员在一个完整聘期内总体表现进行的全方位考核，以聘用（任）合同为依据，以聘期内年度考核结果为基础，一般在聘用（任）合同期满前1个月内完成。聘期考核侧重考核聘期任务目标完成情况。聘期考核的结果一般分为合格和不合格等档次。

聘期考核的主要依据是岗位及职责要求，即聘用合同岗位及职责要求要具体明确且合理。

第一，因年度考核不合格，解除聘用合同的程序须合法。受聘人员因考核不合格涉及变更工作岗位、解除聘用合同的，聘用单位应当严格依照法定的程序进行，即聘用单位单方解除聘用合同，应当事先将理由通知工会，如果聘用单位没有事先将解除聘用合同理由通知工会,则属程序违法,不能与受聘人员解除聘用合同。

第二,有足够证明受聘人员考核不合格的证据。聘用单位在对受聘人员进行年度考核、聘期考核时,应能提供充分的证据予以证明;否则,应当承担不利后果。

第三,聘期考核不合格,聘用单位应及时在聘期结束时终止聘用合同。特殊情况确需续订聘用(任)合同的,应当报经主管机关(部门)审核同意。

第二节 事业单位规章制度的法律风险识别

聘用单位的规章制度好比聘用单位内部的"法律",制定完善有效的规章制度,既是聘用单位实现规范化管理和自主管理权的重要方式与依据,也是保障受聘人员合法权益的法定义务。

一个聘用单位的规章制度若要具有法律效力,从而能对受聘人员进行有效约束,应当具备三个条件:规章制度的内容应具有合法性、制定与通过应经过民主程序、应向受聘人员公示。

聘用单位有权依据法律赋予的自主管理权制定有关管理受聘人员的规章制度,并依据该规章制度管理受聘人员。聘用单位管理受聘人员的行为,直接依据是规章制度,是聘用单位对受聘人员作出考核、奖惩、任免等人事处理的依据。

规章制度的制定机制,赋予了聘用单位极大的用人管理权,有利于聘用单位结合自己的实际充分发挥好规章制度的作用。而这种管理,在程序上、实体上均需规范。因此,规章制度就如同一把"双刃剑"。

一、内部处分

 案例导引

57. 薛某与某医院聘用合同争议案①

2006年6月1日,原告薛某与被告某医院签订聘用合同,被告聘用原告薛某在技术岗位工作,原告应服从被告的工作安排,按岗位职责要求完成规定的工作任务,达到规定的工作质量标准。合同期限为2006年6月1日至2009年5月31日。合同第5条工作纪律规定:被告应建立健全各项管理制度,原告薛某应当遵守被告的规章制度和工作纪律,服从被告管理。合同到期后,原告与被告分别于2009年6月1日、2012年6月1日续签聘用合同,合同期限至原告退休。

2015年1月8日,被告作出《关于给予薛某相关处分的决定》。2015年10月30日,被告针对原告岗位调整问题进行民主评议,全院职工大会通过了对薛某的工作岗位调整。薛某在2015年11月2日至12日请病假,11月13日到单位报到,但一直没有在新岗位工作。被告某医院在2012年1月制定了《劳动纪律规范管理办法(试行)》,后经试行与修订,于2012年12月18日正式公布实施。该办法第5节考勤管理中第4条规定:有事请假须提前到院办填写请假条,待院长审批同意后方可休息。上述办法已召开全院会议向单位员工公示。原告薛某在2015年向本院提起诉讼,要求被告撤销不合理待岗的处罚。本院于2015年8月3日作出民事裁定,驳回原告的起诉。原告薛某又向当地劳动人事争议仲裁委员会提起被告某医院取消三次违规调岗、恢复原岗的仲裁请求。仲裁委作出不予受理决定书,原告不服仲裁裁决,向法院提起诉讼。

一审法院认为,薛某与某医院依法签订的聘用合同具有约束力,双方均

---

① 参见辽宁省大连经济技术开发区人民法院民事判决,(2015)开民初1067号;辽宁省大连市中级人民法院判决,(2015)开民初1067号。

应履行聘用合同约定的义务。被告制定的涉案规章制度，即劳动纪律规范管理办法经过近一年的试行与修订后，形成正式规章，已向本单位全体员工公示实施，其内容不违反国家法律、行政法规及政策的规定，符合民主程序制定，可以作为处理薛某与某医院之间权利和义务关系的依据。原告薛某按劳动纪律规范管理办法履行病假、事假申请手续，被告某医院按该办法扣除原告病假、事假工资合法有据。原告请求取消被告三次违规调岗，其中2015年1月8日、2月16日两次待岗决定系被告对原告作出处分决定的内容，不属于人民法院受理人事争议案件的范围，本院已经作出民事裁定并业已生效，故本院不予处理。2015年10月30日，被告对原告岗位调整问题进行民主评议，由检验岗位调至导诊岗位，该次岗位调整是基于原告日常工作表现作出的，实质上属于降低岗位，被告作出该决定的性质属于处分。因职称、职级、职务、考核、奖惩以及经行政机关批准作出的按自动离职处理等决定产生的争议，不属于人民法院受理人事争议案件的范围，故原告的该项诉讼请求，本院不予调整。

一审法院判决：驳回原告薛某的诉讼请求。

二审法院认为，关于取消违规调岗、恢复原岗事项，上诉人薛某所诉三次调岗，均系被上诉人对其进行的内部处分，上诉人所诉不属于人民法院人事争议的受案范围，本院不予处理。

二审法院判决：驳回上诉，维持原判。

争议焦点

聘用单位对受聘人员作出的处分决定，什么情况下可以作为解除聘用合同的依据？

一般而言，聘用单位单方解除聘用合同，依据《劳动合同法》第39条第2项规定，劳动者有下列情形之一的，用人单位可以解除劳动合同：……（二）严重违反用人单位的规章制度的……

《事业单位人事管理条例》第18条规定，事业单位工作人员受到开除处分的，解除聘用合同。

本案中，某医院对薛某进行了三次违规调岗，均系某医院对其进行的内部处分，没有达到严重程度——开除处分，不在人民法院的受案范围。但是如果达到严重程度——开除处分（虽然《事业单位工作人员处分暂行规定》与《事业单位人事管理条例》对开除处分的规定不同，但是两个文件的法律位阶不同，应适用《事业单位人事管理条例》），则属于人民法院的受案范围。

二、内部管理制度

 案例导引

58. 某医院与高某辞职纠纷案①

高某于 2012 年 10 月到某医院工作，担任骨科医师。2013 年 1 月 1 日，该院与高某签订 5 年期的聘用合同。后高某通过事业单位考试，考入该院，成为编制内工作人员。2017 年 10 月 9 日，双方签订事业单位聘用合同，合同期限为 5 年。某医院为提高高某专业能力及业务水平，先后两次派高某前往某红会医院足踝外科进行培训，每次培训时间长达半年。在 2020 年 9 月 4 日起的第二次培训过程中，该院与高某签订培训服务协议，约定高某在某医院的服务期期限为 15 年，如违反本协议关于服务期的约定，应当向该院支付违约金，同时应承担经济损失，按约定服务剩余年限每年 30000 元计算，不足整年按月计算，其中，培训费用 9000 元由该院承担。高某于 2021 年 3 月 12 日培训完毕，服务期不满 1 年，即于 2021 年 11 月向单位提出辞职，给某医院造成了不良影响。一审认定违约金为 8640 元明显过低，应当按照当地劳动人事争议仲裁委员会核减确定的正常聘用合同期限 5 年为基数，每年按 30000 元计算违约金，共计 150000 元。考核奖的发放问题不属于正常工资及相关社保福利的发放，而是属于按照某医院单位内部管理制度进行发放的问题。高某不服一审判决，向二审法院提起上诉。

---

① 参见青海省西宁市中级人民法院判决，（2022）青 01 民终 387 号。

法院认为，根据《国家统计局关于工资总额组成的规定》第四条规定：工资总额由下列六个部分组成：（一）计时工资；（二）计件工资；（三）奖金；（四）津贴和补贴；（五）加班加点工资；（六）特殊情况下支付的工资。其中，奖金包括奖励工资等。2021年第三季度，高某还未离职，仍在某医院工作，该院应按双方签订的事业单位聘用合同向高某支付工资，故应及时足额向高某发放2021年第三季度考核奖4000元。同理，第一、第二季度考核奖8000元高某也不应退还。某医院认为，高某应返还考核奖8000元及不应支付第三季度奖金4000元的上诉请求不能成立，本院不予支持。一审法院认定事实清楚，适用法律正确。

法院判决：驳回上诉，维持原判。

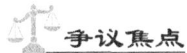 争议焦点

内部管理制度与聘用合同有什么关系？

当聘用单位的规章制度与受聘人员签订的聘用合同发生冲突或者不一致时，应当以哪个约定为准？

《最高人民法院关于审理劳动争议案件适用法律问题的解释（一）》（法释〔2020〕26号）第50条规定，用人单位制定的内部规章制度与集体合同或者劳动合同约定的内容不一致，劳动者请求优先适用合同约定的，人民法院应予支持。用人单位根据《劳动合同法》第4条规定，通过民主程序制定的规章制度，不违反国家法律、行政法规及政策规定，并已向劳动者公示的，可以作为确定双方权利、义务的依据。选择权在受聘人员，如果受聘人员选择适用聘用合同的约定，规章制度的相关规定将不被适用。

本案中，某医院是依据内部管理规定发放季度考核奖的，如何考核、发放数额属于某医院内部管理问题，不应依据聘用合同，应适用内部管理规定。

 法律责任与后果

《劳动合同法》第38条第4项规定，用人单位的规章制度违反法律、法规的规定，损害劳动者权益的，劳动者可以解除劳动合同；第80条规定，用

人单位直接涉及劳动者切身利益的规章制度违反法律、法规规定的,由劳动行政部门责令改正,给予警告;给劳动者造成损害的,应当承担赔偿责任。

聘用单位制定规章制度违法,主要体现在以下两个方面。

一是实体违法,即规章制度的内容本身违反法律、法规的规定;二是程序违法,即规章制度未经过法律要求的民主程序制定,或者未依法向受聘人员公示。

实践中,上述两个方面的违法引起的法律后果不同。

①规章制度的内容违反法律、法规规定。

第一,由劳动行政部门责令改正。聘用单位直接涉及受聘人员切身利益的规章制度违反法律、法规规定的,由劳动行政部门责令改正,并给予警告。

第二,承担赔偿责任。聘用单位直接涉及受聘人员切身利益的规章制度违反法律、法规规定,给受聘人员造成损害的,应当承担赔偿责任。

第三,受聘人员可以解除聘用合同,聘用单位应支付经济补偿。

②规章制度未经过民主程序制定并公示。

原则上,未经过民主程序制定和公示的规章制度,对受聘人员不具有约束力,聘用单位不能引用相关内容对受聘人员作出处理。但在实务中,对于未经过民主程序或者经过平等协商仍无法达成一致的规章制度,只要内容不违反法律、法规规定,就可以作为聘用单位内部管理的依据。

 法律风险识别

健全内部规章制度,除了发挥约束监督作用之外,还要发挥其内在的激励作用。规章制度的作用非常重要,但在实践中,很多聘用单位并不重视规章制度的作用,或者不能很好地运用规章制度。如有的聘用单位的规章制度不切合自身实际情况,不具有较强的可操作性;有的聘用单位的规章制度程序违法;等等。聘用单位的规章制度在"管理"上考虑的因素较多,在"防范"上考虑的因素较少,没有把规章制度作为防范风险的重要手段。

第一,避免把规章制度作为聘用合同的附件。实践中,有些聘用单位将规章制度作为聘用合同的附件,要求受聘人员在签订聘用合同时确认接受该规章制度。实际上，聘用合同与规章制度之间虽然是密切相关的，但二者是相互独立的，它们的制定和修改程序、侧重规定的内容和法律对其的要求也都不相同。聘用单位把规章制度作为聘用合同的附件，导致的最大问题就是对规章制度的修订也要适用聘用合同变更的程序，即对规章制度的任何修改都必须经过与单个受聘人员的协商一致，这就使对规章制度的修改变得非常困难。

第二，规章制度的制定要符合民主程序。规章制度虽然是聘用单位制定的，但必须经过民主程序，才具有法律约束力。聘用单位制定规章制度时，应遵守《劳动合同法》规定的程序：提出方案和意见—职工代表大会或者全体职工讨论—与工会或者职工代表大会平等协商确定—公示公告。聘用单位在采取民主程序制定规章制度时，应注意保留职工大会、工会或者职工参与讨论、制定的证据，如会议纪要、会议签到等，以免发生纠纷。

第三，规章制度的公示程序。规章制度的公示程序即规章制度以公开方式使全体受聘人员知晓相关事实，除了对受聘人员管理行为涉及依法应当保密事项的以外，应一律公开进行。虽然法律法规没有规定规章制度的公示期限、公示方式，但是聘用单位没有尽到充分公示的义务，就会引发纠纷，面临败诉的风险。所以，为避免聘用单位举证困难，聘用单位公示规章制度时，最好采用员工手册发放、会议宣传、培训（须做好签到记录，签到记录中应当注明培训规章制度的明确名称和版本号，务必是受聘人员本人签字）等方式，保留公示的证据。

第四，在制定或者修改规章制度时，应避免与聘用合同已经明确的内容出现冲突或者不一致。由于出现冲突时，受聘人员有权选择适用聘用合同中约定的、对其有利的内容，聘用单位在制定或者修改规章制度时，应尽可能避免冲突，从而降低法律风险。

第五，避免聘用单位的规章制度不能被劳动人事争议仲裁委员会或者人民法院认定并作为调整人事争议的依据。聘用单位制定相关规章制度的基本目的之一就是作为受聘人员的行为规范并成为处理人事争议的依据。在司法实践中，劳动人事争议仲裁委员会或者法院对规章制度的处理原则是：只要聘用单位制定的规章制度不违反法律、行政法规及政策规定，且聘用单位有证据证明向受聘人员公示的，聘用单位的规章制度就能够成为处理人事争议的依据。

07

第七章

事业单位聘用合同解除的法律风险识别

第七章 事业单位聘用合同解除的法律风险识别

聘用合同的解除是指聘用合同订立后，尚未履行或者尚未全部履行完毕之前，由于某种原因聘用合同的一方或者双方当事人提前解除聘用关系的法律行为。

受聘人员辞职是人事争议中比较集中的部分。如果聘用单位辞退被认定为违法解除聘用合同，则聘用单位需要向受聘人员支付赔偿金，这是对聘用单位最严厉的处罚措施。

第一节 受聘人员辞职的法律风险识别

受聘人员与聘用单位解除聘用合同，应提前30日以书面形式通知聘用单位，聘用单位不需要支付经济补偿。

一、受聘人员行使单方解除权

（一）约定辞职时间

案例导引

> 59. 某大学与刘某人事争议纠纷案①
>
> 1999年8月，刘某进入某大学工作。2007年9月，某大学出台《教师培训工作规定》，其中规定教职工在完成学历进修后，必须为学校服务3～5年（硕士3年、博士5年），服务期未满者，或因特殊情况经学校批准调离的，须归还学校承担的培训费用与相关待遇。2008年，刘某到荷兰攻读博士。2014年7月12日，某大学与刘某签订事业单位聘用合同，约定合同期限为2014年7月1日至2017年6月30日。合同中还约定：除刘某可以随时单方解除聘用合同的情形外，刘某提出解除聘用合同，应当提前30日书面通知某

---

① 参见浙江省杭州市中级人民法院判决，(2015)浙杭民终字第3772号。

大学，未能协商一致的，刘某应当继续履行；6个月后再次提出解除聘用合同仍未能与某大学协商一致的，即可单方解除聘用合同。2014年9月，刘某获得博士学位。

2014年11月28日，刘某向某大学提出解除聘用合同的书面申请；12月16日，某大学作出不同意解除聘用合同的书面答复。2015年6月9日，刘某再次向某大学提出解除聘用合同的书面申请，但某大学仍要求刘某继续履行聘用合同，未办理解除聘用合同手续。嗣后，刘某向当地劳动人事争议仲裁委员会申请人事争议仲裁，请求裁决确认双方的聘用合同于2015年7月10日解除。仲裁委作出裁决后，某大学不服仲裁裁决，向人民法院提起诉讼。一审宣判后，某大学不服一审判决，向二审法院上诉。

一审法院认为，根据《事业单位人事管理条例》的规定，事业单位工作人员提前30日书面通知事业单位，可以解除聘用合同。但是，双方对解除聘用合同另有约定的除外。本案中，某大学、刘某双方当事人签订的事业单位聘用合同，对刘某单方解除聘用合同另行作了约定，故应依照合同的约定执行。某大学、刘某双方签订的事业单位聘用合同第5条"聘用合同的变更、解除和终止"第7款约定：除本款规定的刘某可以随时单方解除聘用合同的情形外，刘某提出解除聘用合同，应当提前30日书面通知某大学，未能协商一致的，刘某应当继续履行；6个月后再次提出解除聘用合同仍未能与某大学协商一致的，即可单方解除聘用合同。现刘某先后两次提出解除聘用合同的时间分别为2014年11月28日和2015年6月9日，时间间隔超过6个月，符合双方关于解除聘用合同的约定；由于双方仍未就解除聘用合同达成一致意见，根据聘用合同约定，刘某可以单方解除聘用合同。刘某要求确认双方聘用合同于2015年7月10日解除的请求，符合法律规定，本院予以支持。

一审法院判决：确认某大学与刘某的聘用合同于2015年7月10日解除。

二审法院认为，现刘某已经按照双方签订的事业单位聘用合同约定的程序提出了解除聘用合同的申请，原审法院认定刘某享有单方解除聘用合同的权利并无不当。

二审法院判决：驳回上诉，维持原判。

争议焦点

（1）受聘人员服务期未满，能否与聘用单位解除聘用合同？

根据某大学《教师培训工作规定》，刘某应当在完成博士学位后为学校服务5年，现服务期未满，因而不能解除聘用合同。但《教师培训工作规定》第7条有这样的约定：教职工在完成学历进修后，必须为学校服务3~5年（硕士3年、博士5年），服务期未满者，或因特殊情况经学校批准调离的，须归还学校承担的培训费用与相关待遇。根据该条约定，该校职工在完成学历进修后未满服务期的，并非不能解除聘用合同，而是应退还相应培训费用及待遇，该条仅是违约责任的约定，不能作为阻碍双方解除聘用合同的依据。

现刘某已经按照双方签订的事业单位聘用合同约定的程序提出了解除聘用合同的申请，某大学与刘某的聘用合同于2015年7月10日解除。

（2）刘某与某大学解除聘用合同的时间是怎么认定的？

《事业单位人事管理条例》第17条规定，事业单位工作人员提前30日书面通知事业单位，可以解除聘用合同。但是，双方对解除聘用合同另有约定的除外。该条中"双方对解除聘用合同另有约定"应仅仅是指辞职时间上的约定。根据《关于在事业单位试行人员聘用制度的意见》第6条第7款规定，除上述情形外，受聘人员提出解除聘用合同未能与聘用单位协商一致的，受聘人员应当坚持正常工作，继续履行聘用合同；6个月后再次提出解除聘用合同仍未能与聘用单位协商一致的，即可单方面解除聘用合同。《事业单位人事管理条例》没有对聘用合同进行全面管理规范，聘用合同订立、履行、变更、解除和终止等很多必要管理环节存在规范缺失或法律适用不明确的问题，即《事业单位人事管理条例》行政法规没有作出具体规定的，适用原人事部行政规章《关于在事业单位试行人员聘用制度的意见》的规定。

本案中，某大学、刘某双方签订的事业单位聘用合同约定：除本款规定的刘某可以随时单方解除聘用合同的情形外，刘某提出解除聘用合同，应当提前30日书面通知某大学，未能协商一致的，刘某应当继续履行；6个月后再次提出解除聘用合同仍未能与某大学协商一致的，即可单方解除聘用合同。

刘某辞职的时间,符合法律的相关规定,双方解除聘用合同的时间为 2015 年 7 月 10 日。

(二)认定聘用合同的解除时间

60. 李某与某医院辞职纠纷案①

李某属于某医院事业编制职工,双方签订了事业单位聘用合同。2015 年 1 月 10 日,李某以个人原因为由提出辞职,某医院于 2015 年 1 月 11 日收到李某的辞职报告后未同意李某辞职。某医院认为,并非阻挠或不同意李某辞职,李某是产科关键岗位人员,需要寻找替代李某岗位的人员,无法立即同意李某的辞职请求,并要求李某给予一定的宽限期。自 2015 年 2 月 11 日起,李某未到某医院处工作,要求解除人事关系。某医院没有答复,李某向当地劳动人事争议仲裁委员会提起仲裁,请求仲裁委裁决,聘用合同从 2015 年 2 月 11 日解除。

劳动人事争议仲裁委员会认为,根据《关于在事业单位试行人员聘用制度的意见》第 6 条第 6 款规定,李某不属于随时单方解除聘用合同的情况;根据第 7 款规定,李某在 6 个月后再次提出解除聘用合同仍未能与聘用单位协商一致的,即可单方面解除聘用合同。

仲裁裁决:李某与聘用单位某医院解除聘用合同的时间为 2015 年 8 月 11 日。

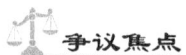

李某与某医院之间的人事关系是否从 2015 年 2 月 11 日起解除?

本案中,自 2015 年 2 月 11 日起,李某未到某医院处工作,要求解除人事关系,某医院没有答复。根据《关于在事业单位试行人员聘用制度的意见》

---

① 杨春天. 如何判断确认工作人员与事业单位人事关系的解除时间 [J]. 人事天地,2016 (1).

第 6 条第 7 款规定，除上述情形外，受聘人员提出解除聘用合同未能与聘用单位协商一致的，受聘人员应当坚持正常工作，继续履行聘用合同；6 个月后再次提出解除聘用合同仍未能与聘用单位协商一致的，即可单方面解除聘用合同。6 个月后，若李某再次提出解除聘用合同，聘用单位应当与其解除聘用合同，即从 2015 年 8 月 11 日起李某与某医院解除人事关系。

（三）约定期限内不具有单方解除权

61. 原告董某与被告某中学聘用合同争议案①

2019 年 9 月 1 日，董某与某中学签订事业单位聘用合同，甲方某中学聘用乙方董某从事高中历史教学工作，合同期限为 5 年，自 2019 年 9 月 1 日至 2024 年 9 月 1 日。试用期为 12 个月，自 2019 年 9 月 1 日至 2020 年 9 月 1 日。合同第 12 项"甲乙双方约定的其他事项"中写明，服务期期限为 5 年（含试用期 1 年），在服务期内，乙方不能毁约、不能辞职。2021 年 6 月，董某收到某大学录取通知书，被录取为 2021 级硕士研究生，学习方式为全日制。2021 年 6 月 20 日，董某向某中学递交了书面辞职报告，被告某中学未予同意，后董某向当地劳动人事争议仲裁委员会申请仲裁，请求解除与某中学的人事关系。劳动人事争议仲裁委员会裁决驳回申请人董某的仲裁请求。原告董某不服该裁决，依法向一审法院提起诉讼。一审宣判后，董某不服一审判决，向二审法院上诉。

一审法院认为，《事业单位人事管理条例》第 17 条规定，事业单位工作人员提前 30 日书面通知事业单位，可以解除聘用合同。但是，双方对解除聘用合同另有约定的除外。

本案中，原告、被告双方就解除聘用合同事项另行作了约定，所以，董某不享有聘用合同的单方解除权，应按合同约定继续履行其相关职责。

---

① 参见山东省德州市中级人民法院判决，（2021）鲁 14 民终 3739 号。

一审法院判决：驳回原告董某的诉讼请求。

二审法院认为，董某与某中学签订的聘用合同是双方当事人的真实意思表示，不违背法律法规及人事管理的规定，为有效合同，双方均应当遵守和履行。故上诉人董某在服务期期限内不享有对聘用合同的单方解除权。董某的上诉请求不能成立，应予驳回；一审法院判决认定事实清楚，适用法律正确，应予维持。

二审法院判决：驳回上诉，维持原判。

争议焦点

（1）董某能否单方解除与某中学的人事关系？

本案中，原告、被告双方就解除聘用合同事项另行作了约定，即聘用合同第12项约定的服务期期限为5年（含试用期1年），在服务期内，乙方不能毁约、不能辞职。董某与某中学签订的聘用合同是双方当事人的真实意思表示，不违背法律法规及人事管理的规定，为有效合同，双方均应当遵守和履行。董某虽以考入普通高等院校、符合聘用合同第7条约定的解除条件作为其享有聘用合同单方解除权的依据，主张解除其与某中学的人事关系，但按照聘用合同第12项约定，双方对解除聘用合同另有约定的除外，董某在服务期期限内不享有对聘用合同的单方解除权。

（2）军队文职人员是否具有辞职权？

根据《中国人民解放军文职人员条例》第64条规定，文职人员可以依法辞职或者单方面解除聘用合同。

有下列情形之一的，文职人员不得辞职或者单方面解除聘用合同：

（一）未满军队规定最低工作年限的；（二）国家发布动员令或者宣布进入战争状态时；（三）部队受领作战任务或者遭敌突然袭击时；（四）在作战和有作战背景的军事行动中承担支援保障任务，参加非战争军事行动以及军级以上单位批准且列入军事训练计划的军事训练期间；（五）在涉及核心、重要军事秘密等特殊岗位任职或者离开上述岗位不满军队规定的脱密期限的；（六）正在接受审计、纪律审查，或者涉嫌犯罪，司法程序尚未终结的；

（七）法律、法规规定或者聘用合同约定的其他情形。

（3）军队文职人员与事业单位受聘人员辞职权的相同点与不同点是什么？

第一，相同点。军队文职人员与事业单位受聘人员都具有单方辞职权。

第二，不同点。二者依据的法律不同。事业单位受聘人员依据《事业单位人事管理条例》和《关于在事业单位试行人员聘用制度的意见》（国办发〔2002〕35号）的规定行使权利；军队文职人员根据《中国人民解放军文职人员条例》行使权利。

是否具有随时辞职权不同。事业单位受聘人员根据《关于在事业单位试行人员聘用制度的意见》（国办发〔2002〕35号）的规定，具有随时辞职权，而军队文职人员不具有这项权利。

单方辞职权的限制不同。根据《事业单位人事管理条例》第17条规定，在聘用合同中事业单位受聘人员的辞职权，除了另有约定的条款外，否则不受限制；根据《中国人民解放军文职人员条例》第64条规定，军队文职人员的辞职权在符合相关规定的特定情形时会被限制，不能行使辞职权。

（四）劳动合同与聘用合同并存情况下的辞职

62. 徐某与某医院辞职争议案①

原告徐某毕业后于2013年9月1日与被告某医院签订合同，期限为2013年9月1日至2016年8月31日，事业单位岗位聘用资格审批表显示，被告同意聘用原告为事业编制职工，岗位期限：2015年12月1日至2019年12月1日。被告某医院在聘用原告徐某为事业编制职工时并没有解除2013年9月1日与原告签订的劳动合同，该审批表也没有约定原告离职时的违约责任。原告徐某于2017年1月15日口头向被告提出辞职未批准，又于2017年3月14日向被告提交辞职信。在被告收到原告的辞职信后没有作出任何反应的情况

---

① 参见广东省汕尾市城区人民法院判决，（2017）粤1502民初364号。

下，原告遂于 2017 年 4 月 21 日离开被告处工作，并于 2017 年 4 月 25 日向当地劳动人事争议仲裁委员会申请劳动仲裁。仲裁委以申请人的仲裁请求不属于劳动人事争议处理范围为由，作出不予受理通知。原告不服仲裁裁决，向法院提起诉讼。请求法院判决解除聘用合同，并要求被告支付拖延办理离职手续、离职证明蒙受的经济损失 10000 元。

法院认为，原告已于 2017 年 3 月 14 日向被告书面提出离职申请，2017 年 4 月 21 日离职，并无违反法律规定，现原告请求被告履行办理离职手续、证明并无违反法律规定，原告的该请求依法予以支持，请求被告 7 日内为原告办理离职手续、证明依法调整为 1 个月内；原告请求被告赔偿原告因被告拖延办理离职手续、离职证明蒙受的经济损失 10000 元，因原告未向法院提交证据予以证明，原告该诉讼请求，依法不予支持。

法院判决：被告某医院应于本判决生效之日起 1 个月内为原告办理离职手续、离职证明，驳回原告的其他诉讼请求。

争议焦点

被告某医院拒绝原告徐某辞职申请，有没有法律依据？

根据《事业单位人事管理条例》第 17 条规定，事业单位工作人员提前 30 日书面通知事业单位，可以解除聘用合同。但是，双方对解除聘用合同另有约定的除外。

原告于 2017 年 1 月 15 日口头向被告某医院提出辞职未批准，又在 2017 年 3 月 14 日向被告书面提出离职申请，2017 年 4 月 21 日离职。因为原告辞职时，其与被告之间的劳动合同已经履行完毕——终止，原告与被告之间只存在聘用合同，双方之间对解除聘用合同也没有另行约定。所以，徐某的辞职符合《事业单位人事管理条例》，并无违反法律规定，被告拒绝原告的辞职申请，不予解除与原告之间的聘用合同，不符合法律规定。

二、辞职违约金

（一）约定辞职违约金的效力

63. 李某与某医院的人身争议纠纷案①

2014年12月，申请人李某进入被申请人某医院工作，系某医院正式事业编制工作人员。2015年初，李某与某医院签订了6年的聘用合同，即从2014年12月26日至2020年12月25日。合同中约定"本合同服务期未满，无规定的特殊情况而提出考学、辞职、解除本合同的，应当向甲方（某医院）支付违约金6万元。每少服务1年向甲方支付赔偿金1万元"。2015年12月11日，李某向某医院提出书面辞职申请，某医院要求李某按照双方聘用合同约定缴纳辞职违约金49166元。2016年1月13日，李某缴纳辞职违约金49166元，某医院同意其辞职请求。

李某认为，某医院收取辞职违约金无事实和法律依据，在2016年12月6日向当地劳动人事争议仲裁委员会提出仲裁申请。李某请求劳动人事争议仲裁委员会裁决，某医院返还其缴纳的辞职违约金49166元。

仲裁裁决：某医院于仲裁裁决书生效之日起15日内返还李某缴纳的辞职违约金49166元。

争议焦点

（1）事业单位与其工作人员之间能否约定服务期？

目前，事业单位与其工作人员之间的人事关系主要分为两种：参照《公务员法》管理的行政任用关系和实行聘用合同制度的聘用关系。

---

① 山东省劳动人事争议仲裁院. 事业单位聘用合同是否可以约定违约金条款［J］. 山东人力资源与社会保障，2018（5）.

行政任用关系，即事业单位与其工作人员之间并非平等协商的关系，其工作人员隶属于事业单位，负有服从事业单位管理的义务，双方之间不存在约定服务期的问题，但根据《公务员法》第86条第1项规定，公务员有下列情形之一的，不得辞去公职：（一）未满国家规定的最低服务年限的……但此类事业单位应当同时具备两个条件：一是具有法律、法规授权的公共事务管理职能；二是使用事业编制，并由国家财政负担工资福利。本案中，某医院明显不符合条件。

聘用关系，即事业单位与其工作人员之间系平等协商的关系，本案即属此类。《劳动合同法》第96条规定，事业单位与实行聘用制的工作人员订立、履行、变更、解除或者终止劳动合同，法律、行政法规或者国务院另有规定的，依照其规定；未作规定的，依照本法有关规定执行。因此，本案中，李某与某医院可以按照《劳动合同法》第22条的规定，约定服务期。

（2）聘用单位与受聘人员之间约定的辞职违约金有什么效力？

根据《劳动合同法》第96条的规定，事业单位与实行聘用制的工作人员可以在聘用合同中约定违约金条款。目前，人事管理方面没有关于违约金的规定，因此应当按照《劳动合同法》相关规定处理。《劳动合同法》第22条规定，用人单位为劳动者提供专项培训费用，对其进行专业技术培训的，可以与该劳动者订立协议，约定服务期。劳动者违反服务期约定的，应当按照约定向用人单位支付违约金。第23条规定，劳动者违反竞业限制约定的，应当按照约定向用人单位支付违约金。第25条规定，除本法第22条和第23条规定的情形外，用人单位不得与劳动者约定由劳动者承担违约金。

本案中，李某与某医院聘用合同中约定的"本合同服务期未满，无规定的特殊情况而提出考学、辞职、解除本合同的，应当向甲方（某医院）支付违约金6万元。每少服务1年向甲方支付赔偿金1万元"，违反《劳动合同法》第22条、第23条、第25条规定，属于无效条款，对双方当事人不具有法律约束力。

（二）违约赔偿金

案例导引

64. 王某与某医科大学附属第一医院聘用合同争议案①

原告王某于 2006 年 7 月到被告某医科大学附属第一医院处工作。2011 年 12 月，双方签订事业单位聘用合同，确定双方的聘用关系。某医科大学附属第一医院聘用王某在专业技术岗位工作，从事临床工作，合同期限为 9 年，自 2011 年 12 月 7 日至 2020 年 12 月 6 日。合同违约责任条款约定：任何一方违反本合同约定，致使本合同解除，都必须承担违约责任，给予对方一定的赔偿。违反本合同约定，造成对方经济损失的，违约方应按给对方造成的实际经济损失承担经济赔偿责任。具体的赔偿方式和赔偿金额是：如一方违约，违约方须向对方赔偿违约金 12 个月基本工资。

2015 年 7 月至 2015 年 12 月，王某到某医科大学进修；2016 年 8 月至 2020 年 3 月，王某在某医科大学脱产读博。2020 年 3 月，王某向某医科大学附属第一医院递交书面离职申请，被告于当月批准。后某医科大学附属第一医院向当地劳动人事争议仲裁委员会申请仲裁，要求王某支付违约金 39054 元。仲裁委于 2021 年 11 月 9 日裁决王某向某医科大学附属第一医院支付违约金 39054 元。王某不服仲裁裁决向法院提起诉讼。一审宣判后，王某不服一审判决，向二审法院上诉。

一审法院认为，本案的案由为聘用合同争议纠纷，属于人事争议纠纷。原告王某与被告某医科大学附属第一医院签订的聘用合同是双方当事人的真实意思表示，不违背法律、行政法规的强制性规定，合法有效，双方均应按合同约定全面履行自己的义务。原告因个人原因未按约定履行聘用合同义务，应按聘用合同的约定承担违约赔偿责任，向被告支付违约赔偿金。

一审法院判决：原告王某于本判决生效后 10 日内向被告某医科大学附属

---

① 参见辽宁省锦州市中级人民法院判决，（2022）辽 07 民终 105 号。

第一医院支付违约赔偿金。

二审法院认为，上诉人王某主动申请辞职的行为导致聘用合同解除属于聘用合同约定的违约情节，应当承担违约责任。一审法院判决上诉人王某向被上诉人某医科大学附属第一医院支付违约赔偿金有事实及法律依据，并无不当。

二审法院判决：驳回上诉，维持原判。

争议焦点

（1）受聘人员违反聘用合同约定，提出解除聘用合同，是否应该支付违约金？

《最高人民法院关于人民法院审理事业单位人事争议案件若干问题的规定》（法释〔2003〕13号）第1条规定，事业单位与其工作人员之间因辞职、辞退及履行聘用合同所发生的争议，适用《劳动法》的规定处理。这里的"适用《劳动法》的规定处理"，是指人民法院审理事业单位人事争议案件的实体处理应当适用人事方面的法律规定，但涉及事业单位工作人员劳动权利的内容在人事法律中没有规定，适用《劳动法》的有关规定。而《劳动合同法》第96条规定，事业单位与实行聘用制的工作人员订立、履行、变更、解除或者终止劳动合同，法律、行政法规或者国务院另有规定的，依照其规定；未作规定的，依照本法有关规定执行。参照上述法律规定，人民法院审理事业单位人事争议案件的程序适用《劳动法》相关规定，人民法院对事业单位争议案件的实体处理应当适用人事方面的法律规定。根据《关于在事业单位试行人员聘用制度的意见》（国办发〔2002〕35号）第4条第7项规定，聘用合同由聘用单位的法定代表人或者其委托的人与受聘人员以书面形式订立。聘用合同必须具备下列条款：……（七）违反聘用合同的责任……根据《劳动合同法》第96条的规定，应当优先适用上述文件，即应按双方当事人在聘用合同中约定的违约数额给予赔偿。

本案中，原告王某与被告某医科大学附属第一医院签订的聘用合同是双方当事人的真实意思表示，不违背法律、行政法规的强制性规定，合法有效，双方均应按合同约定全面履行自己的义务。原告因个人原因未按约定履行聘用合同义务,应按聘用合同的约定承担违约赔偿责任。

(2)劳动合同与聘用合同约定的违约金有什么区别?

二者区别在于是否有法律明确规定。劳动合同违约金用于用人单位为劳动者提供专项培训以及劳动者违反劳动合同或者保密协议中的竞业限制的约定;聘用合同违约金用于聘用单位与受聘人员的约定,受聘人员没有按照聘用合同约定履行服务期。

本案中,原告因个人原因未按约定履行聘用合同义务,应按聘用合同的约定承担违约赔偿责任。

 法律责任与后果

《事业单位试行人员聘用制度有关问题的解释》第 5 条第 17 款规定,在聘用合同中对培训费用没有约定的,受聘人员提出解除聘用合同后,单位不得收取培训费用;有约定的,按约定收取培训费,但不得超过培训的实际支出,并按培训结束后每服务一年递减 20% 执行。第 19 款规定,聘用合同解除后,单位和个人应当在 3 个月内办理人事档案转移手续。单位不得以任何理由扣留无聘用关系职工的人事档案;个人不得无故不办理档案转移手续。

《中国人民解放军文职人员条例》第 67 条规定,文职人员自退出军队之日起,与用人单位的人事关系即行终止。用人单位应当按照国家和军队有关规定,及时办理文职人员人事档案、社会保险、住房公积金等关系转移的相关手续。

《劳动合同法》第 50 条第 1 款规定,用人单位应当在解除或者终止劳动合同时出具解除或者终止劳动合同的证明,并在 15 日内为劳动者办理档案和社会保险关系转移手续。劳动者应当按照双方约定,办理工作交接。

《劳动合同法实施条例》第 24 条规定,用人单位出具的解除、终止劳动合同的证明,应当写明劳动合同期限、解除或者终止劳动合同的日期、工作岗位、在本单位的工作年限。

第一,受聘人员提前通知聘用单位解除聘用合同,聘用单位不能附加条件，除非聘用合同另有约定。这里需要注意的是"通知"，而不是"申请"，无须聘用单位批准。通知期满后，即使聘用单位不批准，受聘人员也可以离开聘用单位。如果受聘人员没有遵守"解除预告期"，聘用单位没有证据证明自己遭受的损失，就无法保障自己的权益。

第二，受聘人员提出辞职，聘用单位不应设置障碍，应及时为受聘人员办理离职手续。聘用单位应当在解除或者终止聘用合同后，出具解除或者终止聘用合同的证明，根据上位法优于下位法的原则，聘用单位应在15日内为受聘人员办理档案和社会保险关系的转移手续，履行后合同的附随义务，避免发生人事争议，承担法律责任。

第三，在聘用合同中对培训费用没有约定的，受聘人员提出解除聘用合同后，单位不得收取培训费。双方之间约定培训费用的，按照约定收取培训费，但不得超过培训的实际支出，并按培训结束后每服务一年递减20%执行。

第四，受聘人员辞职，聘用单位不需要向受聘人员支付经济补偿。

法律风险识别

除受聘人员未满国家规定的最低服务年限和军队文职人员不得解除聘用合同的情况之外，为避免发生纠纷，聘用单位应在聘用合同中与受聘人员约定，受聘人员辞职时，应提前30日提交书面辞职申请，只有在受聘人员提供这些书面辞职资料后，聘用单位才能为其办理离职手续。

第一，受聘人员提出辞职时，聘用单位应要求其提供书面辞职资料，并注明离职原因。受聘人员口头提出解除聘用合同不利于聘用单位保留证据。

第二，聘用合同是否对解除条件另有约定。除上述阐明的单方解除权适用规则之外，还允许聘用单位与受聘人员另行约定解除条件。需要注意的是，双方约定的解除事由可以超出上述适用规则的范围，但是聘用单位不得以协商确定为由缩小上述规则的适用范围，从而限制受聘人员行使解除权。

第三，如果受聘人员的工作不具有不可替代性，则聘用单位应尽快为受聘人员办理离职手续。

第四，尽可能降低受聘人员离职带来的损失，为防止受聘人员离职可能带来人才、资金等方面的损失,聘用单位可以从薪酬制度上对提前解除聘用合同的行为进行约束。聘用单位在与受聘人员签订聘用合同时,可以设立服务期,服务期与聘用单位为受聘人员提供的特殊待遇有关,如聘用单位为受聘人员提供住房、特殊技能培训或解决户口等待遇,这些特殊待遇的背后往往体现了聘用单位为招录受聘人员花费的超额成本。故聘用单位通常会设立一定期限的服务期,并约定服务期内不允许受聘人员辞职。

第二节 聘用单位辞退受聘人员的法律风险识别

聘用单位与受聘人员依法订立的聘用合同受法律保护,非依据法定的事由和程序,聘用单位不得单方解除聘用合同。若聘用单位不能证明自己解除聘用合同的行为合法,则需要支付违法解除聘用合同的赔偿金。

一、聘用单位随时辞退

(一)开除受聘人员

案例导引

> **65. 车某与某灌溉管理站辞退争议案**[①]
>
> 1987年,原告车某从某机械厂调至××管理站工作,原告车某是该单位的事业编制人员。1994年9月1日,该管理站向郊区人事局出具了一份公函:"根据黑政发〔1994〕16号文件中的第40条第1款的指示精神,我站职工林某、吉某、车某三位同志,现已除名。"被告××管理站称在出具此公函之前已作出对原告除名的书面决定,并已向原告送达,但未能提供书面的相关证据,原告的档案中也没有该除名文件的备份,且原告称其从未收到原单位向其送

---

① 参见黑龙江省牡丹江市西安区人民法院判决,(2019)黑1005民初802号。

达关于除名的决定书。

1998年，因郊区政府撤销，原告工作的单位被划归某市水务局并合并至某灌溉管理站（本案被告）。2012年9月，原告因患病生活困难，××管理站出具了一份关于原告领取生活补助费的说明，单位给予照顾，每月发800元生活补助费，其他事项单位不负责任。2012年10月至2017年4月，原告每月从被告处领取800元生活补助费。2017年5月后，被告停止向原告发放生活补助费，原告称停发补助后其知晓已被单位除名。

2018年3月7日，原告向当地劳动人事争议仲裁委员会申请仲裁，要求被告恢复其职工身份及补偿其应得的待遇；3月9日，仲裁委以原告申请不在受理范围为由，作出不予受理通知。原告车某向法院提起诉讼，请求法院撤销被告除名决定。

被告辞退原告应当向其出具正式的除名文件并提前30日向其履行告知义务。被告单位合并之前的××管理站向原郊区人事局出具公函的内容体现为原告已被除名。此外，原告离岗后已被停止发放工资，事实上被告已将原告除名，被告与原告之间存在事实的辞退行为，该辞退行为已然成立。

但是，被告无法向本院提供车某的除名文件，原告车某的档案中也没有除名文件的备份。原告认为，被告对其作出除名决定时并未如实告知，也未收到被告发布的辞退通知及辞退文件，原告称被告停止发放生活补助费时才知晓其已被单位除名。此外，××管理站向原郊区人事局出具公函后，于2012年10月至2017年4月仍然向原告每月提供800元生活补助费。

综上所述，被告辞退原告的程序严重违法且缺乏合理性，剥夺了原告的知情权及申诉权，损害了原告的合法权益，应撤销被告对原告的除名决定。

法院判决：撤销被告某灌溉管理站对原告车某作出的除名决定。

争议焦点

被告某灌溉管理站对原告车某作出的除名决定，能否撤销？

《关于在事业单位试行人员聘用制度的意见》（国办发〔2002〕35号）第6条第1款规定，聘用单位、受聘人员双方经协商一致，可以解除聘用合同。

第 2 款规定，受聘人员有下列情形之一的，聘用单位可以随时单方面解除聘用合同：

（一）连续旷工超过 10 个工作日或者 1 年内累计旷工超过 20 个工作日的；（二）未经聘用单位同意，擅自出国或者出国逾期不归的；（三）违反工作规定或者操作规程，发生责任事故，或者失职、渎职，造成严重后果的；（四）严重扰乱工作秩序，致使聘用单位、其他单位工作不能正常进行的；（五）被判处有期徒刑以上刑罚收监执行的，或者被劳动教养的。

原告不具有以上行为，被告某灌溉管理站作出除名决定，并解除与原告车某的聘用合同，违反了《关于在事业单位试行人员聘用制度的意见》（国办发〔2002〕35 号）的规定。

根据《事业单位工作人员处分暂行规定》第 23 条第 2 项规定，对事业单位工作人员的处分，按照以下权限决定：……（二）开除处分由事业单位主管部门决定，并报同级事业单位人事综合管理部门备案。

原告车某是事业单位的编制内人员，被告某灌溉管理站作出除名决定不符合程序规定，而且既没有除名书面决定书，在原告的档案中也没有该除名文件的备份，被告辞退原告的程序严重违法，因此，被告对原告作出的除名决定，法院应予撤销。

案例导引

66. 事业单位工作人员对开除处分不服争议案[①]

某研究所是国家事业单位登记管理局登记的事业法人单位，经费来源为财政补助、上级补助、经营收入，隶属于中央某国有公司管理。2007 年 7 月，梁某大学毕业后分配到该研究所工作，属研究所编制内人员。2014 年 11 月，某研究所作出《关于给予梁某开除处分的决定》：梁某无视单位劳动纪律，目无组织领导，无故旷工超过 30 日，屡教不改，严重违反了某国有公司及某研

---

① 兰朝晖. 事业单位工作人员对开除处分不服之争议不属于人事争议受案范围[J]. 中国劳动，2017（1）．

究所有关规定，依据《事业单位人事管理条例》第28条、第29条规定，经某研究所办公会研究提议，某研究所职工代表大会会议审议通过，某研究所办公会议决定给予梁某开除处分，解除聘用合同。梁某以考勤记载不实、规章制度不知为由向当地劳动人事争议仲裁委员会申请仲裁，请求撤销处分决定，恢复聘用关系，补发拖欠的工资。

劳动人事争议仲裁委员会认为，根据《劳动人事争议仲裁办案规则》第32条规定，仲裁委员会受理案件后，发现不应当受理的，除本规则第9条规定外，应当撤销案件，并自决定撤销案件后5日内，以决定书的形式通知当事人。

仲裁裁决：撤销案件，按不予受理处理。

争议焦点

某研究所是否能依据对梁某作出的开除处分决定，解除与梁某之间的聘用合同？

根据《事业单位人事管理条例》第15条规定，事业单位工作人员连续旷工超过15个工作日，或者1年内累计旷工超过30个工作日的，事业单位可以解除聘用合同。第18条规定，事业单位工作人员受到开除处分的，解除聘用合同。这一规定表明，事业单位在送达处分通知的同时即解除聘用合同。第28条第6项规定，事业单位工作人员有下列行为之一的，给予处分：……（六）其他严重违反纪律的。第29条规定，处分分为警告、记过、降低岗位等级或者撤职、开除。受处分的期间为：警告，6个月；记过，12个月；降低岗位等级或者撤职，24个月。第30条规定，给予工作人员处分，应当事实清楚、证据确凿、定性准确、处理恰当、程序合法、手续完备。

这一规定表明，事业单位行使此项权利，没有时间要求，只要满足受聘人员旷工达到一定时限这一实体要求；没有形式要求，可以口头、邮件或电话等其他形式通知。但在实践中，事业单位必须保留工作人员旷工的书面考勤记录，并且是连续的考勤记录，以保留证据。

本案中，梁某无视单位劳动纪律，目无组织领导，无故旷工超过30日，屡教不改，根据《事业单位人事管理条例》的规定，某研究所作出了开除梁某的处分决定。依据处分决定，某研究所与梁某解除了聘用合同。

 法律责任与后果

《劳动合同法》第43条规定，用人单位单方解除劳动合同，应当事先将理由通知工会。用人单位违反法律、行政法规规定或者劳动合同约定的，工会有权要求用人单位纠正。用人单位应当根据工会的意见，并将处理结果书面通知工会。

第89条规定，用人单位违反本法规定未向劳动者出具解除或者终止劳动合同的书面证明，由劳动行政部门责令改正；给劳动者造成损害的，应当承担赔偿责任。

《最高人民法院关于审理劳动争议案件适用法律问题的解释（一）》（法释〔2020〕26号）第47条规定，建立了工会组织的用人单位解除劳动合同符合《劳动合同法》第39条、第40条规定，但未按照《劳动合同法》第43条规定事先通知工会，劳动者以用人单位违法解除劳动合同为由请求用人单位支付赔偿金的，人民法院应予支持，但起诉前用人单位已经补正有关程序的除外。

在实践中，经常出现聘用单位单方解除聘用合同没有事先把解除聘用合同的理由通知工会或者征求工会意见的情况。在这种情况下，聘用单位的单方解除聘用合同行为，因没有履行法定程序，构成程序违法，不具有合法性，同样构成违法解除聘用合同。聘用单位违反法律规定解除聘用合同的，应向受聘人员支付经济赔偿金。

 法律风险识别

从解除程序而言，聘用单位解除聘用合同，应把解除事由告知受聘人员；同时，聘用单位应把解除聘用合同的通知，采用有效的方式送达受聘人员。如果解除聘用合同的通知送达的程序存在瑕疵，会致使解除不发生法律效力。

邮寄送达解除聘用合同的决定，应先向受聘人员确认邮寄地址，受聘人员或者其成年家属签收都视为有效送达。

如果出现受聘人员拒绝签收解除聘用合同通知的情况,聘用单位可以在书面送达解除聘用合同通知的同时,准备录音设备,采用录音的方式取证,以证明已经向受聘人员送达的事实。在受聘人员知晓解除通知内容后,即使受聘人员拒绝签收解除通知,也不会影响送达的效力。

聘用单位与受聘人员解除聘用合同时,需要提供合法的解除聘用合同的证据;否则,需要承担败诉的法律风险。同时,聘用单位一旦违法解除聘用合同,就需要支付经济赔偿金。

(二) 受聘人员旷工被聘用单位辞退

案例导引

67. 受聘人员旷工被辞退的程序——某大学与王某人事争议案①

1997年7月,被告王某入职原告某大学,担任工程学院教师,双方建立人事关系。王某于2012年6月出国探亲,2013年5月20日归国。在国外期间,王某曾于2012年8月21日、11月8日通过电子邮件方式向院领导说明情况并要求延长假期,但院方并无批准类邮件回复。2013年4月15日,某大学对王某作出《关于对王某按自动离职处理的决定》。2014年4月,王某提起人事争议仲裁,请求撤销该处理决定,恢复其人事关系。劳动人事争议仲裁委员会裁决撤销某大学作出的《关于对王某按自动离职处理的决定》,恢复其与王某的人事关系。原告某大学不服,向法院起诉,请求依法确认《关于对王某按自动离职处理的决定》有效,某大学与王某已经解除人事关系,并由王某承担诉讼费用。一审宣判后,某大学不服一审判决,向二审法院上诉。

一审法院认为,双方均认可王某属于某大学编制内人员,某大学以王某未经请假出国探亲超期不归为由,作出《关于对王某按自动离职处理的决定》,对王某按自动离职处理,但某大学并未举证证明其对王某的处理决定报

---

① 参见陕西省西安市中级人民法院判决,(2016) 陕01民终5826号。

同级事业单位人事综合管理部门备案，也未证明该处理决定是按照法律规定的程序作出的，且该处理决定未送达王某，故《关于对王某按自动离职处理的决定》程序不当。

二审法院认为，即使根据王某的违纪事实应作出除名处分，某大学对王某的处理程序也与《事业单位工作人员处分暂行规定》第 3 条、第 23 条、第 24 条的规定相悖，其做法侵害了王某的合法权利。原审判决正确，应予以维持。

一审法院判决：撤销某大学作出的《关于对王某按自动离职处理的决定》，恢复原告某大学与被告王某之间的人事关系。

二审法院判决：驳回上诉，维持原判。

争议焦点

聘用单位对受聘人员作出开除处分，需要履行什么程序？

根据《事业单位工作人员处分暂行规定》第 23 条规定，对事业单位工作人员的处分，按照以下权限决定：（一）警告、记过、降低岗位等级或者撤职处分，按照干部人事管理权限，由事业单位或者事业单位主管部门决定。其中，由事业单位决定的，应当报事业单位主管部门备案。（二）开除处分由事业单位主管部门决定，并报同级事业单位人事综合管理部门备案。

对中央和地方直属事业单位工作人员的处分，按照干部人事管理权限，由本单位或者有关部门决定；其中，由本单位作出开除处分决定的，报同级事业单位人事综合管理部门备案。

第 24 条规定，对事业单位工作人员的处分，按照以下程序办理：（一）对事业单位工作人员违法违纪行为初步调查后，需要进一步查证的，应当按照干部人事管理权限，经事业单位负责人批准或者有关部门同意后立案；（二）对被调查的事业单位工作人员的违法违纪行为作进一步调查，收集、查证有关证据材料，并形成书面调查报告；（三）将调查认定的事实及拟给予处分的依据告知被调查的事业单位工作人员，听取其陈述和申辩，并对其所提出的事实、理由和证据进行复核，记录在案，被调查的事业单位工作人员提出的事实、理由和证据成立的,应予采信;(四)按照处分决定权限,作出对该事业单位工作人员给予处分、免予处分或者撤销案件的决定;(五)处分决定单位印发处分决定;(六)将处分决定以书面形式通知受处分事业单位工作人员本人和有关单位,并在一定范围内宣布;(七)将处分决定存入受处分事业单位工作人员的档案。

处分决定自作出之日起生效。

本案中,某大学对王某延长假期认定为旷工,作出对王某的处理决定没有上报同级事业单位人事综合管理部门备案,该处理决定不是按照法律规定程序作出的,且该处理决定未送达王某,故《关于对王某按自动离职处理的决定》程序违法,某大学不能解除与王某之间的聘用合同。

 案例导引

68. 受聘人员旷工被辞退的认定——某事业单位与徐某辞退纠纷案①

申请人徐某于1995年2月调入被申请人某事业单位处,为正式编制职工,双方签订聘用合同。申请人自调入被申请人处一直未在被申请人单位上班。申请人称是在被申请人要求下外出从事创收工作,被申请人则主张申请人无故旷工。2014年3月17日、27日,被申请人依据山东省五部门联合下发的《关于认真做好机关事业单位"吃空饷"在编不在岗编外用人专项治理有关工作的通知》(鲁人社发〔2014〕37号)规定程序,在被申请人单位公告栏中公布了专项治理中自查的领取工资福利和补助人员的信息,以及长期在编不在岗人员信息。2014年8月25日,被申请人召开党政联席会议,以在编不在岗为由,决定辞退包括申请人在内的16名在编职工。2014年8月26日,被申请人通过EMS邮寄送达解除人事关系通知书给申请人,因邮寄地址不详被退回。同年9月10日,被申请人在《生活日报》上刊登公告,催告申请人自公告之日起30日内办理离职手续。直到2016年4月,申请人签收了辞退证

---

① 赵晓燕,刘帅. 如何认定事业单位工作人员存在旷工事实及辞退程序是否合法[J]. 山东人力资源和社会保障,2016(10).

明书。

随后，申请人徐某向当地劳动人事争议仲裁委员会申请仲裁，请求依法裁决被申请人某事业单位辞退申请人徐某的行为无效。

仲裁裁决：被申请人辞退申请人决定无效。

争议焦点

申请人是否存在旷工的事实？

根据《事业单位人事管理条例》第15条规定，事业单位工作人员连续旷工超过15个工作日，或者1年内累计旷工超过30个工作日的，事业单位可以解除聘用合同。

《国务院办公厅转发人事部关于在事业单位试行人员聘用制度意见的通知》（国办发〔2002〕35号）第6条第2款第1项规定，聘用单位、受聘人员双方经协商一致，可以解除聘用合同。

受聘人员有下列情形之一的，聘用单位可以随时单方面解除聘用合同：（一）连续旷工超过10个工作日或者1年内累计旷工超过20个工作日的。

根据上位法优于下位法的原则，人事部门行政规章与行政法规应适用行政法规——《事业单位人事管理条例》的规定，对旷工进行认定。

根据举证责任分配原则，被申请人应对申请人无正当理由旷工事实承担举证责任。

本案中，申请人、被申请人均认可申请人自调入被申请人处一直未在被申请人单位上班的事实。申请人主张自己不是旷工，而是服从单位的安排外出从事创收工作，但是没有提出相关证据，被申请人亦未提供证据证明申请人存在无正当理由旷工事实。因此，对申请人存在无正当理由旷工事实不予认定。

法律责任与后果

根据《中华人民共和国劳动争议调解仲裁法》第6条规定，发生劳动争议，当事人对自己提出的主张，有责任提供证据。与争议事项有关的证据属于用人单位掌握管理的，用人单位应当提供；用人单位不提供的，应当承担不利后果。

《中国人民解放军文职人员条例》第61条规定，实行委任制的文职人员辞职，或者被用人单位辞退的；实行聘用制的文职人员解除、终止聘用合同，或者用人单位解除、终止聘用合同的，按照军队有关规定执行。

第63条规定，用人单位可以依法辞退文职人员或者单方面解除聘用合同。

《军队文职人员聘用合同管理暂行规定》第20条规定，文职人员有下列情形之一的，用人单位可以解除聘用合同：（一）试用期内被证明不符合聘用条件的；（二）聘期内2次年度考核不称职，或者聘期考核不合格的；（三）严重违反军队纪律或者用人单位规章制度的；（四）严重失职渎职，给用人单位造成重大损害的；（五）旷工或者因公外出、请假期满无正当理由逾期不归连续超过15日，或者1年内累计超过30日的；（六）未经批准同时与其他单位建立劳动人事关系，拒不改正的；（七）因文职人员的责任致使聘用合同无效的；（八）被依法追究刑事责任的；（九）法律法规规定的其他情形。

《最高人民法院关于审理劳动争议案件适用法律问题的解释（一）》（法释〔2020〕26号）第44条规定，因用人单位作出的开除、除名、辞退、解除劳动合同、减少劳动报酬、计算劳动者工作年限等决定而发生的劳动争议，用人单位负举证责任。

第一，一旦聘用单位行使单方解除聘用合同权，就会发生聘用合同效力提前消灭的后果。

第二，根据"谁主张，谁举证"的一般举证责任分配原则，发生人事争议时，当事人对自己提出的主张有责任提供证据。与争议事项有关的证据属于聘用单位掌握管理的，聘用单位应当提供；聘用单位不提供的，应当承担不利后果。

法律风险识别

旷工是受聘人员在正常工作日不请假或请假未获批准的缺勤行为，是带有主观故意的行为。

第一，受聘人员未通知聘用单位就离开工作岗位，可以认定为受聘人员自动离职，对经过聘用单位劝阻无效的，应考虑作为旷工处理；受聘人员严重违反聘用单位规章制度的，聘用单位可以作出解除聘用合同的决定。

第二，旷工是受聘人员主观故意较重的一种违反单位工作制度的行为，但是由于调岗，聘用单位拒绝为受聘人员安排工作，从而致使受聘人员无法提供劳动，此时受聘人员继续待在原岗位，不能认定受聘人员旷工。

第三，在认定受聘人员是否构成旷工时，聘用单位要从旷工时间长短、旷工前后发生的事实、受聘人员的主观意图、双方是否存在调岗等纠纷、是否给聘用单位的工作秩序造成不良影响等多维度进行综合认定，还要查明聘用单位是否有正当理由阻却受聘人员出勤。如果不能从以上多维度进行综合认定，对受聘人员的旷工证据进行保留，就不能认定为旷工。

第四，举证责任倒置。对与案件有关的证据由聘用单位掌握管理的，聘用单位应当提供，如果聘用单位不提供将承担不利后果。

二、聘用单位提前30日通知辞退

（一）连续旷工+2次年度考核不合格

案例导引

69. 张某与某卫生院人事争议纠纷案①

原告张某于1999年退役安置到被告某卫生院工作，工作岗位为收费室收费员。2002年12月29日，原告与被告签订无固定期限聘用合同。2012年度，原告累计旷工174天；2013年度，原告累计旷工78天。因张某连续2年分别累计旷工超过20天，2012年度、2013年度考核被确定为不合格等次。2014年1月和2月，原告张某连续旷工39天。2014年3月1日，原告回到被告处

---

① 参见云南省昆明市寻甸回族彝族自治县人民法院判决，（2015）寻民初字第944号。

上班。2014年，被告没有对原告进行年度考核。

2014年12月19日，被告分别请示某县卫生局、县人力资源和社会保障局要求解除与原告的聘用合同。2014年12月23日，被告作出辞退原告的通知。2014年12月30日，被告再请示某县卫生局解除与原告的聘用合同，某县卫生局于当日下发文件批复，同意被告解除与原告的聘用合同。

2015年2月2日，原告对解除聘用合同不服，向当地劳动人事争议仲裁委员会申请仲裁。原告不服该仲裁裁决，向法院起诉，请求法院依法撤销被告在2014年12月23日作出的辞退原告的决定，恢复与被告之间的聘用合同。

法院认为，本案中，原告张某因为自身原因，2012年累计旷工174天，且在2012年、2013年两个年度考核等次评定为不合格，符合《事业单位人事管理条例》第15条、第16条的规定，聘用单位可以解除聘用合同。被告某卫生院据此作出解聘决定，并报请主管部门审批备案，解聘程序并不违反法律规定。对原告的请求，本院不予支持。

法院判决：驳回原告张某的诉讼请求。

争议焦点

被告某卫生院解除与原告张某聘用合同的依据，是否合法？

根据《事业单位人事管理条例》第15条规定，事业单位工作人员连续旷工超过15个工作日，或者1年内累计旷工超过30个工作日的，事业单位可以解除聘用合同。第16条规定，事业单位工作人员年度考核不合格且不同意调整工作岗位，或者连续2年年度考核不合格的，事业单位提前30日书面通知，可以解除聘用合同。

本案中，原告张某与被告某卫生院在2002年12月29日签订了无固定期限聘用合同，对聘用合同的变更、终止、续订和解除作了约定："乙方有下列情形的，甲方可以解除合同，但应以适当形式通知乙方：旷工或无正当理由，逾期不归连续超过15天，或者年累计超过30天的；连续2年考核不合格的……"

原告张某因为自身原因，在2012—2014年连续旷工累计超过30天，在

2012年、2013年两个年度考核等次评定为不合格,严重违反了聘用合同中关于聘用合同的变更、终止、续订和解除条款。被告辞退原告,解除与原告的聘用合同符合《事业单位人事管理条例》的规定,是合法行为。

(二) 开除处分+3年年度考核不合格

70. 谷某与A环境卫生管理处、B环境卫生管理处人事争议纠纷案①

1990年12月,某环境卫生管理处(2008年12月23日分立为新设立的A环境卫生管理处和B环境卫生管理处)招收原告谷某为集体所有制工人,双方未签订聘用合同。1996年7月24日,某环境卫生管理处以原告私自涂改票据为由对其停工检查,作出停工处理,待处理完通知上班。此后,原告谷某未到单位上班,1997年,某环境卫生管理处上报某市纪委监察局、建设局要求对谷某给予开除处理。1997年10月31日,某市建设局给予谷某行政记大过处分。

因原告谷某未上班,1999年6月10日,某环境卫生管理处以原告1996—1998年3年年度考核不合格为由向某市建设局请示:对谷某作辞退处理。2000年3月27日,某市建设局作出"给谷某作除名处理"的批示,并报请某市人事局批准。2000年6月15日,某市人事局批准辞退谷某。2000年7月4日,某环境卫生管理处将辞退通知送达谷某。

原告谷某收到该通知后一直向原某市建设局反映至2001年。2006年,原告谷某先向某市××区劳动人事争议仲裁委员会申请仲裁,后向某市劳动人事争议仲裁委员会申请仲裁,仲裁委不予受理。原告诉至法院。一审宣判后,原告谷某不服,向二审法院提出上诉。

一审法院认为,原某环境卫生管理处以原告连续3年年度考核不合格为由,经其上级主管部门同意,报原某市人事局批准辞退原告,并于2000年7

---

① 参见贵州省安顺市中级人民法院判决,(2014)安市民再上字第3号。

月 4 日将某市人事局批准辞退的通知送达给原告本人，故原告从 2000 年 7 月 4 日应知其被辞退的事实，人事争议已发生。虽该争议发生时，某市尚无人事仲裁机构，但是某市劳动人事争议仲裁委员会于 2004 年 7 月 6 日成立后，原告应在其成立后 60 日内申请仲裁。而原告于 2006 年 11 月 30 日才申请仲裁，且无不可抗力或者其他正当理由，已超过 60 日的申请仲裁期限，故原告诉请判令恢复工作、补发被停工期间扣发的工资、补偿经济损失的诉请，不予支持。

一审法院判决：驳回原告的诉讼请求。

二审法院认为，上诉人谷某因工作中违纪，于 1996 年 8 月 18 日被某环境卫生管理处作出停工处理，并对谷某给予行政记大过处分；至 2000 年 6 月 15 日，某市人事局根据某市建设局请示作出《关于辞退谷某的通知》期间，上诉人谷某一直未到单位上班，并在连续 3 个考核年度中考核不合格。

上诉人谷某认可其于 2000 年 7 月 4 日收到某市人事局作出的《关于辞退谷某的通知》。上述辞退通知系人事部门正式文件，载明的辞退内容明确，原某市环境卫生管理处于 2008 年 12 月 23 日分立下划为 2 个被上诉人单位后，二被上诉人均无上诉人谷某的人事编制和人员名单，上诉人谷某也未向二被上诉人提供劳务，故其要求"改判其与被上诉人之间的人事关系继续存在"，不予采纳。

二审法院判决：驳回上诉，维持原判。

争议焦点

被告作出的解除与原告的聘用合同的依据及程序是否合法？

根据《事业单位人事管理条例》第 16 条规定，事业单位工作人员年度考核不合格且不同意调整工作岗位，或者连续 2 年年度考核不合格的，事业单位提前 30 日书面通知，可以解除聘用合同。

本案中，谷某自 1996 年开始一直未到单位上班，连续 3 年考核不合格，故某环境卫生管理处向原某市建设局请示，经该局报请原某市人事局批准，由原某市人事局辞退谷某，事后谷某也没有按照时效规定提起仲裁申请。原告作为被告的工作人员，双方因辞退发生的争议，属于人事争议。原某环境卫生管理处以原告连续3年年度考核不合格为由，经其上级主管部门同意，并报原某市人事局批准辞退原告。原某市环境卫生管理处虽未另行文通知原告，但该处已于2000年7月4日将某市人事局批准辞退的通知送达给其本人，故原告从2000年7月4日起应知其被辞退的事实。

所以，被告作出的解除与原告的聘用合同的依据及程序合法。

《关于在事业单位试行人员聘用制度的意见》（国办发〔2002〕35号）第6条第4款规定，受聘人员有下列情形之一的，聘用单位可以单方面解除聘用合同，但是应当提前30日以书面形式通知拟被解聘的受聘人员：（一）受聘人员患病或者非因工负伤，医疗期满后，不能从事原工作也不能从事由聘用单位安排的其他工作的；（二）受聘人员年度考核或者聘期考核不合格，又不同意聘用单位调整其工作岗位的，或者虽同意调整工作岗位，但到新岗位后考核仍不合格的。

第9款规定，有下列解除聘用合同情形之一的，聘用单位应当根据被解聘人员在本单位的实际工作年限向其支付经济补偿：（一）聘用单位提出解除聘用合同，受聘人员同意解除的；（二）受聘人员患病或者非因工负伤，医疗期满后，不能从事原工作也不能从事由聘用单位安排的其他工作，聘用单位单方面解除聘用合同的；（三）受聘人员年度考核不合格或者聘期考核不合格，又不同意聘用单位调整其工作岗位的，或者虽同意调整工作岗位，但到新岗位后考核仍不合格，聘用单位单方面解除聘用合同的。

第10款规定，经济补偿以被解聘人员在该聘用单位每工作1年，支付其本人1个月的上年月平均工资为标准；月平均工资高于当地月平均工资3倍以上的，按当地月平均工资的3倍计算。聘用单位分立、合并、撤销的，应当妥善安置人员；不能安置受聘人员到相应单位就业而解除聘用合同的，应当按照上述规定给予经济补偿。

第11款规定，受聘人员与所在聘用单位的聘用关系解除后，聘用单位要按照国家有关规定及时为职工办理社会保险关系调转手续，做好各项社会保险的衔接工作。

《关于印发〈事业单位试行人员聘用制度有关问题的解释〉的通知》（国人部发〔2003〕61号）第6条第20项规定，《关于在事业单位试行人员聘用制度的意见》中关于解除聘用合同的经济补偿是按职工在本单位工作的工龄核定补偿标准，不是对其在本单位工作的工龄补偿。

《关于事业单位试行人员聘用制度有关工资待遇等问题的处理意见（试行）》（国人部发〔2004〕63号）第4条第1项规定，聘用单位依据国办发〔2002〕35号文件的有关规定，向被解聘人员支付经济补偿时，以其上年实际领取的月平均工资计算。

被解聘人员上年实际领取的月平均工资低于本人同期国家规定工资构成中固定部分与国家规定的津贴补贴之和的，按被解聘人员同期国家规定工资构成中固定部分与国家规定的津贴补贴之和计算。

被解聘人员上年实际领取的月平均工资高于当地月平均工资3倍以上的，按当地月平均工资的3倍计算。当地月平均工资标准，按国家统计部门公布的聘用单位所在地同期职工平均工资确定。

聘用单位因受聘人员年度考核不合格，与其解除聘用合同，应依法向受聘人员支付经济补偿。经济补偿应根据受聘人员在本单位的工作年限，每满1年的，按1个月工资的标准向被解聘人员支付；工作年限6个月以上不满1年的，按1个月计算；不满6个月的，按半个月计算。

这里所说的受聘人员，是指事业单位在编制内的人员，其工资是指职工上年实际领取的月平均工资。月平均工资高于当地月平均工资3倍以上的，按当地月平均工资的3倍计算。

根据财政部、国家税务总局《关于个人所得税法修改后有关优惠政策衔接问题的通知》（财税〔2018〕164号）第5条第1项规定，（一）个人与用人单位解除劳动关系取得一次性补偿收入（包括用人单位发放的经济补偿金、生活补助费和其他补助费），在当地上年职工平均工资3倍数额以内的部分，免征个人所得税；超过3倍数额的部分，不并入当年综合所得，单独适用综合所得税率表，计算纳税。

聘用单位在聘用合同期满前，辞退受聘人员，聘用单位应当向受聘人员支付经济补偿。

 法律风险识别

聘用单位因受聘人员年度考核不合格，行使此项权利必须满足一定的程序要求：一是时间要求，提前30日通知受聘人员；二是形式要求，必须以书面形式通知。

除了上述两个条件外，聘用单位还必须保留受聘人员年度考核不合格且不同意调整工作岗位，或者连续2年年度考核不合格的书面原始证明，以保留证据。

聘用单位在解除与受聘人员的聘用合同时，需要提供合法的解除聘用合同证据；否则，需要承担败诉的法律风险。

第一，证据。考核标准应当以岗位职责、岗位说明书内容，或者聘用合同中约定的需要完成的工作任务为基本依据，以各项规章制度和工作目标为基本要求。对职工代表大会或职工大会审议的考核方案、考核办法，要形成有效的会议决议文件。如果聘用单位在解除与受聘人员的聘用合同时，无法提供有效的解除聘用合同的证据，就需要承担败诉的法律风险。

第二，解除考核不合格人员聘用合同的条件。一是对年度考核或者聘期考核不合格，且无正当理由又不同意调整岗位、变更其聘用合同相应内容的受聘人员，聘用单位有权单方面解除聘用合同。二是经岗位调整到新岗位后考核仍不合格，即2年年度考核不合格的受聘人员，聘用单位有权单方面解除聘用合同。三是聘用单位单方面解除聘用合同，应当先将解除聘用合同的理由通知工会。对聘用单位违反法律法规或聘用合同约定的，工会有权要求聘用单位纠正，聘用单位应当将处理结果书面通知工会。

第三，聘用单位应当提前30日通知因考核不合格而被解除聘用合同的受聘人员，并支付经济补偿。

第四，解除聘用合同的通知需采用书面形式，且提前通知时间应不少于

30 日。若聘用单位未依照法律规定，而是少于 30 日解除与受聘人员的聘用合同，那么应承担因未提前通知所造成的受聘人员工资天数损失。

第三节 其他解除聘用合同情形的法律风险识别

一、"非升即走"制度

一般认为，高校教师实行"非升即走"制度模式源于美国私立大学，是终身教职制度（Tenure Track，终身聘用制）的一种辅助运行规则。终身教职制度是指给予新进教师若干年试用期，试用期满接受考核，通过考核者获终身教职；反之，则须离职。1716 年，哈佛大学在保留教授终身教职的同时，对初级教师的任期进行改革，与助教只签 3 年合同，期满后视具体情况决定是否续聘，而此前无论是助教还是教授都是无任期限制的终身制。

在我国，清华大学于 1993 年率先引入该制度，开一时风气之先河，而北京大学出台的人事改革方案最有名。北京大学于 2003 年仿照美国哈佛大学的教员分级淘汰机制，实行"准聘-长聘制"，将教师职称作为聘任合同类型的依据：教授给予长期教职（长聘制），副教授、讲师给予固定期教职（准聘制），在规定期限内未能晋升职称者，校方不低职续聘，从而构建了具有本土色彩的"非升即走"制度模式。在 2018 年出台的《关于全面深化新时代教师队伍建设改革的意见》提出的"准聘与长聘相结合"政策导向下，绝大多数高校效仿实行"非升即走"聘任制度。在我国某些知名研究型大学，"非升即走"制度甚至已经拓展至副教授乃至教授群体。如西安交通大学要求所有新进副教授签订为期 3 年的准聘副教授聘用合同，准聘期满时聘期考核优秀者转为长期聘用，否则将终止聘用合同；西北工业大学不仅设置了准聘教授这一职位，还对其实行固定期限合同聘用和严格的绩效考核办法。

第七章 事业单位聘用合同解除的法律风险识别

 案例导引

71. 郭某与某大学人事争议纠纷案①

2011年8月,原告郭某博士研究生毕业后被某大学引进,双方签订聘用协议,约定郭某到某大学理学院工作,学院为郭某提供相应工作及生活条件。双方在协议书第5条约定:郭某自进校第二年起的四年内未能晋升为正式副教授的,从第五年1月1日起不再享受某大学的工资、津贴、补贴等待遇,同时办理离校手续。2015年9月,郭某参加某大学组织的副教授评审未获通过。2015年12月1日,某大学人事处向郭某发出通知,称"根据有关工作协议,请您于2016年1月1日前来我处办理离校手续"。后郭某向当地劳动人事争议仲裁委员会申请仲裁,要求被告某大学继续履行聘用合同。郭某不服仲裁裁决,向人民法院提起诉讼,要求某大学继续履行聘用合同。一审宣判后,郭某不服一审判决,向二审法院提出上诉。

一审法院认为,郭某与某大学签订的协议合法有效。根据协议第5条约定:郭某至2015年12月31日(自进校第二年起的四年)未能晋升为正式副教授,协议约定的终止条件出现,某大学依据协议约定提出终止与郭某的人事关系并无不妥。

一审法院判决:驳回原告的诉讼请求。

二审法院认为,协议书第5条系双方对协议履行期间作的约定,即从郭某入校第二年起算四年届满协议到期,此后双方是否继续履行聘用合同,取决于郭某是否符合某大学的聘用条件,如果在新的聘期郭某没有评上副教授,则某大学可以不予续聘郭某。

本案中,某大学并未在2015年9月评审结果揭晓时解除与郭某的聘用合同,而是按照协议约定的期限履行到2015年底,可见某大学仅是将职称评定作为协议到期后续聘的条件,而不是作为该协议终止的条件。故郭某提出要

---

① 张朴田.“非升即走”制度在高校聘用合同中的效力认定:以郭某诉江南大学人事争议案为例[J].法律适用(司法案例),2018(10).

求继续履行协议的上诉请求没有事实依据，不予支持。

二审法院判决：一审判决正确，应予以维持。

争议焦点

（1）"非升即走"是附条件协议还是附期限协议？

"非升即走"合同纠纷属于"履行聘用合同所发生的争议"。一般认为，"非升即走"为附解除条件的聘用合同，"非升即走"的约定是作为协议解除条件出现的。对于劳动合同的解除，我国采用了法定解除制度，尤其是严格限制用人单位单方解除劳动合同的实体和程序条件，用人单位不得与劳动者在劳动合同中事先约定解除条件，在立法价值上更倾向于保护劳动者的权益。由此，事业单位也不得与受聘人员在聘用合同中事先约定解除条件。所以，从劳动法律体系来看，以附条件合同审视双方的协议是行不通的，或者说学校的行为是违法的。

本案中，一审法院也把"非升即走"作为附期限合同裁判的逻辑起点：某大学与郭某签订协议的行为是一种民事法律行为，而且是一种民事合同行为。

本协议虽然没有明确写明聘用合同期限，但是根据协议实际签订的时间及第5条的文义解释，能够确定协议的起止期限，将协议视为约定了起止期限并未超出一般人对协议的认知，具有事实基础和合理性；另外，某大学是2015年9月公布的副教授评审结果，该校并没有在评审结果揭晓时解除与郭某的协议，而是按照协议约定的期限，履行到郭某入校第二年起的四年届满，某大学并没有直接将评审结果作为解除协议的条件。

将"非升即走"作为有期限的协议处理，这一做法符合《事业单位人事管理条例》《中华人民共和国高等教育法》（以下简称《高等教育法》）等相关法律法规关于教师聘用的规定。

（2）"末位淘汰"制与"非升即走"制有什么区别？

2011年，最高人民法院印发《全国民事审判工作会议纪要》（法办〔2011〕442号）第58条规定，用人单位在劳动合同期内通过"末位淘汰"

或者"竞争上岗"等形式单方解除劳动合同,劳动者以用人单位违法解除劳动合同为由,请求用人单位继续履行劳动合同或者支付赔偿金的,应予支持。依据该规定,"末位淘汰"制不能作为法定单方解除合同的条件,但是可以作为变更合同的约定情形。

第一,"末位淘汰"制是对劳动者进行相互比较的相对性评价,关注的不是劳动者与工作之间的关系,而是劳动者与其他劳动者相比能不能名列前茅,在相对评价中处于末位。"末位淘汰"制中的淘汰,应该理解为考核不合格的劳动者从原来工作岗位上被淘汰下来的内部管理行为,而不应该是劳动者被解除劳动合同的法定行为。从司法实践来看,最高人民法院对于"末位淘汰"或"竞争上岗"是持否定态度的,用人单位依据"末位淘汰"直接单方解除劳动合同,当属违法。

第二,"非升即走"制在高校的确立对我国高校教师身份制和终身制形成巨大挑战,这种竞争性制度以效率为中心,规定新入职的教师在一定时间内(预聘期内)晋升长聘教职应达到的要求和条件。"非升即走"制破除了长期以来高校教师事业单位身份管理的体制性保护,教师岗位不再是"铁饭碗",竞争和流动成了不可避免的趋势。

第三,"末位淘汰"制与"非升即走"制的区别:"末位淘汰"制的受聘人员,用人单位应采取降级、降职、免职或者调岗、调薪等变更劳动合同措施,最终仍有可能间接导致劳动合同解除的后果,但这并不影响劳动合同变更的效力;"非升即走"是附期限的法律行为,确定聘用合同的起止期限,到期后不再续聘。

二、教师退出机制

教师退出机制,是指教师通过某种途径离开原来的学校和教师岗位。从教师管理的角度来看,教师退出分为系统内退出和系统外退出。系统内退出主要是指教师在教育系统内部完成退出,可能是由于工作岗位发生改变或暂且待岗接受培训;系统外退出是指教师彻底离开教育系统。

依据教师个体的退出意愿可将教师退出分为两类,一类是自愿性退出,另一类是强制性退出。自愿性退出是指教师个人自行申请离职，离开学校和教师岗位。强制性退出是指因为教师自身不合格，不符合现有的岗位要求，教育主管部门强制性地将其转岗，让其暂时或长久退出岗位。

72. 卢某猥亵儿童案①

被告人卢某系某县某小学一年级二班的班主任。2018年11月至12月，被告人卢某利用其担任班主任的职务便利，将女学生谭某（2012年5月23日出生）、伍某（2011年12月29日出生）分别带至办公室，对谭某猥亵3次，对伍某猥亵1次。

2019年5月28日下午最后一节课，被告人卢某在一年级二班教室让全体学生睡觉，先后对多名女学生进行猥亵。之后，被告人卢某又将谭某叫到办公室，对谭某进行猥亵。

法院认为，被告人卢某多次猥亵多名儿童，且有在公共场所当众猥亵儿童的情节，其行为已构成猥亵儿童罪。公诉机关指控的罪名成立。被告人卢某猥亵儿童，对其依法从重处罚；自愿认罪，对其酌情处罚；取得部分被害人法定代理人的谅解，对其量刑时酌情考虑。被告人卢某身为人民教师，利用其教师身份的便利条件，多次猥亵多名儿童，应依法从严惩处。

法院判决：被告人卢某犯猥亵儿童罪，判处有期徒刑7年。

争议焦点

某县某学校对卢某适用教师退出机制的依据是什么？

《教师法》第37条规定，教师有下列情形之一的，由所在学校、其他教育机构或者教育行政部门给予行政处分或者解聘：（一）故意不完成教育教学任务给教育教学工作造成损失的；（二）体罚学生，经教育不改的；（三）品行不良、侮辱学生，影响恶劣的。

---

① 参见江西省吉安市安福县人民法院判决，(2019) 赣0829刑初164号。

教师有前款第（二）项、第（三）项所列情形之一，情节严重，构成犯罪的，依法追究刑事责任。

教师退出机制，可以清退不合格教师，提高教师整体质量。目前，我国教师退出途径单一，包括转岗、离岗退养、解聘、辞职等。

本案中，卢某利用其教师身份，对9名无民事行为能力的小学生进行了强制猥亵行为，情节严重，构成犯罪，依据《教师法》的规定，符合教师退出机制要求，应予解聘。

三、无固定期限聘用合同的解除

73. 孟某与某中学人事争议纠纷案①

原告孟某于2004年3月调入被告某中学工作。2005年7月1日，双方签订了无固定期限聘用合同，孟某担任校总务处主任。2007年8月15日，某市某区人民法院以孟某犯贪污罪为由判处其有期徒刑2年，缓刑3年。2008年3月25日，依据《事业单位试行人员聘用制度有关问题的解释》（国人部发〔2003〕61号）第5条第14项规定，被告报请其上级某市某区教育委员会，经批准同意，与原告解除了聘用合同，时任校长陈某代表学校与原告进行了谈话，告知与原告孟某解除聘用合同。2008年3月31日，学校将孟某个人档案转至某市某区职业介绍服务中心。

原告孟某向当地劳动人事争议仲裁委员会提出仲裁申请，仲裁委作出不予受理通知。原告不服，遂诉至法院，要求撤销被告与其解除聘用合同的处理决定。一审宣判后，孟某不服判决，向二审法院提出上诉。

一审法院认为，当事人应对自己提出的主张提供充分证据予以证明，在未能提交证据或者提交的证据不足以证明其主张时，应承担相应不利的法律

---

① 参见北京市东城区人民法院判决，（2014）东民初字12495号；北京市第二中级人民法院判决，（2015）二中民终字第04709号。

后果。本案中,被告根据原告的情况,依相关规定同时报请其上级某市某区教育委员会,经批准同意,于 2008 年 3 月解除与原告之间正在履行的聘用合同并告知原告的行为,未违反法律规定。现原告起诉要求撤销上述被告与其解除聘用合同的处理决定,缺乏事实或法律依据,本院不予支持。

一审法院判决:驳回诉讼请求。

二审法院判决:驳回上诉,维持原判。

 **法律责任与后果**

《高等教育法》第 51 条第 2 款规定,高等学校应当对教师、管理人员和教学辅助人员及其他专业技术人员的思想政治表现、职业道德、业务水平和工作实绩进行考核,考核结果作为聘任或者解聘、晋升、奖励或者处分的依据。

《教师法》第 24 条规定,教师考核结果是受聘任教、晋升工资、实施奖惩的依据。

《最高人民法院关于审理劳动争议案件适用法律问题的解释(一)》(法释〔2020〕26 号)第 47 条规定,建立了工会组织的用人单位解除劳动合同符合《劳动合同法》第 39 条、第 40 条规定,但未按照《劳动合同法》第 43 条规定事先通知工会,劳动者以用人单位违法解除劳动合同为由请求用人单位支付赔偿金的,人民法院应予支持,但起诉前用人单位已经补正有关程序的除外。

聘用单位在单方解除与受聘人员的聘用合同时,务必事先通知工会,此外,还应当向受聘人员送达解除聘用合同通知书;没有送达的,解除聘用合同不发生效力。

 法律风险识别

第一,明确规定教师退出的具体内容,如师德、职责、胜任力、心理素质等,且不同层次、不同专业、不同类型的高职教师退出标准不同。

第二,明确规定教师退出程序的要求。聘用单位与受聘人员签订的聘用合同中应明确标明解除聘用合同条款及退出程序要求等相关内容,确保退出程序正当、合法。

第三,在聘用单位与受聘人员之间解除聘用合同不发生效力的情况下,聘用单位与受聘人员之间的聘用合同仍然存在,聘用单位仍应当承担为受聘人员缴纳社会保险费、发放劳动报酬等的法定义务。

第四节　不得解除聘用合同情形的法律风险识别

禁止性解除聘用合同是对聘用单位提出的解除聘用合同的限制和禁止,禁止性解除是从解除合同的角度给予受聘人员的特殊保护(患病期间、"三期"女职工、接近退休年龄)。相对于一般受聘人员,解除聘用合同将对他们的生活产生重大影响。

一、受聘人员患有现有医疗条件难以治愈的严重疾病

案例导引

74. 张某与某大学的辞退纠纷案①

某大学著名教授、设计学院院长张某两年前患上罕见的神经元传导障碍,已经病危。某大学解除与张某的聘用合同,停止提供医疗费和住房。

聘用合同约定:张某的医疗费用由个人支付,校方考虑其实际困难,其聘期内的医疗费用首先从其个人薪酬账户中支付,不足部分由学校给予60%补贴,其余部分由张某个人承担。

某大学称,其与张某之间不是解除聘用合同,而是聘用合同终止后,不再续签。

---

① 周斌. 被武大"解聘",病危教授如何维权?[J]. 职业,2010(1).

争议焦点

什么情况是临危性解聘？

临危性解聘，是指受聘人员在病重期间，聘用单位解除与受聘人员之间的聘用合同及其职务的行为。

《关于在事业单位试行人员聘用制度的意见》第6条第5款第4项规定，受聘人员有下列情形之一的，聘用单位不得解除聘用合同：……（四）患职业病以及现有医疗条件下难以治愈的严重疾病或者精神病的。

《企业职工患病或非因工负伤医疗期规定》第2条规定，医疗期是指企业职工因患病或非因工负伤停止工作治病休息不得解除劳动合同的时限。

《事业单位试行人员聘用制度有关问题的解释》第2条第6项规定，经指定的医疗单位确诊患有难以治愈的严重疾病、精神病的，暂缓签订聘用合同，缓签期延续至前述情况消失；或者只保留人事关系和工资关系，直至该人员办理退休（退职）手续。经劳动能力鉴定委员会鉴定完全丧失劳动能力的，按照国家有关规定办理退休（退职）手续。

本案中，张某两年前患上罕见的神经元传导障碍，已经病危。在受聘人员处于这种情况下，聘用单位不能解除与其之间的聘用合同，根据行政规章的规定，应保留受聘人员的人事关系和工资关系，直至受聘人员办理退休手续。而某大学却宣布解除与张某的聘用合同，属于临危性解聘。

二、受聘人员患病在规定的医疗期内

75. 李某与某医院的辞退纠纷案①

2005年，李某在某医院任急诊科医生一职，已在该院工作7年。2010年

---

① 祝永根. 医生得重病 医院不续聘惹争议 医生患病 医院不得随意解除聘用合同 [J]. 中国社区医师，2012（38）.

底，李某被查出患有肝硬化、肝腹水等疾病。在得知李某身患肝病后，某医院认为李某已经不能适应工作的需要。2011年底，李某的聘用合同期满后，某医院决定不再聘用其为某医院医生，并答应补偿其10万元补偿金。李某认为，某医院在其患病期间不与其续聘，做法不合理，要求某医院补偿其38万元。李某向当地劳动人事争议仲裁委员会提起仲裁，请求继续履行与某医院的聘用合同。

劳动人事争议仲裁委员会认为，李某患病在规定的医疗期间，某医院不得解除与其之间的聘用合同，即使在此期间合同到期，也应当在李某医疗期满后双方才能终止合同。

仲裁裁决：聘用单位不得解除与李某之间的聘用合同，继续与李某履行聘用合同。

争议焦点

受聘人员患病，在规定的医疗期内聘用单位能否解除与受聘人员之间的聘用合同？

《关于在事业单位试行人员聘用制度的意见》第6条第5款第1项规定，受聘人员有下列情形之一的，聘用单位不得解除聘用合同：（一）受聘人员患病或者负伤，在规定的医疗期内的……

本案中，李某患病，某医院有义务给予其一定的医疗期，并在此期间负有保障李某医疗和生活的义务。所以，在此期限届满之前，某医院不得行使解除权。本案中，李某仍然在规定的医疗期内，某医院不能解除与李某之间的聘用合同。如果李某超过了医疗期，医院有权利予以解聘，同时支付经济补偿。

三、受聘人员在孕期

 案例导引

76. 吴某与某设计研究院的辞退纠纷案①

2000年7月,吴某于某大学研究生院毕业,后被某市属设计研究院聘用。双方签订了聘用合同,聘期从2000年7月到2003年7月,吴某在医院检查得知自己已经于2002年11月怀孕,并于2003年1月15日把此事告知了某设计研究院人事处处长。2003年4月,某设计研究院人事处通知吴某,由于其处于怀孕期间,允许其在家休息,工资待遇按照正常标准发放。2003年5月,某设计研究院人事处以书面形式通知吴某,由于聘用合同期限将至,单位不再与其续签合同,要求吴某准备进行工作交接。2003年7月,某设计研究院以聘用合同已经到期不再续聘为由,要求吴某移交了全部工作,单位给吴某出具了离职证明,同时发给吴某生育补助3100元。吴某向当地劳动人事争议仲裁委员会申请仲裁,要求某设计研究院继续履行聘用合同。

劳动人事争议仲裁委员会认为,吴某与某设计研究院的人事纠纷,属于事业单位与工作人员因履行聘用合同发生的争议,适用《事业单位试行人员聘用制度有关问题的解释》(国人部发〔2003〕61号)第6条第5款第2项规定,受聘人员有下列情形之一的,聘用单位不得解除聘用合同:……(二)女职工在孕期、产期和哺乳期内的。

仲裁裁决:被申请人应当继续履行与申请人的聘用合同,直至申请人孕期、产期和哺乳期满为止;被申请人收回出具给申请人的离职证明,并补发申请人自离职到仲裁委裁决期间的工资(先行给付的生育补助可予以抵扣)。

---

① 任仲. 单位不得与孕期的女职工解除聘用合同[J]. 中国人才, 2004 (7).

第七章 事业单位聘用合同解除的法律风险识别

争议焦点

受聘人员在孕期、产期、哺乳期，聘用单位能否解除聘用合同？

《事业单位试行人员聘用制度有关问题的解释》（国人部发〔2003〕61号）第2条第5项规定，有下列情形之一的，聘用单位应与职工签订聘用合同：……（二）女职工在孕期、产期和哺乳期内的。

法律责任与后果

《劳动法》第29条第3项规定，劳动者有下列情形之一的，用人单位不得依据本法第26条、第27条的规定解除劳动合同：……（三）女职工在孕期、产期、哺乳期内的。

《劳动合同法》第42条第4项规定，劳动者有下列情形之一的，用人单位不得依照本法第40条、第41条的规定解除劳动合同：……（四）女职工在孕期、产期、哺乳期的。

本案中，吴某在医院检查得知自己怀孕，向某设计研究院人事处处长告知此事。但是，设计研究院以聘用合同已经到期不再续聘为由，要求吴某移交了全部工作，单位给吴某出具了离职证明，不符合法律规定。吴某正处于孕期，某设计研究院不得单方解除聘用合同，而应当继续履行与吴某的聘用合同，直至吴某孕期、产期和哺乳期满为止。

根据《劳动合同法》第48条规定，用人单位违反本法规定解除或者终止劳动合同，劳动者要求继续履行劳动合同的，用人单位应当继续履行；劳动者不要求继续履行劳动合同或者劳动合同已经不能继续履行的，用人单位应当依照本法第87条规定的2倍支付赔偿金。

《中国人民解放军文职人员条例》第63条第2款规定，有下列情形之一的，用人单位不得辞退文职人员或者单方面解除聘用合同：

（一）因公（工）负伤或者患职业病，经劳动能力鉴定机构鉴定为一级至六级伤残的；（二）患病或者负伤，在规定的医疗期内的；（三）女性文职人员在孕期、产期、哺乳期内的；（四）法律、法规规定的其他情形。

聘用单位违反法律规定解除聘用合同，要承担不利的法律后果。

首先，受聘人员选择继续履行合同的，聘用单位应当继续履行聘用合同。

其次，受聘人员不要求继续履行聘用合同的，要求解除聘用合同的，聘用单位应当承担违法解除聘用合同的赔偿金（经济补偿标准的2倍）、因违法解除聘用合同给受聘人员造成的劳动报酬、医疗费用等的损失。

 法律风险识别

第一，在受聘人员处于医疗期内，聘用单位不能随意解除与受聘人员之间的聘用合同；否则，构成违法解除聘用合同。

第二，在受聘人员处于孕期内，聘用单位不能随意解除与受聘人员之间的聘用合同；否则，构成违法解除聘用合同。

第三，在法律规定不得解除聘用合同的特定情况下，受聘人员不存在过错时，聘用单位不能随意解除与受聘人员之间的聘用合同；否则，需要承担相应违法解除聘用合同的赔偿金，并赔偿其他损失。

08

第八章

事业单位聘用合同终止的法律风险识别

聘用单位除了可以通过解除聘用合同的方式结束与受聘人员之间的聘用合同,还可以通过终止聘用合同的方式解除与受聘人员之间的聘用合同。《事业单位人事管理条例》中没有对聘用合同终止的情形作出规定,根据《劳动合同法》第 96 条规定,事业单位与实行聘用制的工作人员订立、履行、变更、解除或者终止劳动合同,法律、行政法规或者国务院另有规定的,依照其规定;未作规定的,依照本法有关规定执行。聘用合同终止应适用《劳动合同法》的规定。《劳动合同法》实施后,原《劳动法》规定的约定终止被废止,聘用合同终止成为法定终止。

第一节 聘用合同终止与聘用合同解除的区别

聘用合同终止有广义和狭义之分,广义的聘用合同终止包括聘用合同的解除,狭义的聘用合同终止不包括聘用合同的解除。这里,聘用合同终止采用《劳动合同法》的观点,即狭义的聘用合同终止。

聘用合同终止,是指聘用合同的法律效力依法消灭,即聘用合同由于一定的法律事实出现而终结,受聘人员与聘用单位之间原有的权利和义务关系不再存在。而聘用合同解除是在聘用合同有效成立以后,尚未完全履行完毕以前,当解除的条件具备时,因当事人一方或者双方的意思表示,提前消灭聘用合同的行为。

一、聘用合同终止与聘用合同解除的相同点

第一,导致的结果都是聘用合同的结束。不管是聘用合同终止还是聘用合同解除,最终结果都是相同的,都是聘用合同的结束。

第二,聘用合同的结束应符合法律规定。无论是聘用合同终止还是聘用合同解除,都应当符合法律规定的情形,履行法定的程序。

二、聘用合同终止与聘用合同解除的区别

第一,导致聘用合同终止的原因不同。聘用合同终止主要是基于法定事实的出现,一般包括聘用合同期限届满、受聘人员依法退休并开始享受基本养老保险待遇、受聘人员死亡等;而聘用合同解除是基于法律行为的作出,即当事人双方或者单方依法作出终结聘用合同的意思表示。

第二,聘用合同结束的时间点不同。聘用合同终止,更多是聘用合同全面履行之后的正常终结,如聘用合同期限届满,由于一方当事人不再具备聘用合同的主体资格,从而导致聘用合同无法履行,因而不得不终止;聘用合同解除是在聘用合同期限届满之前提前结束聘用合同,是在聘用合同全面履行完毕之前基于双方或者单方的意思表示提前结束双方之间的聘用合同。

第三,有关经济补偿的规定不同。聘用合同终止,从 2008 年 1 月 1 日起开始计算经济补偿,且支付经济补偿需满足法定条件;而聘用合同解除,《关于在事业单位试行人员聘用制度的意见》《劳动法》《劳动合同法》中均规定了经济补偿,只要条件符合,聘用单位就应该支付。

第四,聘用合同终止的程序不同。聘用合同终止的程序比较简单,当事人只需要按时通知对方,并办理聘用合同终止手续即可;而聘用合同解除的程序相对复杂,不仅不同的解除方式中程序要求差别大,而且需要报上级单位批准同意,上报人力资源和社会保障部门撤销编制。

第八章　事业单位聘用合同终止的法律风险识别

第二节　聘用合同终止情形的法律风险识别

一、聘用合同期限届满

（一）聘用合同期限届满不再续聘

案例导引

77. 陈某与某医院人事争议纠纷案①

2011年2月1日，陈某入职某医院，是事业单位在编工作人员，同时与某医院签订聘用合同，合同期限为2011年2月1日至2015年12月31日。2013年8月，陈某成功申请到国家自然科学基金委员会青年科学基金资助项目（非国家或地方重点项目）。陈某为该项目负责人，项目执行年限为2014年1月至2016年12月。2015年11月30日，该项目尚未完成，陈某向某医院递交辞职报告，告知医院不再续签聘用合同。某医院收到辞职报告后，告知陈某不同意其辞职。聘用合同于2015年12月31日到期后，陈某未再到某医院上班，并要求某医院及时办理终止聘用合同手续。而某医院坚持认为双方人事关系未终止，陈某应当与某医院续签聘用合同。

双方发生纠纷后，协商未果，陈某遂于2016年3月15日向当地劳动人事争议仲裁委员会提出仲裁申请，要求确认双方人事关系于2015年12月31日终止，并要求某医院及时为其办理人事档案、社会保险关系等转移手续。

劳动人事争议仲裁委员会认为，陈某虽有尚未完成的科研项目，但这并不属于聘用合同期限依法顺延的情形，双方也没有在聘用合同到期后续签聘

---

① 浙江省劳动人事争议仲裁委员会. 事业单位在编人员的聘用合同期满，人事关系可否终止？[J]. 石油人力资源，2018（2）.

用合同，且本案不存在其他致使聘用合同不得终止或合同期限依法顺延等规定情形。

仲裁裁决：确认陈某与某医院在2015年12月31日聘用合同终止，并要求某医院15日内为陈某办理人事档案、社会保险关系等转移手续。

争议焦点

聘用合同到期后受聘人员能否终止聘用合同？

本案中，陈某与某医院之间签订聘用合同，且已明确约定合同期限到2015年12月31日止。陈某虽有尚未完成的科研项目，但是陈某与某医院没有在聘用合同到期后续签聘用合同，本案也不存在其他致使聘用合同不得终止或合同期限依法顺延等规定情形。根据《事业单位人事管理条例》第19条规定，自聘用合同依法解除、终止之日起，事业单位与被解除、终止聘用合同人员的人事关系终止。所以，陈某与某医院之间签订的聘用合同终止，人事关系同时终止。

（二）续签聘用合同条款协商不一致

78. 某青少年活动中心与姚某聘用合同争议案①

被告姚某自1995年6月入职某青少年活动中心（以下简称"活动中心"），双方建立人事关系。双方于每年7月签订聘用合同。2013年5月23日，姚某因聘用合同内容与活动中心发生分歧；姚某虽辩称其在聘用合同及聘用协议下签字即表示同意合同内容，但从其信访行为及备注的内容来看，姚某对于聘用合同及教师岗位聘用协议的内容并不认可。从聘用合同及教师岗位聘用协议的形式来看，属于格式合同，聘用合同文本格式由某市人力资源和社会保障局统一制定。在格式条款以外增加内容的，需合同双方当事人

---

① 参见北京市东城区人民法院判决，（2015）东民初字第15570号。

协商一致。现姚某在未经活动中心同意的情况下，在聘用合同及教师岗位聘用协议下擅自增加备注，在合同中擅自添加未经双方协商一致的内容，无法体现双方当事人真实的意思表示，活动中心以此为由拒绝在甲方处加盖公章，与姚某续订聘用合同。活动中心认为，姚某不愿意签署聘用合同，并在2014年3月16日作出《关于终止与姚某同志人事关系的通知》。

姚某就双方纠纷向当地劳动人事争议仲裁委员会提交仲裁申请，要求撤销《关于终止与姚某同志人事关系的通知》，仲裁委作出仲裁裁决，撤销活动中心2014年3月16日作出的《关于终止与姚某同志人事关系的通知》，恢复双方人事关系。裁决作出后，活动中心不服，向法院提起诉讼。

法院认为，活动中心仅因聘用合同内容未达成一致导致不能签署聘用合同，便终止与姚某人事关系的行为，明显不妥，且不符合法律规定，故活动中心2014年3月16日作出的《关于终止与姚某同志人事关系的通知》应予以撤销。现活动中心要求确认《关于终止与姚某同志人事关系的通知》有效的诉讼请求，本院不予支持。

法院判决：撤销原告活动中心2014年3月16日作出的《关于终止与姚某同志人事关系的通知》。

争议焦点

活动中心能否终止与姚某之间的人事关系？

依据《北京市事业单位聘用合同制试行办法》第11条规定，聘用单位聘用人员应当与受聘人员订立聘用合同。签署聘用合同是聘用单位与受聘人员的权利，同时也是双方应履行的义务。

根据《最高人民法院关于审理劳动争议案件适用法律问题的解释（一）》（法释〔2020〕26号）第34条第1款规定，劳动合同期满后，劳动者仍在原用人单位工作，原用人单位未表示异议的，视为双方同意以原条件继续履行劳动合同。一方提出终止劳动关系的，人民法院应予支持。

本案中，姚某在聘用合同条款中增加了备注，导致活动中心因聘用合同内容与姚某之间未达成一致，从而没有签署聘用合同。经聘用单位与受聘人员协商,未能就变更劳动合同内容达成协议。为此,活动中心便终止与姚某的人事关系的行为,明显不妥,且不符合法律规定,故活动中心2014年3月16日作出的《关于终止与姚某同志人事关系的通知》应予以撤销。

(三)聘用合同终止支付经济补偿

案例导引

79. 张某与某设计院聘用合同争议案①

原告张某于2007年3月进入某设计院工作,聘用合同的期限为2016年7月1日至2019年6月30日。2019年4月21日,张某向某设计院提交签订无固定期限聘用合同申请书,申请某设计院与张某签订无固定期限聘用合同。2019年5月30日,某设计院向张某发送不续签聘用合同的通知,载明:某设计院与张某签订的聘用合同于2019年6月30日到期后将不再续签,请于合同到期之日办理工作交接等手续。某设计院于2019年7月1日开具退工单。

张某向当地劳动人事争议仲裁委员会申请仲裁,要求某设计院支付2007年3月5日至2019年6月30日终止聘用合同经济补偿159742元。张某不服仲裁裁决,遂诉至法院。

法院认为,当事人对自己提出的主张应当提供证据予以证明。某设计院系事业单位,张某与某设计院签订聘用合同,双方形成人事关系。某设计院通知张某聘用合同期满后不再续签,双方人事关系因聘用合同期满而终止,张某以此为由主张经济补偿不属于法定应当享受经济补偿的范围,故张某的诉讼请求无法律依据,本院不予支持。

法院判决:驳回原告的诉讼请求。

争议焦点

聘用合同终止后,聘用单位是否应该支付经济补偿?

---

① 参见上海市徐汇区人民法院判决,(2020)沪0104民初2603号。

根据《劳动合同法》第46条第5项规定，有下列情形之一的，用人单位应当向劳动者支付经济补偿：……（五）除用人单位维持或者提高劳动合同约定条件续订劳动合同，劳动者不同意续订的情形外，依照本法第44条第1项规定终止固定期限劳动合同的。

本案中，原告张某与被告某设计院终止聘用合同的情形，不符合《劳动合同法》第46条第5项的规定，被告某设计院不需要向原告张某支付经济补偿。

（四）军队文职人员聘用合同期限届满

案例导引

80. 张某与某学院聘用合同争议案①

2006年12月25日，原告张某与被告某学院双方签订文职人员聘用合同，约定：被告与原告协商一致后解除本合同的，按照原告在被告处每聘用一年，支付原告一个月的上年月平均工资的经济补偿（第38条），给予原告经济补偿；被告未按照本合同约定支付经济补偿的，应当向员工支付经济赔偿金，具体参照违反《劳动合同法》的有关赔偿规定，除向原告支付经济补偿外，还应当另加付25%的赔偿费用（第39条）。

2007年12月12日，原告、被告双方多次续订上述聘用合同，续订聘用合同期限为2007年12月12日至2015年8月1日。2015年7月1日，原告向被告提交书面续聘申请。2015年9月，原告受被告指派参加军事保障活动。2015年11月6日，被告作出终止人事关系通知原告所在二系，并要求原告按《文职人员离院通知》办理离院手续。2015年12月6日，被告作出与原告终止人事关系的通知，终止时间从2015年12月1日起算，工资支付至2015年12月，社会保险缴纳至2015年12月。

原告起诉至法院，要求被告出具终止聘用合同证明，办理档案及社保转

---

① 参见江苏省南京市雨花台区人民法院判决，（2016）苏0114民初5316号。

移手续并支付经济补偿。

法院认为,被告应当在解除人事关系后即向原告出具终止聘用合同证明,但考虑到军事单位的特殊性,2016年3月23日,原告已经领取了终止聘用合同证明。2016年4月20日,某市人才服务中心完成原告档案的归档。被告之后补充作出终止聘用合同证明虽有瑕疵,但是被告已经向原告出具了终止聘用合同证明并为其办理了档案转移手续,故原告再次要求被告出具上述证明文件,本院不予支持。

根据《中国人民解放军文职人员条例》(2022年修订)第67条规定,文职人员自退出军队之日起,与用人单位的人事关系即行终止。用人单位应当按照国家和军队有关规定,及时办理文职人员人事档案、社会保险、住房公积金等关系转移的相关手续。

符合国家和军队规定的补偿情形的,用人单位应当给予文职人员经济补偿。

法院判决:被告某学院于本判决生效之日起15日内支付原告张某经济补偿。

争议焦点

(1)原告、被告之间的纠纷应当适用《劳动合同法》的相关规定还是适用《中国人民解放军文职人员条例》的规定?

原告是被告聘用的非现役文职人员,是按照规定的编制聘用到军队工作,履行现役军官(文职干部)同类岗位相应职责的非现役人员,双方签订的是军队文职人员聘用合同。因此,原告与被告之间是军队聘用单位与军队非现役文职人员的关系,属于军事领域的人事关系,双方争议是军事领域因人事关系终止而发生的争议,是军事领域的人事争议。

根据《中国人民解放军文职人员条例》(2022年修订)第66条款规定,文职人员退出军队的,由军队有关单位按照任用权限审批。

《军队文职人员聘用合同管理暂行规定》第27条规定,聘用合同解除或者终止,应当按照《中国人民解放军文职人员条例》规定的文职人员职务任免权限审批,并逐级上报至军委政治工作部备案。

根据特别法优于一般法原则,原告、被告之间关于聘用合同发生的争议应当优先适用《中国人民解放军文职人员条例》。

(2)被告某学院是否应当向原告张某支付经济补偿?

第一,军队与文职人员终止聘用合同后经济补偿的法律规定如下。

《军队文职人员聘用合同管理暂行规定》第 29 条规定,有下列情形之一的,用人单位应当向文职人员支付经济补偿:(一)用人单位按照本规定第 18 条规定,向文职人员提出解除聘用合同并协商一致解除聘用合同的;(二)用人单位按照本规定第 19 条规定解除聘用合同的;(三)文职人员按照本规定第 22 条第(二)项、第(三)项规定情形解除聘用合同的;(四)除用人单位按照原聘用合同约定条件或者以更有利于文职人员的条件提出续订聘用合同,文职人员不同意续订的情形外,合同期满终止聘用合同的;(五)以完成一定工作任务为期限的聘用合同,因任务完成而终止的;(六)符合聘用合同约定的经济补偿情形的。

第 30 条规定,经济补偿的标准,按照文职人员在军队工作的年限确定,每满 1 年支付 1 个月工资。工作 6 个月以上不满 1 年的,支付 1 个月工资的经济补偿;不满 6 个月的,支付半个月工资的经济补偿。本规定所称月工资,是指文职人员在聘用合同解除或者终止前 12 个月的平均工资,包括基本工资、基本津贴补贴和奖励工资。文职人员在军队工作不满 12 个月的,按照实际工作的月数计算平均工资。

第 31 条规定,用人单位应当在文职人员办结工作交接手续时,支付经济补偿金,所需经费列军队生活费决算向上领报。

第二,聘用单位与受聘人员终止聘用合同后经济补偿的法律规定如下。

《劳动合同法》第 44 条第 1 项规定,有下列情形之一的,劳动合同终止:(一)劳动合同期满的……

第 46 条第 5 项规定,有下列情形之一的,用人单位应当向劳动者支付经济补偿:……(五)除用人单位维持或者提高劳动合同约定条件续订劳动合同,劳动者不同意续订的情形外,依照本法第 44 条第 1 项规定终止固定期限劳动合同的。

第三，二者区别如下。

《劳动合同法》中对终止聘用合同支付经济补偿作了具体规定，即只有在聘用单位维持或者提高聘用合同约定条件续订聘用合同、受聘人员不同意续订的情形外终止固定期限的聘用合同的情况下，聘用单位需要向受聘人员支付经济补偿；而《中国人民解放军文职人员条例》中，对终止聘用合同支付经济补偿只作了概括规定，即符合补偿情形的，军队需要向文职人员支付经济补偿。

根据《中国人民解放军文职人员条例》的规定，文职人员与军队终止聘用合同的，符合军队规定的补偿情形的，军队应当向文职人员支付经济补偿。

本案中，原告张某符合上述法律规定，被告某学院应当向原告张某支付经济补偿。

二、受聘人员达到退休年龄

 案例导引

81. 保某诉某区人力资源和社会保障局、某镇人民政府其他行政行为案①

原告保某于1983年1月被录用为亦工亦农人员，并被分配到被告某镇人民政府农科站工作。1998年1月1日，二被告将原告聘用为"乡镇五站人员"。2015年10月10日，原告与二被告签订聘用合同。2015年12月21日，被告某区人力资源和社会保障局作出《关于郭某某等8名乡（镇）事业单位招聘人员解聘后发给安置费和一次性生活补助费的通知》（乐人发〔2015〕473号），被告某镇人民政府依据该通知解除与原告的人事关系，并支付了安置费和生活补助费54944元。2016年5月23日，原告以二被告未出具终止聘用合同证明及未办理退休养老手续为由，要求履行法定职责，提起行政诉讼。

法院认为，原告要求二被告出具终止聘用合同证明，确认其工作年限，

---

① 参见青海省民和回族土族自治县人民法院判决，（2016）青0222行初21号。

办理退休养老保险手续的诉讼请求，不符合《中华人民共和国行政诉讼法》第12条规定的受案范围。

法院判决：驳回原告保某的诉讼。

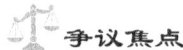 **争议焦点**

保某与某镇人民政府农科站之间是否属于聘用合同终止？

某镇人民政府农科站根据聘用合同第8条的规定终止与原告保某的聘用合同。根据《劳动合同法实施条例》第21条规定，劳动者达到法定退休年龄的，劳动合同终止。《劳动合同法》第44条第2项规定，有下列情形之一的，劳动合同终止：……（二）劳动者开始依法享受基本养老保险待遇的。《劳动合同法实施条例》是行政法规，《劳动合同法》是法律，根据上位法优于下位法的原则，即使受聘人员达到退休年龄，但没有享受到基本养老保险待遇，在这种情况下，聘用合同不能终止。

所以，本案中，保某与某镇人民政府农科站之间不属于聘用合同终止。

 法律责任与后果

《劳动合同法实施条例》第13条规定，用人单位与劳动者不得在劳动合同法第44条规定的劳动合同终止情形之外约定其他的劳动合同终止条件。

根据《中国人民解放军文职人员条例》第67条第1款规定，文职人员自退出军队之日起，与用人单位的人事关系即行终止。用人单位应当按照国家和军队有关规定，及时办理文职人员人事档案、社会保险、住房公积金等关系转移地方的相关手续。

第2款规定，符合国家和军队规定的补偿情形的，用人单位应当给予文职人员经济补偿。

《劳动合同法》第44条规定，有下列情形之一的，劳动合同终止：

（一）劳动合同期满的；（二）劳动者开始依法享受基本养老保险待遇的；（三）劳动者死亡，或者被人民法院宣告死亡或者宣告失踪的；（四）用人单位被依法宣告破产的；（五）用人单位被吊销营业执照、责令关闭、撤销或者用人单位决定提前解散的；（六）法律、行政法规规定的其他情形。

第46条第5项、第6项规定：有下列情形之一的，用人单位应当向劳动者支付经济补偿：……（五）除用人单位维持或者提高劳动合同约定条件续订劳动合同，劳动者不同意续订的情形外，依照本法第44条第1项规定终止固定期限劳动合同的；（六）依照本法第44条第4项、第5项规定终止劳动合同的。

第87条规定，用人单位违反本法规定解除或者终止劳动合同的，应当依照本法第47条规定的经济补偿标准的2倍向劳动者支付赔偿金。

《劳动合同法实施条例》第25条规定，用人单位违反《劳动合同法》的规定解除或者终止劳动合同，依照《劳动合同法》第87条的规定支付了赔偿金的，不再支付经济补偿。赔偿金的计算年限自用工之日起计算。

第一，应当支付经济补偿的情形。

一是聘用单位被依法撤销，导致聘用合同终止的，聘用单位应当支付经济补偿。

二是聘用单位同意续订聘用合同，但是所提出的聘用条件低于原聘用合同所约定的条件，受聘人员不同意续订聘用合同的，聘用单位应当支付经济补偿。

第二，无须支付经济补偿的情形。

聘用单位同意续订聘用合同，并且所提出的聘用条件维持或者高于原来聘用合同条件的，受聘人员不同意续订聘用合同的，聘用单位不需要向受聘人员支付经济补偿。

 法律风险识别

第一，聘用单位不能与受聘人员在签订聘用合同中约定聘用合同的终止条件。根据我国《劳动合同法》的规定，聘用合同的终止只有法定终止，没有约定终止，聘用单位不能与受聘人员约定聘用合同的终止条件。即使双方对终止条件的约定是双方意思自治的表示，但因违反了法律的强制性规定也归于无效。聘用单位只有在法定范围内行使权利，才能避免给自己带来法律风险。

第二,聘用单位与受聘人员终止聘用合同,符合法律规定的支付经济补偿情形时,需要向受聘人员支付经济补偿;聘用单位违法终止与受聘人员之间签订的聘用合同的,应当向受聘人员支付2倍的经济补偿。

第三节 聘用合同终止例外情形的法律风险识别

聘用合同终止的例外情形,仅仅是针对聘用合同期满时的终止,如果聘用合同是期限届满以外其他法定情形终止的,则不存在例外。

一、在本单位连续工作15年且距退休不足5年

案例导引

82. 彭某与某动物研究所聘用合同争议案①

某动物研究所是隶属于某学院的全额拨款事业单位。2007年7月2日,彭某入职某动物研究所,系事业编制人员,与某动物研究所系人事关系。

2007年9月5日,彭某与某动物研究所签订项目聘用合同,约定合同期限至2009年9月30日。2011年7月1日,彭某与某动物研究所签订聘用合同,约定根据《关于在事业单位试行人员聘用制度的意见》等文件规定,双方在平等自愿、协商一致的基础上,签订聘用合同条款,合同期限至2012年6月30日。2013年5月28日,某动物研究所通知彭某不再与其续签聘用合同。2013年6月28日,彭某办理了离所手续。

2013年6月14日,彭某向当地劳动人事争议仲裁委员会申请仲裁,确认某动物研究所终止聘用合同违法,并支付违法解除聘用合同赔偿金等。仲裁

---

① 参见北京市朝阳区人民法院判决,(2013)朝民初字第33139号;北京市第三中级人民法院判决,(2013)三中民终字00611号。

委作出裁决：驳回彭某的申请。彭某对仲裁裁决持有异议，向人民法院提起诉讼。一审宣判后，彭某不服，向二审法院提起上诉。

一审法院认为，彭某原系事业编制人员，其与某动物研究所之间系人事关系。事业单位的聘用人员，在本单位工作已满25年或在本单位连续工作已满10年且年龄距国家规定的退休年龄已不足10年的人员，提出订立聘用至退休的合同，聘用单位应当与其订立聘用至该人员退休的合同。彭某并不符合签订直至退休的聘用合同的法定条件，故彭某要求确认某动物研究所终止聘用合同违法的诉讼请求，没有依据，本院不予支持。

一审法院判决：驳回原告彭某的全部诉讼请求。

二审法院认为，彭某不符合签订直至退休的聘用合同的法定条件，现其与某动物研究所签订的聘用合同系到期终止，其要求聘用单位向其支付经济赔偿金没有法定或约定依据，本院不予支持。

二审法院判决：原审法院认定事实清楚，适用法律正确，驳回上诉，维持原判。

争议焦点

某动物研究所能否与彭某终止聘用合同？

本案中，彭某是受聘人员，彭某与某动物研究所之间聘用合同的期限为2007年7月2日至2013年6月28日。根据行政规章和行政法规的规定，在本单位工作已满25年或在本单位连续工作已满10年且年龄距国家规定的退休年龄已不足10年的人员，提出订立聘用至退休的合同，聘用单位应当与其订立聘用至该人员退休的合同。彭某并不符合签订直至退休的聘用合同的法定条件。根据《劳动合同法》的规定，在本单位连续工作满15年，且距法定退休年龄不足5年的受聘人员，聘用单位不得与受聘人员解除聘用合同。

但是，本案中，无论根据一般法还是特别法的规定，某动物研究所都可以与彭某终止聘用合同。

二、服务期超出聘用合同期限

83. 刘某与某中学人事纠纷案①

申请人刘某系某中学教师。2003年11月1日,申请人与被申请人签订了合同,期限为2003年11月1日至2006年7月30日。2006年6月15日,被申请人召开聘任大会,申请人刘某明确提出不再续签聘用合同,准备调入其他学校任教。但申请人于2003年7月22日至2003年8月20日赴英国某大学接受培训,培训费用为12000元。学校规定,参加此次培训人员的最低服务年限为5年。某中学同意刘某调走,但认为刘某服务期未满5年,应返还单位为其支付的部分培训费用。刘某因急于调走,就向学校缴纳了4800元培训费。1个月后,刘某得知新学校编制已满不能为其办理入编手续。当刘某想请原学校为其保留人事关系时,发现原单位已经为其办理了减编手续并将其档案转至人才服务中心。

申请人刘某认为,被申请人不应将其减编,故向当地劳动人事争议仲裁委员会提出仲裁申请,请求裁决被申请人某中学为其恢复人事编制。

劳动人事争议仲裁委员会认为,申请人与被申请人签订的聘用合同期满后,申请人明确表示不再续签,被申请人按照有关人事政策规定为其办理合同终止及减编手续,是被申请人履行正常的人事管理职能,符合政策规定,申请人要求恢复编制无事实及政策依据,不应支持。

本案经调解,双方达成协议:申请人放弃恢复编制的仲裁请求。

争议焦点

当服务期与聘用合同期限不一致时,如何处理?

要理解聘用合同期限与服务期之间的关系,首先应当分析二者的本质,

---

① 赵宏.服务期超出聘用合同期限是否有效[J].人力资源开发,2007(9).

聘用合同期限与服务期是两个完全不同的概念。

当聘用合同期限与服务期不一致，即聘用合同到期而服务期未满时，受聘人员是否必须继续履行义务？

根据《劳动合同法实施条例》第 17 条规定，劳动合同期满，但是用人单位与劳动者依照《劳动合同法》第 22 条的规定约定的服务期尚未到期的，劳动合同应当续延至服务期满；双方另有约定的，从其约定。

本案中，某中学是在培训结束与刘某签订了为期 5 年服务期之后，又与刘某签订的聘用合同，但双方仅签订了不足 3 年的聘用合同，聘用单位应与刘某签订 5 年以上的聘用合同。根据《劳动合同法实施条例》的规定，某中学应按照服务期履行与刘某的聘用合同。但是，因为某中学已经为刘某办理了减编手续，无法恢复编制，所以聘用合同不能继续履行。

法律责任与后果

《劳动合同法》第 45 条规定，劳动合同期满，有本法第 42 条规定情形之一的，劳动合同应当续延至相应的情形消失时终止。但是，本法第 42 条第 2 项规定丧失或者部分丧失劳动能力劳动者的劳动合同的终止，按照国家有关工伤保险的规定执行。

第 82 条规定，用人单位自用工之日起超过 1 个月不满 1 年未与劳动者订立书面劳动合同的，应当向劳动者每月支付 2 倍的工资。用人单位违反本法规定不与劳动者订立无固定期限劳动合同的，自应当订立无固定期限劳动合同之日起向劳动者每月支付 2 倍的工资。

因聘用单位违法终止与受聘人员之间的聘用合同，聘用单位应向受聘人员支付经济赔偿金。

法律风险识别

第一，建立规范的终止聘用合同手续办理制度。对于受聘人员来说，因终止聘用合同关涉其切身利益，会考虑终止聘用合同时聘用单位是否存在违法行为，是否应当支付经济补偿和赔偿金。对于聘用单位，要建立规范的终止聘用合同流程制度,在终止聘用合同时,应事先向受聘人员发出终止聘用合同通知书,聘用单位征求受聘人员的意见,要求受聘人员在发出的终止聘用合同通知书上签字确认。如果存在聘用单位同意续订聘用合同而受聘人员不同意续订的情况,则要求受聘人员作出说明,以避免引发纠纷,对聘用单位不利。

第二,终止聘用合同,应提前通知受聘人员,在聘用合同期限届满时及时终止。

第三,法律没有明确规定终止聘用合同是否需要提前 30 日通知,但是,如果聘用单位与受聘人员在聘用合同中约定"聘用合同终止应提前 30 日向受聘人员发出续订聘用合同的意向书或者终止聘用合同的通知书",则应当按照约定履行。

第九章

特殊用工的法律风险识别

第九章 特殊用工的法律风险识别

事业单位编制内人员受《事业单位人事管理条例》调整；事业单位的特殊用工属于编制外人员，一般不受《事业单位人事管理条例》调整，而受《劳动法》《劳动合同法》调整。

随着劳动法律法规的健全和完善，对用人单位与劳动者的法律关系规定也越来越明确，实践中相对容易处理和解决。但在特殊用工方面，用工方式形式多样，情况较为复杂，如人事代理人员、特聘专家、退休后返聘人员、未聘人员、停薪留职人员、借调人员及外教专家等，对这些情况的法律适用问题理解不统一，甚至存在较大分歧，给聘用单位的用工带来许多不确定性风险，因此有必要对特殊用工进行法律梳理。

第一节 人事代理的法律风险识别

1995年12月，人事部正式提出在国内推行人事代理制度。2000年6月，中组部、人事部、教育部联合发布的《关于深化高等学校人事制度改革的实施意见》（人发〔2000〕59号）明确提出，在高校试行人事代理制度。学校与人事代理人员之间的关系是岗位聘任关系，不进入学校编制，实行合同制管理。如果人事代理人员聘用合同终止或者解除，就不再与学校存在任何关系。常见的编外用人方式是人事代理，人事代理适用《劳动合同法》相关规定。

人事代理制度的本质是用人单位与人事代理机构之间建立的委托代理合同，劳动者和用人单位之间订立聘用合同或者劳动合同。人事代理机构可以协助委托单位制定人事管理方案，为委托单位代办人才的引进、推荐和招聘，为委托单位代理人员考核、培训等业务，办理人事档案的收集、整理、保管、利用等管理业务，适用于高校的科研人员、管理人员、教辅人员、后勤保障人员。

人事代理，是指经政府人事部门批准或者许可，取得人事代理资格的人才市场中介服务机构，在核定的业务范围内受用人单位和个人委托，运用社会化服务方式和现代化手段，按指定的法律和政策规定，为其代办的有关人事业务。

一、人事代理人员工龄计算问题

 案例导引

84. 邹某与某人力资源和社会保障局行政批准纠纷案①

2000年8月至今，原告邹某一直在某市从事高中教学工作。2012年，学校和有关组织部门将原告的人事关系调入某市某区教育局人事代理分部，属民办事业编制，签订了人事代理合同，落实"五险一金"并按规定缴纳参保费用。2013年10月，原告达到法定退休年龄，向被告申请办理退休审批时被告知不予受理。被告某人力资源和社会保障局根据原告邹某提出按事业单位标准办理退休的申请，经调查于2014年9月29日作出《关于邹某同志要求按事业单位标准办理养老保险退休的回复》，认定邹某达到法定退休年龄时累计缴费年限不足15年，不符合办理养老保险退休的条件，故对原告要求按事业单位标准办理养老保险退休的申请不予审批。原告收到该回复后不服，遂诉至法院。一审宣判后，邹某不服一审判决，向二审法院提起上诉。

一审法院认为，本案中，原告邹某因擅自离职于2005年4月11日被××市人事局作除名处理，根据上述规定，其工龄、教龄应从被民办学校聘用之日起开始计算。原告在××市教育系统从事教育工作期间，××市没有实施个人养老保险缴费制度，故原告达到法定退休年龄时其实际参保缴纳养老保险费年限未满15年，不符合领取基本养老金的条件，故被告作出被诉回复，对原告要求按照事业单位标准办理养老保险退休的申请不予批准，符合上述规定，本院予以支持。

一审法院判决：驳回原告邹某的诉讼请求。

---

① 参见浙江省温州市龙湾区人民法院判决，(2015) 温龙行字第1号；浙江省温州市中级人民法院判决，(2015) 浙温行终字第117号。

二审法院认为，邹某主张其除名前的工龄与重新就业后的工作时间可以合并计算为连续工龄，本院不予支持。

二审法院判决：驳回上诉，维持原判。

争议焦点

（1）人事代理人员邹某的工龄，是合并计算还是重新计算？

根据原劳动部办公厅《关于除名职工重新参加工作后工龄计算问题的复函》（劳办发〔1994〕376号）和《对"关于除名职工重新参加工作后工龄计算有关问题的请示"的复函》（劳办发〔1995〕104号）规定，原告被除名前的连续工龄与重新就业后的工龄可以合并计算。原告要求按照事业单位标准办理退休，根据原人事部《关于机关事业单位人员辞职、辞退及自动离职有关工作年限计算问题的复函》（人办函〔1998〕101号），劳办发〔1995〕104号文件只适用于企业，机关事业单位不宜参照执行。机关事业单位职工辞职和辞退前的工龄与重新就业后的工龄可合并计算为连续工龄，自动离职人员的工龄应从重新录用之日起开始计算。本案中，原告属于自动离职人员，即邹某除名前后工龄合并计算，应从被民办学校聘用之日起开始计算，而不应连续计算。

（2）人事代理与聘用合同有什么区别？

第一，人事代理合同和聘用合同的主体不同。人事代理合同的主体是三方：高校（聘用单位）、代理机构和第三人。聘用合同的主体是两方：高校（聘用单位）和受聘人员。

第二，人事代理合同和聘用合同的法律关系不同。人事代理合同是学校与人事代理机构之间的委托代理关系、学校与人事代理人员之间的劳动关系、代理人员与人事代理机构之间的服务关系。而聘用合同只有聘用关系。由此可知，在代理合同中，不存在受聘人；在聘用合同中，没有代理机构和第三人。因此，两类合同关系主体的分界是明晰的，既然合同种类不一样，合同主体不一样，那么合同主体的权利和义务自然也不一样。

第三，人事代理合同和聘用合同的档案管理不同。人事代理人员的人事关系不在聘用单位，而是在当地的人才服务中心，人事代理人员的档案管理和聘用单位没有关系；而受聘人员的档案存放在聘用单位。

二、人事代理人员建立劳动关系的时间

85. 钮某与某教育培训学校劳动合同争议纠纷案①

2013年6月，被告钮某到原告某教育培训学校处实习。2014年1月13日，原告与被告签订了毕业生就业协议。2014年5月6日，原告某教育培训学校与某省人才流动服务中心签订了委托人事代理合同，委托人事代理人员为被告钮某，合同中注明了毕业生代理时间为2014年7月。2014年6月30日，被告毕业后继续在原告处工作，原告未与被告签订劳动合同，未为被告缴纳社会保险。

2015年2月14日，被告钮某到原告某教育培训学校处工作。钮某工作到2015年3月7日并于当日提出与原告解除劳动关系。原告为被告发放工资至2015年1月。

2015年4月20日，被告钮某向当地劳动人事争议仲裁委员会申请仲裁，请求某教育培训学校支付工资及未签劳动合同的双倍工资。仲裁委作出仲裁裁决，支持了被告钮某的请求。原告某教育培训学校不服，向法院提起诉讼。

法院认为，原告某教育培训学校未能提供证据，证明钮某没有工作到2015年3月，故本院对原告提供的，其与被告钮某解除劳动关系的时间不予采信，对被告钮某称其工作至2015年3月7日予以采信。工资应当以货币形式按月支付给劳动者本人，用人单位不得克扣或者无故拖欠劳动者的工资。被告2015年2月14日至3月7日提供了劳动，原告理应支付此期间的工资。

建立劳动关系应当订立书面劳动合同。用人单位自用工之日起超过1个月不满1年未与劳动者订立书面劳动合同的，应当依照《劳动合同法》第82

---

① 参见江苏省南京市建邺区人民法院判决，（2015）建民初字第3019号。

条的规定向劳动者每月支付 2 倍的工资。

法院判决：某教育培训学校支付钮某 2014 年 8 月 1 日至 2015 年 3 月 7 日未签订劳动合同的 2 倍工资及 2015 年 2 月 14 日至 3 月 7 日的工资。

争议焦点

（1）某教育培训学校与钮某建立劳动关系的时间是什么时候？

《劳动合同法》第 7 条规定，用人单位自用工之日起即与劳动者建立劳动关系。用人单位应当建立职工名册备查。

实施人事代理的人员，有的签订聘用合同，有的签订劳动合同。尽管聘用合同从形式上看与劳动合同非常相似，但两者的法律内涵大不相同。对于事业单位编外人员和非正式用工，因暂无明确核准程序，其劳动关系的建立日期因签订聘用合同和劳动合同而不同。人事代理签订聘用合同的，以聘用合同订立日为准；人事代理签订劳动合同的，以实际用工之日为准。

因为钮某于 2014 年 6 月 30 日毕业，所以，某教育培训学校与钮某自 2014 年 7 月 1 日起建立劳动关系。

（2）人事代理的法律关系分析。

一般而言，人事代理包括代理法律关系和委托合同关系，是这两种关系的结合。通常情况下，代理机构是以自己的名义实施代理行为的。因此，高校人事代理属于间接代理而非直接代理。

在高校人事代理中，因为高校或受聘人员委托的事项不同，分为两种情形。

第一，三方主体、两个合同、三种法律关系。

受聘人员在单独与代理机构签订代理合同的同时，又与高校订立聘用合同，即分别签订两份合同。受聘人员与人才服务中心签订人事代理保存人事档案关系合同同时签订大学聘用合同。尽管受聘人员与代理机构、高校存在代理及聘用的合同关系，但是其与代理机构、高校仅订立了一份合同，而非两份。例如，由用人单位和用人单位所在地的代理机构分别在毕业生的《高校毕业生就业协议书》上加盖公章，由毕业生带回院校，统一由校方拿到毕业生分配部门进行分配。

第二，只有高校或受聘人员与代理机构两方主体、一个合同、一种法律关系。

受聘人员仅与代理机构订立代理合同，建立代理关系，但是其与高校之间没有聘用合同关系。高校与受聘人员共同为代理关系的一方主体，代理机构为另一方主体。在这种委托关系中，高校与受聘人员不是分别而是共同委托代理机构实施代理行为。通过委托代理的形式，受聘人员的人事档案等关系经双方共同委托，转由学校所在地的人才交流服务中心负责管理。

（3）人事代理关系的成立时间。

在实践中，代理合同与聘用合同产生的时间有以下几种情况。一是高校人事代理关系的建立是在高校与受聘人员订立聘用合同之后，即高校先与受聘人员签订聘用合同，然后与代理机构订立代理合同，这是通常情况。二是与前种情况相反，代理合同在先，聘用合同在后。这种情况在实践中较少，主要发生在高校委托代理机构招聘教师及其他员工的情形中。三是同时签订代理合同和聘用合同。

需要注意的是，不管代理合同产生在聘用合同之前，还是之后，抑或同时，人事代理关系的分析都应从委托和受托行为开始，而不是从聘用合同订立时起，这是一个基本原则。

本案中，2014年5月6日，原告某教育培训学校与某省人才流动服务中心签订了委托人事代理合同，委托人事代理人员为被告钮某，合同中注明了毕业生代理时间为2014年7月。

法律责任与后果

《劳动合同法实施条例》第6条规定，用人单位自用工之日起超过一个月不满一年未与劳动者订立书面劳动合同的，应当依照《劳动合同法》第82条的规定向劳动者每月支付2倍的工资，并与劳动者补订书面劳动合同；劳动者不与用人单位订立书面劳动合同的，用人单位应当书面通知劳动者终止劳动关系，并依照《劳动合同法》第47条的规定支付经济补偿。

前款规定的用人单位向劳动者每月支付 2 倍工资的起算时间为用工之日起满一个月的次日，截止时间为补订书面劳动合同的前一日。

第 7 条规定，用人单位自用工之日起满一年未与劳动者订立书面劳动合同的，自用工之日起满一个月的次日至满一年的前一日应当依照《劳动合同法》第 82 条的规定向劳动者每月支付 2 倍的工资，并视为自用工之日起满一年的当日已经与劳动者订立无固定期限劳动合同，应当立即与劳动者补订书面劳动合同。

第一，如果聘用单位自用工之日起超过一个月不满一年未与人事代理人员订立书面劳动合同的，应当向劳动者每月支付 2 倍的工资，并与劳动者补订书面劳动合同。

第二，自用工之日超过一个月，人事代理人员未与聘用单位订立书面劳动合同的，聘用单位应当书面通知人事代理人员终止劳动关系，并向人事代理人员支付经济补偿。

第三，如果聘用单位自用工之日起满一年未与人事代理人员订立书面劳动合同的，视为聘用单位与人事代理人员已订立无固定期限劳动合同。

法律风险识别

第一，同工同酬。《劳动法》第 46 条第 1 款规定，工资分配应当遵循按劳分配原则，实行同工同酬，即相同的工作量获取相同的劳动报酬。然而，人事代理人员的身份与正式在编人员是不同的，他们属于编外人员，并未完全实现真正意义上的"同工同酬"。

第二，社会保险缴纳。聘用单位对人事代理人员在"五险一金"缴纳上，或"五险一金"全缴，或虽然缴纳"五险一金"但进行打折扣缴纳，或只缴纳"四险"甚至"三险"等。住房货币化补贴是对未享受福利分房政策的工作人员的一种补偿，但部分高校以人事代理人员未纳入事业单位编制为由，不予发放货币化分房补贴。

第三，劳动合同续订。对符合《劳动合同法》第 14 条规定的人事代理人员，聘用单位须与其签订无固定期限劳动合同。但是，实践中，高校为了避免与人事代理人员签订无固定期限劳动合同，将满足法律规定条件的能够签订无固定期限劳动合同的人事代理人员转为劳务派遣人员，让人事代理人员与派遣公司签订劳动合同，不再与学校订立合同。或者在工作满两个聘期或十年之前，将部分人事代理人员辞退；或者与可以订立无固定期限合同的人事代理人员签订固定期限合同。

如果聘用单位忽视以上风险，那么将与人事代理人员产生劳动争议纠纷，一旦被起诉，就会陷入不利局面，同时还要承担相应的法律责任。

第二节　受聘人员多重劳动关系的法律风险识别

多重劳动关系，即劳动者同时与两个及两个以上用人单位建立劳动关系的特殊现象。在满足认定劳动关系的构成要件时，即使劳动者同时与两家甚至多家用人单位建立用工关系，也应认定为劳动关系。

这类劳动关系多发生在未聘人员、停薪留职人员、借调人员等特殊情形的人员身上。这类人员在与原用人单位保持劳动关系的前提下，又自行到其他单位工作，从而形成多重劳动关系。

一、未聘人员安置

根据《浙江省事业单位实行聘用制暂行办法》第45条规定，未聘人员是指原固定制职工，因编制精简、岗位撤并、专业不对口以及能力、身体不适应等，而未被事业单位聘用上岗的，为下岗待聘人员。

未聘人员安置是我国聘用合同改革实践中出现的新概念，有其特定的含义。未聘人员安置，是指受聘单位对在岗位竞聘中被淘汰，或者因岗位调整、撤并、身体不适应等而待岗的聘用单位正式编制人员，给予生活照顾、学习培训和工作安排的一项制度。未聘人员有以下特征。

第一，未聘人员身份特殊。未聘人员是聘用单位正式编制人员，这就将其与聘用单位临时工、合同工等其他人员区别开来；未聘人员是聘用单位待岗人员,这又使其与聘用单位在岗的其他正式编制人员相区别。

第二,与聘用单位的法律关系。聘用单位与未聘人员之间的关系,是一种以救助和被救助为内容的行政法律关系,而非聘用合同关系。

第三,与聘用单位之间的权利和义务不对等。在待岗期间,未聘人员是享有较多权利的权利主体,聘用单位是承担较多义务的义务主体;在未聘人员待岗期间,国家通过给予生活和就业帮助等方式,介入聘用单位与未聘人员之间的非聘用合同关系。

第四,未聘人员有一定的待岗期间。如北京市给未聘人员6个月至1年的待岗时间,浙江省给未聘人员的待岗时间一般为1~3年。

第五,上岗机会次数不同。各地给未聘人员的上岗机会次数不同,有的是一次机会,有的是两次机会。

案例导引

86. 王某与某机耕队人事争议案①

原告王某于1978年到被告某县机耕队处工作,系在职在编人员。1999年9月22日,某县人民政府下发文件,文件第4条第3款规定:对不愿与单位签订聘用合同的职工,允许在3个月内限期调出,到期又不签订合同的作自动离职处理。同日下发通知第12条规定,职工不愿与聘用单位签订聘用合同的,聘用单位给其3个月的自行流动期。自行流动期结束后,职工仍不与聘用单位签订聘用合同的,本人可以提出辞职或由聘用单位作自动离职处理。

根据某县人民政府文件,某县机耕队制定了《改革试行方案》。2001年3月29日,为落实文件精神,某县机耕队(后更名为"某机耕队")召开全体职工会议,原告参加该会议。被告在2001年、2003年多次通知原告到被告处办理缴纳社会保险费手续,原告一直未办理缴费手续。2003年3月20日,被告作出《关于对王某同志作自动离职处理的通知》,并报县人事局批复,决定

---

① 参见广西壮族自治区南宁市江南区人民法院判决,(2014)江民一初字第127号;广西壮族自治区南宁市中级人民法院判决,(2014)南市民四终字第458号。

即日起对原告作自动离职处理。

2004年10月26日,被告召开针对已作自动离职处理人员会议,原告虽接到通知但未参加该会议。2007年8月5日,原告签收《关于对王某同志作自动离职处理的通知》。

2012年9月4日,原告以某机耕队作为被申请人,向当地劳动人事争议仲裁委员会申请仲裁,请求确认被申请人2003年3月20日作出的离职处理的通知无效。仲裁委作出不予支持的裁决。原告不服仲裁裁决,向人民法院提起诉讼。一审宣判后,王某不服一审判决,向二审法院提起上诉。

一审法院认为,被告某机耕队原名"某县机耕队",其在更名前后均属于事业单位,故原告与被告之间的争议应属于人事争议。根据相关规定,本案在审理程序及部分实体处理上应适用《劳动法》的相关规定。

原告向本院起诉时,除坚持原人事争议仲裁请求外,还增加要求确认被告与原告之间存在无固定期限劳动合同关系的诉讼请求。根据《最高人民法院关于审理劳动争议案件适用法律问题的解释(一)》(法释〔2020〕26号)第14条规定,人民法院受理劳动争议案件后,当事人增加诉讼请求的,如该诉讼请求与讼争的劳动争议具有不可分性,应当合并审理;如属独立的劳动争议,应当告知当事人向劳动争议仲裁机构申请仲裁。因此,原告新增的诉讼请求虽未经劳动人事争议仲裁委员会仲裁,但该请求与原人事争议仲裁请求均基于被告对原告所作的自动离职处理的同一事实,两者相互关联,具有不可分性,应属于本案审理范围,故法院对此一并处理。

一审法院判决:驳回原告王某的全部诉讼请求。

二审法院认为,关于王某要求确认被告与其之间存在无固定期限劳动合同关系的问题,因被告与王某之间系人事关系而非劳动关系,且在王某未与被告签订聘用合同的情况下,被告于2003年3月20日对其作出《关于对王某同志作自动离职处理的通知》,故王某的上述主张不符合《劳动法》第20条规定的情形,于法无据,法院不予支持。

二审法院判决:驳回上诉,维持原判。

争议焦点

（1）如何认定未聘人员与聘用单位之间存在法律关系？

根据《事业单位试行人员聘用制度有关问题的解释》（国人部发〔2003〕61号）第4条规定，"在本单位工作已满25年或者在本单位连续工作已满10年且年龄距国家规定的退休年龄已不足10年的人员，提出订立聘用至退休的合同的，聘用单位应当与其订立聘用至该人员退休的合同"中，"对在本单位工作已满25年"的规定，可按在本单位及国有单位工作的工龄合计已满25年掌握。

符合上述条件，在竞争上岗中没有被聘用的人员，应当比照《关于在事业单位试行人员聘用制度的意见》中规定的未聘人员安置政策，予以妥善安置，不得解除与单位的人事关系。

本案中，原告王某在1978年到被告处工作。被告某机耕队原名"某县机耕队"，其在更名前后均属于事业单位。被告于2003年3月20日作出《关于对王某同志作自动离职处理的通知》时，原告已经在被告处工作25年。2004年10月26日，某县机耕队召开会议，一致同意再给原告在内的7人一次上岗机会。原告已经在被告处工作26年，根据《事业单位试行人员聘用制度有关问题的解释》规定，聘用单位不得解除与原告之间的人事关系，即原告与被告之间是人事关系。

（2）被告是否应与原告签订无固定期限劳动合同？

根据《劳动法》第20条第2款规定，劳动者在同一用人单位连续工作满10年以上，当事人双方同意续延劳动合同的，如果劳动者提出订立无固定期限的劳动合同，应当订立无固定期限的劳动合同。《劳动合同法》第14条第1款规定，无固定期限劳动合同，是指用人单位与劳动者约定无确定终止时间的劳动合同。用人单位与劳动者协商一致，可以订立无固定期限劳动合同。有下列情形之一，劳动者提出或者同意续订、订立劳动合同的，除劳动者提出订立固定期限劳动合同外，应当订立无固定期限劳动合同：（一）劳动者在该用人单位连续工作满10年的。

本案中，某机耕队与王某之间系人事关系而非劳动关系，且在王某未与某机耕队签订聘用合同的情况下，某机耕队于2003年3月20日对其作出《关于对王某同志作自动离职处理的通知》，故某机耕队不应与王某签订无固定期限劳动合同。

法律责任与后果

《关于在事业单位试行人员聘用制度意见的通知》（国办发〔2002〕35号）第8条规定：积极稳妥地做好未聘人员安置工作。

事业单位未聘人员的安置和管理，是人员聘用工作的重点和难点，政策性强，必须予以高度重视。要将未聘人员尽量安置在本单位或者当地本行业、本系统内，同时要探索多种安置办法。城市和有条件的地区可以跨行业、跨系统调剂安置。各地区、各部门要制定切实可行的政策，为未聘人员创办经济实体或者进入企业提供优惠条件，引导鼓励未聘人员面向基层、农村和中小企业，使他们在新的领域发挥作用。

第一，对未聘人员自己辞职的，聘用单位与未聘人员之间的聘用关系终止。

第二，未聘人员不与聘用单位签订聘用合同，聘用单位应给予3个月的选择期，期满后未聘人员仍不与聘用单位签订聘用合同的，也不提出调动或者辞职的，聘用单位有权予以辞退，原人事关系终止。

法律风险识别

第一，明确聘用单位中未聘人员的范围。未聘人员包括落聘人员、解聘人员、拒聘人员、辞聘人员。

第二，明确聘用单位中未聘人员的除外范围。聘用单位不能把患病或者工伤在医疗期内或者有残疾证的受聘人员，妇女在孕期、产期和分娩后1年内的受聘人员，被上级部门和本单位派出去挂职与学习的受聘人员作为未聘人员。

第三，聘用单位对未聘人员的处理方式。聘用单位应作出内部转岗、进

修学习、达到退休年龄的办理退休、符合病退条件的办理病退的处理。

第四，对未聘人员作出辞退决定，要履行相应的程序，向人事局申请批复。

二、停薪留职人员安置

停薪留职合同属于《劳动法》的范畴，是指为了使特定职工有期限离岗停薪并保留职工身份，而由用人单位与该职工依法签订的，约定停薪留职期间双方相互权利和义务的合同。

停薪留职，是计划经济向市场经济过渡转型的产物。国家层面出台了一系列鼓励创业的政策文件，对于符合政策的停薪留职情形，事业单位人事管理的相关法规政策还未加以明确规定。目前，企事业单位用人实行的是合同制，党政机关用人也在逐步推行聘任制。这两项制度意味着，在其岗必获其薪；而不在其岗，则不仅要"停薪"，而且要"去职"。聘用合同管理规定应当明确指出是否保留这些离岗创业人员在离岗期间享受的各项待遇（如编制身份、人事关系、社保缴纳、住房等）以及保留的期限和附加条件等。否则，按照《事业单位人事管理条例》第15条的规定，离岗创业人员将会面临被解聘的风险。

（一）停薪留职人员与再就业单位的法律关系

87. 王某与某医院劳动争议纠纷案[①]

王某与乡医院订立了聘用合同。因乡医院效益不好，2009年开始，王某办理了停薪留职手续。同年，王某到个体某医院工作，双方签订了用工协议，协议仅约定了工作岗位、工资及奖金。

---

① 停薪留职人员再就业后是否与新用人单位形成劳动关系［J］.四川劳动保障，2015（4）；周玉文，付建国.停薪留职再就业，能否享有劳动关系待遇［J］.人民论坛，2014（5）.

2015年2月，王某在某医院因工受伤后，某医院拒绝承担工伤赔偿责任。2015年3月，王某已年满55周岁，在其回原乡医院办理退休手续时才得知，自2009年到某医院工作后，乡医院就停止了为王某缴纳社会保险费，理由是单位只为无工作的停薪留职人员缴纳社会保险费，而王某已在新的用人单位工作。6年多来，某医院未给王某缴纳社会保险费，现在因为王某缴费年限不够，不能按时享受退休养老待遇。

因某医院不给王某补缴养老保险费，王某向当地劳动人事争议仲裁委员会提出仲裁，要求某医院承担工伤保险赔偿责任，补缴6年的养老保险费及支付6个月的经济补偿。

劳动人事争议仲裁委员会认为，王某作为停薪留职职工，虽与原单位保留劳动关系，但原单位规定的只为无工作的停薪留职人员缴纳社会保险费的规定并不为法律所禁止。

王某在退休前，在某医院因工受伤，根据《关于实施〈工伤保险条例〉若干问题的意见》的规定，某医院应承担相应的工伤赔偿责任。

王某未达到退休年龄享受基本养老保险待遇之前，依然是劳动法意义上的适格劳动者。因此，某医院与王某之间形成了劳动关系，而非临时用工关系。

仲裁裁决：某医院为王某补充缴纳在岗期间6年的养老保险费；承担工伤保险赔偿责任，并按王某月工资标准向其支付6个月的经济补偿。

争议焦点

（1）停薪留职人员王某再就业，与某医院之间的法律关系是什么？

按照《最高人民法院关于审理劳动争议案件适用法律问题的解释（一）》（法释〔2020〕26号）第32条第2款规定，企业停薪留职人员、未达到法定退休年龄的内退人员、下岗待岗人员以及企业经营性停产放长假人员，因与新的用人单位发生用工争议而提起诉讼的，人民法院应当按劳动关系处理。

本案中，王某与原乡医院因停薪留职劳动关系被"冻结"后，又与某医院建立新的劳动关系,都是不为法律所禁止的劳动关系,形成双重劳动关系,应同受法律保护。

(2) 某医院是否承担王某的工伤保险赔偿责任?

《关于实施〈工伤保险条例〉若干问题的意见》(劳社部函〔2004〕256号)第1条规定,职工在两个或两个以上用人单位同时就业的,各用人单位应当分别为职工缴纳工伤保险费。职工发生工伤,由职工受到伤害时其工作的单位依法承担工伤保险责任。

本案中,王某2015年2月在某医院因工受伤后,根据《关于实施〈工伤保险条例〉若干问题的意见》(劳社部函〔2004〕256号)的规定,职工发生工伤,由职工受到伤害时其工作的单位依法承担工伤保险责任,某医院应承担王某的工伤保险赔偿责任。

(二) 未签订劳动合同

案例导引

88. 某门诊部与翁某劳动争议案[①]

翁某系某市人民医院的在编人员,自2006年3月起停薪留职,并于2016年7月1日起自行承担应当缴纳的社会保险费用。后翁某于2017年3月到某门诊部上班,该门诊部每月为其发放工资。2018年4月,该门诊部变更经营地址并停业;2018年5月,该门诊部恢复营业后未通知翁某前来上班。

翁某遂向当地劳动人事争议仲裁委员会提起劳动仲裁,要求某门诊部支付未签订书面劳动合同的2倍工资等,仲裁委予以支持。某门诊部不服,诉至法院,请求撤销仲裁裁决,确认其与翁某不存在劳动关系、驳回翁某要求门诊部支付2倍工资差额的请求。

法院认为,自2017年3月起,翁某在某门诊部工作,接受其管理并领取劳动报酬,双方关系符合劳动关系的特征,因此,翁某与该门诊部之间系劳

---

① 2019年扬州法院劳动争议十大典型案例之一。

动关系。而该门诊部未能提供其与翁某的劳动合同,依法应当向翁某支付自用工之日起超过1个月不满1年未与劳动者订立书面劳动合同的2倍工资差额。法院判决某门诊部向翁某支付2倍工资差额。

争议焦点

某门诊部是否应向翁某支付2倍工资差额?

本案中,翁某与用人单位之间存在双重劳动关系,即同一个劳动者同时与两个以上的用人单位建立劳动关系。翁某于2017年3月到某门诊部工作,该门诊部每月为其发放工资,但是该门诊部从未与翁某签订劳动合同,根据《劳动合同法》的规定,某门诊部应向翁某支付自用工之日起超过1个月不满1年未与劳动者订立书面劳动合同的2倍工资差额。

(三)社会保险费缴纳

89. 周某与某中学辞职争议案①

原告周某从1982年8月开始在被告某中学处从事教学工作。1993年3月,原告与被告签订停薪留职协议后未回学校上班,被告分别于2006年8月、2007年10月、2009年12月三次书面通知原告回单位上班,但原告只签收了2006年8月的通知。2006年8月,因单位清理在编不在岗人员,原告周某回校工作1个月左右,后一直未回单位工作,也未与被告解除人事关系,原告与被告人事关系仍然存在。

2008年12月5日,被告在未得到原告授权的情况下,代原告单方面签订了聘用合同,原告未在该聘用合同上签字。原告明确表示不愿意再回原单位工作,被告为原告缴纳养老保险及医疗保险到2009年6月。原告向当地劳动人事争议仲裁委员会申请,要求被告为其缴纳养老保险费、医疗保险费、失

---

① 参见四川省内江市中级人民法院判决,(2016)川10民终340号。

业保险费，裁决不予支持，原告不服仲裁裁决，向法院起诉。一审宣判后，周某不服一审判决，向二审法院提起上诉。

一审法院认为，1993年3月，原告与被告签订停薪留职协议后便未回学校工作；原告于2006年8月因单位清理在编不在岗人员时回单位工作1个月左右，后原告一直未回单位工作。2008年，被告单方签订聘用合同，因原告未签字，该合同无效。现原告自动要求解除与被告的劳动人事用工关系，应视为辞职。

一审法院判决：现原告属于停薪留职人员，原告养老保险单位部分和个人部分应全部由原告自行缴纳，原告要求被告为其缴纳养老保险费的请求，不符合法律规定，法院不予支持。被告10日内为原告缴纳2009年7月至原告与被告双方解除劳动人事用工关系时的医疗保险费和失业保险费。

二审法院认为，双方的纠纷属人事争议，争议焦点是辞职纠纷。人民法院审理人事争议案件的程序运用《劳动法》的相关规定处理，实体处理应当适用人事方面的法律规定。原审判决认定事实清楚，适用法律正确，审判程序合法，依法应予维持。

二审法院判决：驳回上诉，维持原判。

争议焦点

被告某中学是否应为原告周某补缴社会保险费？

根据《人力资源社会保障部关于支持和鼓励事业单位专业技术人员创新创业的指导意见》（人社部规〔2017〕4号）第3条第2款规定，事业单位专业技术人员离岗创业期间依法继续在原单位参加社会保险，工资、医疗等待遇，由各地各部门根据国家和地方有关政策结合实际确定，达到国家规定退休条件的，应当及时办理退休手续。

被告为原告缴纳养老保险及医疗保险到2009年6月，某市某区统一清理在编不在岗人员时，因原告在编不在岗，停发其工资，被告未再为原告购买相关保险。

周某属于停薪留职人员，未在单位工作，故依照人事方面的规定判决养老保险费由周某自行缴纳。医疗保险费和失业保险费由某中学与周某按各自比例缴纳,被告为原告补缴自2009年7月至原告与被告双方解除劳动人事用工关系期间的医疗保险费和失业保险费。

法律责任与后果

《劳动法》第100条规定,用人单位无故不缴纳社会保险费的,由劳动行政部门责令其限期缴纳;逾期不缴的,可以加收滞纳金。

《关于贯彻执行〈劳动法〉若干问题的意见》(劳部发〔1995〕309号)第9条规定,原固定工中经批准的停薪留职人员,愿意回原单位继续工作的,原单位应与其签订劳动合同;不愿回原单位继续工作的,原单位可以与其解除劳动关系。

《关于企业职工要求"停薪留职"问题的通知》(劳人计〔1983〕61号)第3条规定,"停薪留职"的时间一般不超过2年。"停薪留职"期间,不升级,不享受各种津贴、补贴和劳保福利待遇;因病、残而基本丧失劳动能力的,可按退职办法处理;从事非法活动,符合《企业职工奖惩条例》规定的开除条件的,原单位有权按开除处理。

第4条规定,"停薪留职"人员在从事其他有收入的劳动时,原则上应按月向原单位缴纳劳动保险基金,其数额一般不低于本人原标准工资的20%。"停薪留职"期间计算工龄。

第6条规定,"停薪留职"期满,本人愿意回原单位工作的,须在期满前一个月向原单位提出申请,原单位应给予安排适当的工作(已关停的企业由原企业的主管部门负责安排);本人要求辞职的,经单位行政领导同意,可以按辞职处理。"停薪留职"期满后的一个月以内,本人既未要求回原单位工作,又未办理辞职手续的,原单位有权按自动离职处理。

第一,停薪留职期满后的一个月以内,本人既未要求回原单位工作,又未办理辞职手续的,原单位有权按自动离职处理。

第二,如果聘用单位无故不为停薪留职人员缴纳社会保险费的,由劳动行政部门责令其限期缴纳;逾期不缴的,可以加收滞纳金。

📝 **法律风险识别**

第一，聘用单位应该与停薪留职人员签订停薪留职协议，协议中约定停薪留职的时间，一般不超过2年。协议中应约定是否保留这些离岗创业人员在离岗期间享受的各项待遇（如编制身份、人事关系、社保缴纳、住房等）以及保留的期限和附加条件，还应约定聘用单位停发留职人员工资，不支付生活费，社会保险费自行承担。社会保险费自行承担的聘用单位不收管理费，收了管理费的聘用单位应支付停薪留职人员的养老保险费，并报企业主管部门和当地劳动人事部门备案。

第二，停薪留职协议期满后的处理。一是自愿辞职。停薪留职人员不愿续签合同，自愿离开聘用单位，申请辞职。二是愿意续签合同。停薪留职人员期满前1个月向原单位提出申请，聘用单位与其续签合同并安排工作，理顺人事关系；停薪留职人员愿意续签合同，但是聘用单位无法安排工作，应解除人事关系，或等到停薪留职人员达到内退年龄的办理内退，达到法定退休年龄的办理正式退休手续，聘用合同到期的终止合同。

第三，聘用单位与停薪留职人员解除合同，并及时办理相关手续，不需要支付经济补偿。

三、借调

借调产生于20世纪80年代中期计划用工时代，是计划经济的衍生品。一般而言，借调多是借调单位为解决编制不足等紧急情况采取的临时性用工方式。

借调又称为"借用"，是指基于工作需要，由借调人员所在单位作为出借单位，通过与借调单位签订协议，将借调人员暂时借用到借调单位工作的一种特殊用工形式，多见于国有性质的机关或者企事业单位。通常由出借单位和借调单位之间签订借调合同。一般仍由出借单位支付借调人员劳动报酬和福利待遇，但是借调人员要受借调单位的指示和管理。

借调人员与出借单位、借调单位签订一式三份的借调协议，在协议中明确三方的权利和义务关系,特别是要明确借调单位在使用借调人员的过程中应当对其付出的劳动给予相应补偿;如果借调人员的工资福利仍由出借单位支付的话,那么借调单位应当对出借单位进行合理的补偿。同时,应当保护借调人员在借调期间平等的职务晋升机会以及福利工资水平的相应提升。

与停薪留职人员一样,借调人员与《事业单位人事管理条例》的第15条存在严重冲突,借调人员将会面临被解聘的风险。如果不加以特别的规定,那么极有可能无法完全保障借调人员的其他相关权益。

(一)借调关系中劳动关系的认定

90. 帕某借调案①

帕某自1981年到某出版社印刷厂工作,该印刷厂系大集体企业,帕某属于该大集体企业职工。1995年3月,某大学借调帕某到某医科大学工作,双方签订了借调合同。其后,某区卫生厅批复将该印刷厂交由某大学管理,该印刷厂更名为"某大学印刷厂"。1999年4月1日,帕某与印刷厂签订了一份固定期限的劳动合同,时间为1999年4月1日至2000年4月1日。帕某被借用期间,某大学用印刷厂上缴的承包费及出租房屋收入,以印刷厂的名义,为帕某缴纳了养老保险费以及医疗保险费、工伤保险费、失业保险费。另外,帕某的工资由某大学从出租本单位房屋租金收入中予以计发至今,此间,某大学未停发帕某工资。帕某的档案材料在某大学档案室保管。帕某认为,某大学为其发放工资,双方已经形成事实劳动关系,应签订无固定期限劳动合同;其在工作期间发放的工资远远低于其他在职职工的工资。

帕某向当地劳动人事争议仲裁委员会提出仲裁,请求与某大学签订无固定期限劳动合同,并补发少发的工资。仲裁委作出不予支持裁决,帕某不服仲裁裁决向人民法院提起诉讼。

---

① 参见新疆维吾尔自治区乌鲁木齐市中级人民法院判决,(2004)乌中民一终字第2363号。

法院判决：不予支持帕某的诉讼请求。

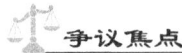 争议焦点

（1）借调中借调人员劳动关系如何认定？

借调法律关系存在三方主体：出借单位、借调单位和借调人员。

两个法律关系：借调人员与出借单位之间的劳动关系、借调人员与借调单位之间的劳务关系。借调人员隶属于出借单位，借调人员和出借单位之间签订劳动合同，借调人员按照出借单位的指示到借调单位工作，借调行为由借调单位和出借单位协商，订立借调合同。借调单位与借调人员之间存在的不是劳动关系，而是劳务关系，但在借调期间受借调单位的管理。借调关系结束后，借调人员应回到出借单位；借调单位与出借单位的关系按照借调协议履行。借调人员"所有权"属于出借单位，"使用权"属于借调单位，形成了一个三方结构。

（2）借调与内部调动如何区分？

内部调动是同一单位内的人事变动，借调与内部调动均属于劳动合同变更的范畴，两者的区别在于借调是企业间的人事变动，内部调动是单个企业内部的人事变动，区分标准为是否在同一用人单位发生人事变动。

 法律责任与后果

《工伤保险条例》第43条第3款规定，职工被借调期间受到工伤事故伤害的，由原用人单位承担工伤保险责任，但原用人单位与借调单位可以约定补偿办法。

认定借调人员与出借单位存在劳动关系，附加了一个"借用期间"或者"借调期间"的前提。只有在借用期间或者借调期间，借调人员才与出借单位存在单一劳动关系，而借用期间或者借调期间一般以借调协议来认定，借调协议约定的期限就是借调期限。

但是，在借调人员、出借单位、借调单位未签订借调协议或者借调协议到期终止后未续签的情况下，把出借单位直接认定为借调人员的用人单位，

是为了避免出现把借调人员与借调单位之间的法律关系确定为劳动关系或者事实劳动关系,从而形成借调人员与出借单位、借调人员与借调单位之间的双重劳动关系。

 法律风险识别

借调作为一种合法的用工形式,实践中发生纠纷的并不多,如果单位长期外借或者借入人员,本身就是一种不正常的用工状态,会带来一系列的问题。又由于缺乏法律法规细化的规定,借调成为一个容易引发纠纷的领域。

在借调纠纷中,借调人员和出借单位是当事人,借调单位是第三人;或者出借单位和借调单位成为共同被告。在实体方面,涉及劳动关系方面的法律责任一般由出借单位承担,而涉及工资福利发放的纠纷一般由出借单位承担或者出借单位与借调单位共同承担连带责任。

(二)出借单位的风险识别

第一,查清借调人员的情况,对借调人员进行统计,并区分情况做出处理。

第二,完善借调人员的相关手续,订立或者续签劳动合同、借用借调协议,明确相关权利和义务及费用的承担,避免因疏忽管理带来的风险,如没有缴纳社会保险费用、未签订劳动合同需要支付双倍工资、解除劳动合同的经济补偿、工伤责任承担等问题。

第三,查清借调人员是否与其存在劳动合同的出借单位发生劳动争议纠纷;出借单位与借调单位约定的借调协议是否清晰,否则,承担全部责任的就是出借单位。

(三)借调单位的风险识别

借调单位需要对借调人员的情况进行统计,明确借调的权利和义务关系,也可以采用权利和义务关系更明确、法律责任更清晰的劳务派遣用工方式。

四、兼职

《事业单位人事管理条例》中没有对事业单位工作人员的兼职行为作出规

定，只有《劳动合同法》中对双重或者多重劳动关系作了规定。

案例导引

91. 王某与某公司劳动争议纠纷案①

2012年，某化工有限责任公司、某大学、某水泥有限责任公司签订《关于合作成立"某公司"的协议》，约定由某大学提供7个高级爆破工程技术人员证、6个中级爆破工程技术人员证。2013年1月16日，某大学向某公司出具一份《某大学关于委派工作人员到某公司任职的函》，委派郭某、胡某、王某等7人到某公司任职，具体岗位及相关要求由公司研究决定。2013年8月29日，某公司注册成立，经营范围包括爆破工程设计施工、安全评估、安全监理一级、爆破技术信息咨询服务，郭某、胡某、王某等的爆破工程技术人员安全作业证也登记在某公司名下。2017年1月至6月，某公司支付王某外聘人员工资18000元。

2017年9月，王某向当地劳动人事争议仲裁委员会申请仲裁，要求解除申请人与被申请人之间的劳动关系，裁决被申请人支付拖欠申请人劳动报酬。仲裁委作出不予受理决定。王某不服仲裁裁决，向人民法院提起诉讼。一审宣判后，王某不服一审判决，向二审法院依法提起上诉。

一审法院认为，某公司提交的《关于合作成立"某公司"的协议》、《某大学关于委派工作人员到某公司任职的函》及某大学工资表证明，王某系某大学教师，由某大学对其进行管理并支付其工资，双方存在劳动关系。

某公司是由某化工有限责任公司、某大学、某水泥有限责任公司签订《关于合作成立"某公司"的协议》后共同出资成立。王某到某公司任职，系由某大学委派，王某等持有的爆破工程技术人员安全作业证登记在某公司名下，也是某大学履行《关于合作成立"某公司"的协议》义务的行为。

王某并不受某公司的管理，也不在某公司工作，只是在某公司有爆破项目时参与项目的设计及管理，双方并不存在劳动关系。现王某要求与某公司

---

① 参见安徽省淮南市中级人民法院判决，(2018) 皖04民终1018号。

解除劳动关系，并要求某公司支付其拖欠的劳动报酬9.6万元及出具终止劳动合同证明，均没有事实和法律依据，法院不予支持。

一审法院判决：驳回原告王某的诉讼请求。

二审法院判决：驳回上诉，维持原判。

 争议焦点

王某与某公司是否存在劳动关系？

王某是某大学教师，其爆破工程技术人员安全作业证虽然登记在某公司名下，但属某大学为了履行《关于合作成立"某公司"的协议》中约定的义务。某大学对王某进行管理并支付工资，某公司曾向王某发放过外聘人员工资1.8万元，但这些不足以证明双方符合劳动关系的基本特征，不能简单地从支付劳动报酬推定双方之间存在劳动关系，王某与某公司之间不存在劳动关系的形式要件和实质要件，不能确定双方之间存在劳动关系。王某是某大学根据协议派驻到某公司的工作人员。

法律责任与后果

《劳动合同法》第39条第4项规定，劳动者有下列情形之一的，用人单位可以解除劳动合同：……（四）劳动者同时与其他用人单位建立劳动关系，对完成本单位的工作任务造成严重影响，或者经用人单位提出，拒不改正的。

第91条规定，用人单位招用与其他用人单位尚未解除或者终止劳动合同的劳动者，给其他用人单位造成损失的，应当承担连带赔偿责任。

中共中央办公厅 国务院办公厅印发《关于实行以增加知识价值为导向分配政策的若干意见》（厅字〔2016〕35号）第6条规定，允许科研人员和教师依法依规适度兼职兼薪。

（一）允许科研人员从事兼职工作获得合法收入。科研人员在履行好岗位职责、完成本职工作的前提下，经所在单位同意，可以到企业和其他科研机构、高校、社会组织等兼职并取得合法报酬。鼓励科研人员公益性兼职，积极参与决策咨询、扶贫济困、科学普及、法律援助和学术组织等活动。科研机构、高校应当规定或与科研人员约定兼职的权利和义务,实行科研人员兼职公示制度,兼职行为不得泄露本单位技术秘密,损害或侵占本单位合法权益,违反承担的社会责任。兼职取得的报酬原则上归个人,建立兼职获得股权及红利等收入的报告制度。担任领导职务的科研人员兼职及取酬,按中央有关规定执行。经所在单位批准,科研人员可以离岗从事科技成果转化等创新创业活动。兼职或离岗创业收入不受本单位绩效工资总量限制,个人须如实将兼职收入报单位备案,按有关规定缴纳个人所得税。

(二)允许高校教师从事多点教学获得合法收入。高校教师经所在单位批准,可开展多点教学并获得报酬。鼓励利用网络平台等多种媒介,推动精品教材和课程等优质教学资源的社会共享,授课教师按照市场机制取得报酬。

当受聘人员出现对完成本单位工作任务造成严重影响,或者年度或者聘期考核不合格的情况,在聘用单位提出后,受聘人员仍拒不改正,那么聘用单位有权要求受聘人员立即停止兼职工作。

法律风险识别

针对受聘人员同时与其他用人单位建立劳动关系的情况,在认可劳动关系的前提下,法律赋予了聘用单位救济权利。

第一,聘用单位需与受聘人员约定兼职的具体时间,避免占用正常工作时间。

第二,受聘人员兼职应利用寒暑假或者国家法定休息日、节假日,原则上不得占用工作时间。

第三,严格请假手续,受聘人员兼职工作需要占用工作时间的,按照聘用单位的规定履行请假手续。

第三节　特聘专家的法律风险识别

国家和地方出台了一系列吸引人才的优惠政策，包括荣誉待遇和物质待遇。例如，在有户籍控制的大城市，事业单位较易获得户口指标。新聘人员或引进人才可能因单位的国有身份和官方影响力获得更多政府或其他组织的资助，可能因进入事业单位获得住房、购房优惠、购房补助及优质房源，还可能在子女上学、家属就业等方面获得政策性优惠待遇。聘用单位应与新聘人员就获得此类优惠和聘用义务与新聘人员进行协商。对于事业单位编外人员和非正式用工，因暂无明确核准程序，其人事关系的建立日期，特聘专家以实际用工之日为准。

一、高层次人才协议的法律性质

案例导引

92. 某工业大学与夏某劳动争议案[①]

2014年3月26日，被告某工业大学在编制外与原告夏某签订高层次人才引进协议，约定原告夏某岗位为轻工学部制药工程学科教授，聘期5年。

2018年1月10日，某工业大学人事处根据其党委常委会审定意见发布："千人计划"专家夏某，因其2015年、2016年连续2年年度考核结果为基本合格，故经校特聘高层次人才考核结果论证专家组论证，认定其期中考核结果为不合格。将考核结果告知夏某后，某工业大学从2018年2月起按100000元/年标准向夏某发放工资，双方就变更协议事宜进行协商，未能就变更协议事宜达成一致意见。2018年10月24日，某工业大学人事处就拟解除与夏某聘用合同相关事宜向校领导征求意见。经校领导批示同意，某工业大学于

---

① 参见湖北省武汉市洪山区人民法院判决，（2019）鄂0111民初3524号。

2018年10月31日作出《关于解除聘用合同的通知》。被告某工业大学自2018年10月起未再向原告夏某支付工资。

2018年11月23日，夏某为主张拖欠的工资及经济赔偿事由向当地劳动人事争议仲裁委员会申请仲裁，该仲裁委作出仲裁裁决，要求某工业大学支付工资差额及赔偿金。夏某不服该裁决，向人民法院提起诉讼。

法院认为，原告夏某是被告某工业大学事业单位编制外聘用人员，从原告夏某与被告某工业大学签订的协议可以看出，原告与被告之间符合劳动关系成立的情形，该协议应视为劳动合同。2018年11月5日，被告向原告送达《关于解除聘用合同的通知》，双方解除劳动关系。原告与被告协商一致可以变更劳动合同内容，但在被告某工业大学未与原告夏某协商一致的情况下降低了夏某的工资待遇，不符合法律规定，差额部分应予补足。某工业大学解除协议不符合法律规定，应支付违法解除劳动合同的赔偿金。

法院判决：某工业大学于本判决生效之日起5日内支付夏某工资差额及违法解除劳动合同的赔偿金。

争议焦点

某工业大学解除与夏某劳动合同的行为，是否属于违法解除劳动合同？

根据《劳动合同法》第40条第2款规定，有下列情形之一的，用人单位提前30日以书面形式通知劳动者本人或者额外支付劳动者1个月工资后，可以解除劳动合同：……（二）劳动者不能胜任工作，经过培训或者调整工作岗位，仍不能胜任工作的。

某工业大学与夏某在协议中约定考核合格与否作为继续履行协议的条件，实际约定的是夏某能否胜任某工业大学安排的工作。某工业大学以此作为解除与夏某劳动合同的条件，不符合《劳动合同法》的要求。在双方没有协商一致的情况下，某工业大学解除与夏某的协议不符合法律规定，属于违法解除劳动合同，应支付赔偿金。

二、住房补贴

93. 朱某与某医院劳动争议案[①]

2017年9月28日，朱某与某医院签订特聘教授（B类）聘用合同，约定服务期为2017年3月1日至2027年2月28日。若朱某违约还需退还某医院提供的住房、安家费、图书、仪器设备，结清借款等经费。合同签订后，某医院按照约定向朱某支付了40万元购房补贴。

2019年10月10日，朱某向某医院提出辞职申请。2019年12月3日，朱某填写辞职申请表，称因用人单位无法匹配本人特聘教授及江苏特聘医学专家各项条件，提出辞职。某医院同意朱某辞职，要求其退回购房补贴40万元，朱某要求某医院支付购房补贴12万元，双方协商不一致，发生争议。朱某向当地劳动人事争议仲裁委员会提出仲裁，因不服裁决，向人民法院提起诉讼。一审宣判后，朱某不服一审判决，向二审法院提起上诉。

一审法院认为，朱某因个人原因向某医院提出辞职，符合《劳动合同法》规定，劳动者提前30日以书面形式通知用人单位，可以解除劳动合同。朱某在2019年10月10日提出辞职，于2019年12月3日办理辞职手续，符合法律规定，故双方的劳动合同应自2019年12月3日解除。

本案中，朱某并无证据证明某医院存在违约情形，相反，根据其提供的辞职申请可以发现其系个人原因离职，某医院并无违约情形。故朱某应当按照约定返还40万元购房补贴。剩余每年4万元购房补贴，某医院并未实际发放，朱某也无权向某医院主张。

一审法院判决：朱某于本判决生效后10日内返还某医院购房补贴40万元。

二审法院认为，朱某因个人原因提前与某医院解除聘用合同，构成违约。

[①] 参见江苏省镇江市中级人民法院判决，（2021）苏11民终649号。

朱某主张某医院支付其购房补贴12万元的问题，因朱某提前解除聘用合同的行为已构成违约，根据聘用合同的约定，朱某应当退还购房补贴，朱某在离职后主张某医院补发未发放的购房补贴，不符合合同约定，本院不予支持。朱某的上诉请求不能成立，应予驳回；一审判决认定事实清楚，适用法律正确，应予维持。

二审法院判决：驳回上诉，维持原判。

争议焦点

朱某是否应退还某医院购房补贴40万元，并要求某医院支付其购房补贴12万元？

根据聘用合同约定：若乙方（朱某）违约还需退还甲方（某医院）提供的住房、安家费、图书、仪器设备，结清借款等经费；根据上述约定，如朱某服务期未满，则构成违约。而朱某是在服务期内向某医院提出辞职的，违反了双方签订特聘教授（B类）聘用合同中关于服务期的约定，应承担相应的违约责任。

双方签订的聘用合同中约定的违约责任，应当包含退还购房补贴的意思表示。双方当事人未对购房补贴与安家费进行区分，在主观上均认为两者为同一概念，双方约定的违约责任包括退还购房补贴。朱某作为特聘教授，除40万元的购房补贴外没有安家费，所以，双方约定的退还安家费应理解为退还包括购房补贴在内的所有住房费用。

关于朱某主张某医院支付其购房补贴12万元的问题，因朱某提前解除聘用合同的行为已构成违约，根据双方约定，朱某应当退还购房补贴。朱某在离职后主张某医院补发未发放的购房补贴，不符合合同约定。

法律责任与后果

《劳动合同法》第87条规定，用人单位违反本法规定解除或者终止劳动合同，应当依照本法第47条规定的经济补偿标准的2倍向劳动者支付赔偿金。

《劳动合同法实施条例》第 25 条规定，用人单位违反劳动合同法的规定解除或者终止劳动合同，依照劳动合同法第 87 条规定支付了赔偿金的，不再支付经济补偿。赔偿金的计算年限自用工之日起计算。

聘用单位解除劳动合同的理由、程序、证据不符合法律规定，属于违法解除劳动合同，因而应当支付赔偿金，即 2 倍经济补偿。

聘用单位在违法解除劳动合同时，如果已经向劳动者支付了赔偿金，就不必再向劳动者支付经济补偿。

法律风险识别

聘用单位依据《劳动合同法》第 40 条规定，解除与劳动者之间的劳动合同，但没有提前 30 日通知劳动者，也未支付 1 个月的代通知金，此情形构成违法解除。

经济补偿是聘用单位在依法解除劳动合同的情况下，根据法律规定支付给劳动者的补偿。而赔偿金是基于聘用单位违法解除劳动合同而对劳动者作出的赔偿，二者的性质和支付条件不同，不存在同时支付的情况。

代通知金是聘用单位在合法解除劳动合同的情形下支付给受聘人员的；在违法解除劳动合同的情形下，聘用单位不需要支付代通知金，只需要支付赔偿金。

第四节　退休返聘人员的法律风险识别

聘用单位不仅与受聘人员签订聘用合同、与编制外人员签订劳动合同，还会因某些特殊业务的出现，在此种情况下，形成劳务关系。

劳务关系，是指劳务提供者向劳务受领者提供一次性或者是特定的劳务服务，是劳务受领者依约定向劳务提供者支付劳务报酬的一种有偿服务协议，属于民法调整的范畴。劳务关系是由两个或者两个以上的平等主体，通过劳务合同建立的一种民事权利义务关系。该合同既可以是书面形式，也可以是口头形式,还可以是其他形式。

劳动关系与劳务关系在法律上存在重大差异,聘用单位在用工时一定要区分这两种用工形式,在选择劳动关系或者劳务关系时,一定要注意两种不同用工要素,做好相应的防范措施。

一、退休人员返聘合同法律性质

94. 倪某与某技术学校返聘合同纠纷案①

2006年9月,原告倪某开始按月享受小城镇养老保险待遇。2010年7月7日,原告与被告某技术学校协商聘用事宜。2010年7月9日,双方签订聘用合同,合同约定,原告受聘于被告后勤部门从事后勤卫生及夜值班工作,合同期为1年,自2010年7月7日至2011年7月6日。其中,试用期为3个月,日工作时间为8小时(不含夜值班);工资每月为1200元(夜间值班600元,其他工作600元);法定节假日享受一定的福利待遇。合同到期后,双方虽未续签合同,但一致同意原告延续1年。2011年8月,经原告与被告协商一致,原告同意为连同其本人在内的10名教职员工烧制午饭,报酬每月增加600元。2012年7月,双方解除合同。

2012年7月9日,原告向当地劳动人事争议仲裁委员会递交申请,请求被告支付最低工资差额、双休日加班工资和法定节假日加班工资等。仲裁委作出不予受理决定。原告向人民法院提起诉讼。

法院认为,被告某技术学校已经按照合同的约定,向倪某支付了相应报酬并给予一定的福利待遇,原告倪某要求按照《劳动法》的规定享受最低工资待遇、双休日加班工资待遇以及法定节假日加班工资待遇的请求于法无据,本院不予支持。

法院判决:驳回原告诉讼请求。

---

① 参见上海市浦东新区人民法院判决,(2012)浦民一(民)初字第24572号。

争议焦点

（1）在返聘期间，倪某与某技术学校之间的法律关系是什么？

《最高人民法院关于审理劳动争议案件适用法律问题的解释（一）》（法释〔2020〕26号）第32条第1款规定，用人单位与其招用的已经依法享受养老保险待遇或领取退休金的人员发生用工争议而提起诉讼的，人民法院应当按劳务关系处理。原告已于2006年9月起按月享受小城镇养老保险待遇，故原告、被告之间发生的用工争议应按劳务关系处理，原告、被告之间签订的聘用合同是双方协商一致的结果，该民事法律行为从成立时起即具法律约束力，双方的争议不属于《劳动法》调整范畴，应受劳务合同的约束。

（2）劳务关系与劳动关系的区别是什么？

第一，主体资格不同。劳务合同的双方一般是在法人之间、自然人之间、组织之间及其相互之间产生，劳务合同的双方主体可以都是自然人；劳动合同的主体一方只能是法人或者组织，即用人单位，另一方则应当是劳动者个人，劳动合同的主体不能同时都是自然人。

第二，主体性质及其关系不同。劳务合同的双方主体之间只存在财产关系，双方之间无从属性，不存在人身隶属关系，一方提供劳务服务，另一方支付劳务报酬，各自独立、地位平等；劳动合同的双方主体之间不仅存在财产关系，还存在人身关系。劳动者除提供劳动之外，还要接受用人单位的管理，服从用人单位安排，遵守规章制度。

第三，支付待遇性质不同。因劳务合同获得的报酬，按照等价有偿的市场原则支付，完全由双方当事人协商确定，一般只获得一次性的等价劳务费用，没有福利待遇、保险等；因劳动合同的履行而获得的报酬，具有工资性质，体现按劳分配原则，不完全随着市场供求情况变动，支付形式是一种持续性、定期的方式，劳动者除了获得工资报酬外，还可以享受福利待遇、保险等。

第四，当事人权利义务不同。劳务关系中，接受劳务的一方可以不承担提供劳务一方的社会保险。劳动合同的履行贯穿着国家的干预，为了保护劳动者，劳动法律规范对用人单位强制性地规定了许多义务，如必须为劳动者缴纳社会保险、用人单位支付劳动者的工资不得低于当地政府规定的最低工资标准等，这些必须履行的法定义务，不得协商变更。

第五，适用法律不同。劳务合同主要适用于《民法典（合同编）》民事法律的调整，劳动合同则适用于《劳动法》《劳动合同法》及相关法律法规规范。

第六，纠纷解决途径不同。因劳务关系发生争议后，当事人可以协商解决，也可以直接诉至法院，不需要先经过劳动仲裁程序。因劳动关系发生的争议，必须先经过劳动争议仲裁委员会的仲裁，劳动仲裁是民事诉讼的前置程序，未经仲裁不得诉讼。

第七，违反合同产生的法律后果不同。劳务合同产生的责任只有民事责任——违约责任和侵权责任；劳动合同产生的责任，不仅有民事责任、行政责任，还有刑事责任。

二、返聘人员劳动报酬标准

95. 王某与某医院离退休人员返聘合同纠纷案①

2007年2月12日，被告某医院（甲方）与原告王某（乙方）签订聘任书，约定：甲方某医院聘乙方王某为某医院院长，王某同意并接受聘任，甲方全权委托王某行使院长职责经营管理医院，主持医院的全部工作；聘任期限5年；本聘任合同自签字之日起生效。同日，双方另签订聘任补充协议，就王某在聘期内的工资待遇及双方的其他权利、义务进行了约定。聘期届满后，双方未续签协议。

王某主张其作为院长经营管理医院至今并非基于聘任书和聘任补充协议，而是某医院的出资人和举办者。某医院的法定代表人是武某。

---

① 参见北京市第二中级人民法院判决，（2014）二中民终字第08841号。

2012年，在某医院诉王某离退休人员返聘合同纠纷案中，判决书中认定：2012年2月12日，王某与某医院的聘任期限已届满，因双方此后未续签聘任协议，应视为双方的聘任协议因期限届满而终止。

2013年，武某将某医院、王某以出资人权益确认纠纷诉至法院，请求确认其出资人资格，该判决认定王某、武某均为某医院的出资人，且各享有一半的出资份额，并判决武某为某医院的出资人，享有资产支配、重大决策以及选择管理者的权利。

王某向当地劳动人事争议仲裁委员会提起仲裁，诉请某医院支付2013年3月至8月的工资，仲裁委不予支持，王某向人民法院提起诉讼。一审宣判后，王某不服一审判决，向二审法院提起上诉。

一审法院认为，王某与某医院的聘任协议已于2012年2月12日到期，此后双方未再续签协议，故双方的聘任合同因期限届满而终止。生效判决已经确认武某为某医院的出资人，享有资产支配、重大决策以及选择管理者的权利。现武某不认可王某在聘期届满后经营管理医院的行为，故王某在聘期届满后与某医院之间并未形成劳务关系，其要求某医院支付工资，法院不予支持。

一审法院判决：驳回王某的诉讼请求。

二审法院判决：驳回上诉，维持原判。

争议焦点

返聘人员的工资待遇如何确定？

退休返聘人员与再就业单位之间不属于劳动关系，退休返聘人员原则上不适用劳动法律法规对劳动报酬的规定，具体劳动报酬标准在双方之间签订的劳务合同中约定，在协议中要明确劳动报酬的数额、发放时间以及发放方式。

三、返聘中工伤保险责任承担

96. 朱某与甲公司、乙公司返聘合同纠纷案①

朱某于 2007 年 7 月退休，并依法享受养老待遇。2009 年 2 月 26 日，朱某与甲公司订立劳务工聘用协议，主要约定：甲公司因公司业务工作需要，聘朱某为劳务工至乙公司驾驶员岗位工作；聘用期限为 2009 年 3 月 1 日至 2010 年 12 月 31 日，其中，2009 年 3 月 1 日至 2009 年 3 月 31 日为试用期；朱某在聘用期间，工资不得低于××市规定的最低工资标准。

根据上述协议，朱某自 2009 年 3 月 1 日起由甲公司安排至乙公司工作，担任驾驶员。甲公司每月 31 日以银行转账形式支付朱某当月全月工资。

2009 年 7 月 23 日，朱某发生事故伤害，并于同日入院治疗。2009 年 8 月 6 日，朱某出院。此后，朱某未再至乙公司上班。

2009 年 9 月 25 日，××市××区人力资源和社会保障局出具工伤认定书，认定朱某所受事故伤害属于工伤。2010 年 12 月 10 日，××区劳动能力鉴定委员会出具鉴定结论，鉴定结论为朱某因工致残程度九级。

双方劳务合同于 2010 年 12 月 31 日到期终止。2011 年 1 月 7 日，甲公司向朱某寄出书面通知，告知双方签订的劳务合同已于 2010 年 12 月 31 日届满到期，因用工单位通知不再留用，故不再续签劳务合同，请接到通知后 1 周内办理相关离职费用清算手续。朱某于次日收到该通知。

2011 年 3 月 10 日，朱某向当地劳动人事争议仲裁委员会申请仲裁，要求甲公司和乙公司支付护理费、一次性伤残补助金、一次性工伤医疗补助金和伤残就业补助金。仲裁委仲裁裁决：裁决甲公司应在裁决生效之日起 7 日内支付朱某一次性伤残补助金、一次性工伤医疗补助金和伤残就业补助金，不

---

① 参见上海市徐汇区人民法院判决，(2011) 徐民一 (民) 初字第 4760 号；上海市第一中级人民法院判决，(2011) 沪一中民三 (民) 终字第 2263 号。

支持护理费。朱某不服仲裁裁决，向人民法院提起诉讼。一审宣判后，朱某不服一审判决，向二审法院提起上诉。

一审法院认为，朱某于2009年7月23日发生的事故伤害被认定为工伤，并被鉴定为因工致残程度九级。《中央组织部、中央宣传部、中央统战部、人事部、科技部、劳动保障部、解放军总政部、中国科协关于进一步发挥离退休专业技术人员作用的意见》（中办发〔2005〕9号）第4条第2款规定，离退休专业技术人员受聘工作期间，因工作发生职业伤害的，应由聘用单位参照工伤保险的相关待遇标准妥善处理。据此，甲公司应依法向朱某支付因工致残程度九级的工伤保险待遇，朱某要求乙公司承担连带责任，于法无据，本院不予采纳。

关于护理费的争议，朱某主张支出护理费，并为此提供了收据作为证据。本院对该份证据的真实性和证明力均不予确认。故朱某的该项主张，依据不足，本院难以采信。

一审法院判决：被告甲公司于本判决生效之日起7日内支付一次性伤残补助金、一次性工伤医疗补助金和伤残就业补助金，驳回原告朱某的其余诉讼请求。

二审法院认为，根据法律规定，用人单位聘用的退休人员发生工伤的，由用人单位参照规定支付其工伤保险待遇。本案中，被上诉人甲公司应依法向上诉人朱某支付因工致残程度九级的工伤保险待遇，上诉人朱某再要求被上诉人乙公司承担连带责任，于法无据，本院不予支持。综上所述，原审法院的判决事实清楚，适用法律正确，本院予以维持。

二审法院判决：驳回上诉，维持原判。

争议焦点

用人单位聘用的退休人员发生工伤，谁是承担工伤责任的主体？

离退休专业技术人员受聘工作期间，因工作发生职业伤害的，应由聘用单位参照工伤保险的相关待遇标准妥善处理；因工作发生职业伤害与聘用单位发生争议的，可通过民事诉讼处理；与聘用单位之间因履行聘用合同发生争议的，可通过人事或劳动争议仲裁渠道解决。有条件的聘用单位，在符合有关规定的情况下，可为聘请的离退休专业技术人员购买聘期内的人身意外伤害保险。各聘用单位要关心离退休专业技术人员的身体健康，从工作需要和他们的实际情况出发，聘请他们从事力所能及的工作。

劳动者达到法定退休年龄，劳动合同终止，双方之间是劳务关系，用人单位是否需要承担工伤责任，各地司法实践不尽一致，针对此情况的规定也不一致。

本案中，2009年2月26日，朱某与甲公司订立劳务工聘用协议，甲公司是用人单位，双方之间劳务关系成立。朱某已经退休，并且享受领取养老保险待遇。根据《人力资源社会保障部关于执行〈工伤保险条例〉若干问题的意见（二）》（人社部发〔2016〕29号）第2条第2款规定，用人单位招用已经达到、超过法定退休年龄或已经领取城镇职工基本养老保险待遇的人员，在用工期间因工作原因受到事故伤害或患职业病的，如招用单位已按项目参保等方式为其缴纳工伤保险费的，应适用《工伤保险条例》。如果甲公司已按项目参保等方式为朱某缴纳工伤保险费，则适用《工伤保险条例》；如果甲公司没有按照项目参保等方式为朱某缴纳工伤保险费，则朱某不能享受工伤保险待遇。

法律责任与后果

《关于实行劳动合同制度若干问题的通知》（劳部发〔1996〕354号）第13条规定，已享受养老保险待遇的离退休人员被再次聘用时，用人单位应与其签订书面协议，明确聘用期内的工作内容、报酬、医疗、劳动待遇等权利和义务。

劳动部办公厅对《关于实行劳动合同制度若干问题的请示》于1997年的复函中（劳办发〔1997〕88号）第2项规定，关于离退休人员的再次聘用问题。各地应采取适当的调控措施，优先解决适龄劳动者的就业和再就业问题。对被再次聘用的已享受养老保险待遇的离退休人员，根据劳动部《关于实行劳动合同制度若干问题的通知》（劳部发〔1996〕354号）第13条的规定，其聘用协议可以明确工作内容、报酬、医疗、劳动保护待遇等权利、义务。离退休人员与用人单位应当按照聘用协议的约定履行义务，聘用协议约定提前解除书面协议的，应当按照双方约定办理，未约定的，应当协商解决。离退休人员聘用协议的解除不能依据《劳动法》第28条执行。离退休人员与用人单位发生争议，如果属于劳动争议仲裁委员会受案范围的，劳动争议仲裁委员会应予受理。

《人力资源社会保障部关于执行〈工伤保险条例〉若干问题的意见（二）》（人社部发〔2016〕29号）第2条规定，达到或超过法定退休年龄，但未办理退休手续或者未依法享受城镇职工基本养老保险待遇，继续在原用人单位工作期间受到事故伤害或患职业病的，用人单位依法承担工伤保险责任。

用人单位招用已经达到、超过法定退休年龄或已经领取城镇职工基本养老保险待遇的人员，在用工期间因工作原因受到事故伤害或患职业病的，如招用单位已按项目参保等方式为其缴纳工伤保险费的，应适用《工伤保险条例》。

《最高人民法院关于审理劳动争议案件适用法律问题的解释（一）》（法释〔2020〕26号）第32条第1款规定，用人单位与其招用的已经依法享受养老保险待遇或者领取退休金的人员发生用工争议而提起诉讼的，人民法院应当按劳务关系处理。

第一，要合理确定退休返聘协议的期限。用人单位可以根据工作紧要程度来决定具体期限，期满后再根据退休返聘人员身体条件状况、用人单位的工作情况以及退休返聘人员的工作业绩等方面的情况综合考量而决定是否续聘。

第二，要合理约定双方的权利、义务。双方可以通过协商约定劳动报酬支付的相关事项，也可以就是否支付退休返聘人员加班费、加班费的支付标准、支付时间以及退休返聘人员年休假等问题做出约定。

第三，聘用单位与离退休人员解除聘用协议，聘用单位不需要支付经济补偿。

法律风险识别

劳动关系与劳务关系在法律上存在重大差异，聘用单位在用工时一定要区分这两种用工形式。如果聘用单位不能正确区分劳动关系和劳务关系，就不能在用工过程中进行防范。如果没有提前对双方权利和义务作出明确约定，就会因认识不同引发劳动争议，导致聘用单位承担法律责任。

第一，聘用单位应审查劳动者的年龄，确定劳动者是否已经达到或者超过法定退休年龄。对于达到或者超过法定退休年龄的人员，聘用单位应该慎重决定是否聘用，如果必须聘用，则可以与其签订退休返聘协议。同时，要审查劳动者是否开始享受养老保险待遇。聘用单位应尽可能地等劳动者办理了退休手续、开始享受养老保险待遇之后再和其签订退休返聘协议，以避免现行相关法律规定模糊导致的用工风险，并应针对劳动关系、劳务关系的不同特点，做好风险防范工作，以免发生争议。

第二，为了避免无法缴纳工伤保险而导致的风险，用人单位可以购买商业保险。用人单位以退休返聘人员为被保险人，购买雇主责任险，雇主责任险的受益人为用人单位。这样，用人单位在对退休返聘人员赔偿之后，可以通过雇主责任险获得一定补偿，从而避免相应的赔偿风险。

第五节　外教专家的法律风险识别

涉外劳动关系，是指劳动关系的主体、客体、内容之一具有涉外因素时的劳动关系。与国内劳动关系相比，涉外劳动关系较为复杂。

本节涉外劳动关系主要是指中国用人单位雇用外国人在中国工作的情况，即劳动合同履行地在国内的涉外劳动法律关系。根据"属地管辖原则"，这类涉外劳动关系受中国法律的管辖，既应遵循中国劳动法律法规的一般规定，还应符合相关法律法规的特殊要求。

根据《劳动法》《劳动合同法》的规定，只有在我国境内的用人单位与劳动者之间形成的劳动关系才受我国劳动法律法规的规范,即只有中国境内的用人单位依法与外国人之间形成的劳动关系才受我国劳动法律法规的规范。

97. 某大学劳务纠纷案[①]

2004年8月16日,由甲高等专科学校为A方、原告白某(Chris Pratt)为B方签订了一份合同,约定甲高等专科学校聘请白某为该校外籍英语老师,校方为白某提供必要的工作生活条件,校方从2004年8月16日到2005年2月15日按时为白某提供工资,白某应遵守中国法律及校方安排的相关事宜等。除此,双方还约定了违约金方式,即一方不履行合同义务,应当向另一方支付300美元的违约金。双方当事人发生合同纠纷如调解无效,可向国家外国专家局设立的外国文教专家事务仲裁机构申请仲裁。在此合同签订期间,某市某公安局向白某出具了一份公安行政处罚决定书,查明白某在华非法居留,限其于2004年9月3日缴纳罚款。

2005年4月2日,被告某大学与白某签订合同,聘请白某为外籍教师,合同期限为2005年4月1日至2005年6月30日。关于违约金双方还约定如一方违反合同义务,应当向另一方支付500~2000美元的违约金。附件为合同不可分割的一部分,与合同具有同等效力,自双方签字之日起生效,合同期满即自行失效。如果双方当事人发生合同纠纷,可向国家外国专家局设立的外国文教专家事务仲裁机构申请仲裁。该校已支付白某2005年2月工资。

2004年5月13日,乙工程学院、甲高等专科学校合并组建某大学,同时撤销乙工程学院、甲高等专科学校建制。

根据河南省外国专家证办理须知规定,外国专家证由聘请专家单位代办。当事人因合同到期、解聘等原因离职,聘用单位应将外国专家证交还发证机关,并办理居留注销手续。

[①] 参见河南省郑州市中级人民法院判决,(2008)郑民三初字第338号;河南省高级人民法院判决,(2010)豫法民三终字第116号。

经询问国家外国专家局的相关人员称由其设立的外国文教专家事务仲裁机构早已撤销。

原告、被告因劳动报酬数额发生争议，白某请求法院判决某大学支付相关费用。一审宣判后，白某不服一审判决，向二审法院提起上诉。

一审法院认为，某大学在成立后应对成立前两所学校的权利和义务予以承继。对于甲高等专科学校作为A方、白某外籍教师作为B方于2004年8月16日签订的合同，系当事人的真实意思表示，且不违反国家法律、行政法规的强制性规定，为有效合同。依据《外国人在中国就业管理规定》，外籍教师在华任教需先办理外国专家证后才能在××市公安局出入境管理处办理外国居留许可证，并且外国专家证由聘请专家单位代办。在该合同履行期间，由于白某的签证过期，无法办理外国专家证和外国居留许可证。现合同双方当事人对该份合同已履行完毕均没有异议。对于校方未及时给白某办理外国专家证和外国居留许可证，致使白某签证到期及再次入境时支出的相关费用，校方应承担相应的赔偿责任。

白某与某大学于2005年3月7日达成口头协议，将合同期限欲持续到8月15日，由于没有任何相关证据证明签订了该份合同，故对白某所述，本院不予支持。

双方于2005年4月2日签订的自2005年4月1日至2005年6月30日的合同，因双方当事人在该份合同下均有签名或印章予以确认，系其双方当事人的真实意思表示，并不违反国家法律、行政法规的相关规定，为有效合同。由于该份合同已履行完毕，某大学有依照该份合同项下给付白某相关费用的义务，白某也有接受相关费用的权利。

一审法院判决：被告某大学于本判决生效后10日内支付原告白某相关费用。

二审法院认为，对于白某来华就业签证过期是不是某大学违约造成的问题，某大学在告知白某通信地址后，应及时查收邮件，由于自身管理方面的原因，其对白某签证到期负有一定责任，应对白某再次出入境时支出的相关费用承担相应的赔偿责任；由于白某在发出邮件后，未能及时告知某大学，对造成签证到期也有过错,应承担相应责任。所以,白某请求部分成立,对该部分上诉请求本院予以支持。原审判决认定事实清楚,适用法律正确,但实体处理不妥之处,应予纠正。

二审法院判决:变更被告某大学于本判决生效后10日内支付原告白某相关费用的数额。

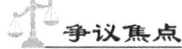
争议焦点

外教与高校之间是劳务关系还是劳动关系?

劳动部、公安部、外交部、外经贸部联合发布的《外国人在中国就业管理规定》第17条规定,用人单位与被聘用的外国人应依法订立劳动合同。劳动合同的期限最长不得超过5年。劳动合同期限届满即行终止,但按本规定第19条的规定履行审批手续后可以续订。

《外国人在中国就业管理规定》要求用人单位与被聘用的外国人"应"依法订立劳动合同,而不是"可以",没有选择和变通的余地。该规定适用于所有在中国境内依法从事社会劳动并获取劳动报酬、没有取得定居权的外国人,包括高校的外教。所以,外教与高校之间签订的聘用合同应被认定为劳动关系。

根据《国家外国专家局关于印发〈外国文教专家聘用合同管理规定〉的通知》(外专发〔2011〕118号)第7条规定,聘用外国文教专家应当订立书面聘用合同。所以,高校与外教之间要签订书面聘用合同。

第8条第1款规定,订立书面聘用合同是外国文教专家办理来华工作手续的必要条件。

第15条规定,聘用单位发生合并或者分立等情况,原聘用合同继续有效,由承继其权利和义务的聘用单位继续履行。

本案中,乙工程学院、甲高等专科学校合并组建某大学,某大学在成立后应对成立前两所学校的权利和义务予以承继。白某与某大学签订的原合同有效,继续履行。用人单位与被聘用的外国人应依法订立劳动合同。按照《外国专家来华工作许可办理规定》,申请办理外教的外国专家来华工作许可需提交与聘请单位订立的由国家外国专家局统一印制的标准聘用合同。因此，国家外国专家局推荐参考使用的《外国文教专家聘用合同》就成为申请外国专家来华工作许可必须使用的合同，也是外国文教专家办理来华工作手续的必要条件。

 法律责任与后果

《最高人民法院关于审理劳动争议案件适用法律问题的解释（一）》（法释〔2020〕26号）第33条，外国人、无国籍人未依法取得就业证件即与中华人民共和国境内的用人单位签订劳动合同，当事人请求确认与用人单位存在劳动关系的，人民法院不予支持。

持有外国专家证并取得外国人来华工作许可证的外国人，与中华人民共和国境内的用人单位建立用工关系的，可以认定为劳动关系。

《在中国境内就业的外国人参加社会保险暂行办法》第3条第1款规定，在中国境内依法注册或者登记的企业、事业单位、社会团体、民办非企业单位、基金会、律师事务所、会计师事务所等组织（以下称"用人单位"）依法招用的外国人，应当依法参加职工基本养老保险、职工基本医疗保险、工伤保险、失业保险和生育保险，由用人单位和本人按照规定缴纳社会保险费。

第11条规定，社会保险行政部门应当按照社会保险法的规定，对外国人参加社会保险的情况进行监督检查。用人单位或者境内工作单位未依法为招用的外国人办理社会保险登记或者未依法为其缴纳社会保险费的，按照社会保险法、《劳动保障监察条例》等法律、行政法规和有关规章的规定处理。

用人单位招用未依法办理就业证件或者持有《外国人永久居留证》的外国人的，按照《外国人在中国就业管理规定》处理。

《外国人在中国就业管理规定》第5条规定，用人单位聘用外国人须为该外国人申请就业许可，经获准并取得《中华人民共和国外国人就业许可证书》（以下简称"许可证"）后方可聘用。

第17条规定，用人单位与被聘用的外国人应依法订立劳动合同。劳动合同的期限最长不得超过5年。劳动合同期限届满即行终止，但按本规定第19

条的规定履行审批手续后可以续订。

第 20 条规定，被聘用的外国人与用人单位的劳动合同被解除后，该用人单位应及时报告劳动、公安部门，交还该外国人的就业证和居留证件，并到公安机关办理出境手续。

第 21 条规定，用人单位支付所聘用外国人的工资不得低于当地最低工资标准。

第 27 条规定，对违反本规定未申领就业证擅自就业的外国人和未办理许可证书擅自聘用外国人的用人单位，由公安机关按《中华人民共和国外国人入境出境管理法实施细则》第 44 条处理。

法律风险识别

第一，聘用单位支付聘用外籍人员的工资不得低于当地最低工资标准。

第二，聘用单位应该与外籍人员签订劳动合同。无固定期限劳动合同的规定不适用于外籍人员。聘用单位与外籍人员签订劳动合同的期限最长不得超过 5 年，合同期限届满，劳动合同即行终止，就业证也同时失效。如果双方需要续订劳动合同，则应履行相应的程序规定，先向原办证机关提出申请，经批准办理就业证延期手续后，续订劳动合同。

第三，劳动行政部门对外籍人员就业证实行年检。聘用单位聘用外籍人员就业每满 1 年，应在期满前 30 日内到劳动行政部门发证机关为聘用的外籍人员办理就业证年检手续。逾期未办的，就业证自行失效。

第四，聘用单位与外籍人员解除劳动合同后，聘用单位还应及时向劳动行政部门、公安部门报告，并交还该外籍人员的就业证和居留证件。

10

第十章

人事争议处理的法律风险识别

第十章 人事争议处理的法律风险识别

在聘用合同签订、履行和解除过程中，聘用单位与受聘人员会因为各种原因发生纠纷，从而形成人事争议。

根据《中共中央、国务院关于分类推进事业单位改革的指导意见》，按照社会功能将现有事业单位划分为行政职能、从事生产经营活动或者从事公益服务三个类别。对承担行政职能的事业单位，逐步将其行政职能划归行政机关或者转为行政机构；对从事生产经营活动的事业单位，逐步将其转为企业；对从事公益服务的事业单位，继续将其保留在事业单位序列，强化其公益属性。事业单位一般是国家设置的、带有一定公益性质的机构，但不属于政府机构，其工作人员与公务员不同。根据国家事业单位分类改革精神，事业单位不再分为全额拨款事业单位、差额拨款事业单位，而是分为公益一类事业单位、公益二类事业单位，还新兴了利用国有资产举办的事业单位和社会资本举办的事业单位，是国家不拨款的事业单位。

在我国，公立大学、公立医院、公立科研机构等事业单位发生的人事争议，和实行企业化管理的事业单位与劳动者发生的劳动争议有着本质区别。

《劳动合同法》第96条规定，事业单位与实行聘用制的工作人员订立、履行、变更、解除或者终止劳动合同，法律、行政法规或者国务院另有规定的，依照其规定；未作规定的，依照本法有关规定执行。《劳动争议调解仲裁法》第52条规定，事业单位实行聘用制的工作人员与本单位发生劳动争议的，依照本法执行；法律、行政法规或者国务院另有规定的，依照其规定。

在法律适用方面，仲裁程序法上，人事争议仲裁和劳动争议仲裁原则上均统一适用《劳动争议调解仲裁法》；实体上，人事争议的实体处理应当适用人事方面的法律规定，但涉及事业单位工作人员劳动权利的内容在人事法律中没有规定的，适用《劳动法》《劳动合同法》的有关规定。

第一节　人事争议与劳动争议辨析的法律风险识别

一、民办学校与教师之间的法律关系认定

98. 陈某与某中学劳动争议案①

某中学系民营私立中学。2002年9月，陈某被某中学聘为教师。某中学开始按月向陈某发放劳动报酬，至2017年6月陈某因故辞去该教学工作。自2007年9月开始，某中学为陈某缴纳了社会保险，至2017年6月陈某辞职。2002年9月至2007年9月，陈某在某中学任职期间，双方未签订书面劳动合同，某中学也没有为陈某办理参加社会基本养老保险手续。2019年，某中学与陈某补签了2002年9月至2007年6月的书面劳动合同。

为此，陈某于2020年1月10日向当地劳动人事争议仲裁委员会申请仲裁，请求确认某中学与陈某之间自2002年9月至2007年9月存在劳动关系。仲裁委作出不予受理的决定。陈某不服仲裁裁决，向法院提起诉讼。

法院认为，本案系确认之诉，陈某与某中学在2002年9月至2007年9月存在事实劳动关系，本院予以确认。

法院判决：确认陈某与某中学自2002年9月至2007年9月存在事实劳动关系。

争议焦点

如何认定陈某与民办学校某中学之间的法律关系？

根据《教师法》第17条规定，学校和其他教育机构应当逐步实行教师聘

---

① 参见安徽省宿州市砀山县人民法院判决，（2020）皖1321民初557号。

任制。教师的聘任应当遵循双方地位平等的原则，由学校和教师签订聘任合同，明确规定双方的权利、义务和责任。实施教师聘任制的步骤、办法由国务院教育行政部门规定。民办学校被划归到民办非企业单位法人，教师无法享有事业单位编制。《劳动合同法》第 7 条规定，用人单位自用工之日起即与劳动者建立劳动关系。

本案中，陈某 2002 年 9 月应聘至某中学从事该校的教育教学工作，某中学按月向其发放劳动报酬，双方之间形成较为固定的工作关系，事实清楚、证据充分，本院予以确认。工作期间，陈某与某中学虽未签订书面劳动合同，但双方之间的关系符合法律关于认定事实劳动关系的表征及构成要件。并且，某中学与陈某之后也补签了劳动合同。陈某与某中学之间存在事实劳动关系。

二、事业单位与编制内工作人员之间的法律关系认定

案例导引

99. 项某与某医院聘用合同争议案①

2002 年 10 月，原告项某从××卫生院调到被告××市某医院处工作，原告严格遵守被告的工作安排，即使在法定节假日或双休日也不例外，但被告从未依法向原告支付加班费。原告于 2009 年 9 月 9 日向被告提出辞职，并经被告同意双方解除劳动合同关系。被告系事业单位，但原告系被告聘用的工作人员，与被告之间形成的是劳动合同关系，发生纠纷属于劳动争议。故原告于 2010 年 4 月 6 日向当地劳动争议仲裁委员会申请仲裁，仲裁委驳回项某的仲裁申请。原告不服仲裁裁决，遂向法院起诉。

法院认为，原告原属于事业编制工作人员。事业编制工作人员与其单位解除人事关系、履行聘用合同发生的争议属于人事争议纠纷，在向法院起诉之前，应先经过人事争议仲裁。而本案原告主张的加班工资事项属于履行聘

---

① 参见浙江省温州市龙湾区人民法院判决，（2010）温龙永民初字第 81 号。

用合同方面发生的争议,应先经过人事争议仲裁的前置程序才可向法院起诉。因此,原告未经人事争议仲裁而直接向法院起诉,不符合法律规定,依法驳回原告的起诉。由于原告以劳动争议已经劳动仲裁为由起诉,法院以劳动争议纠纷立案,经审理,法院认为,双方属于人事争议纠纷,故案由变更为人事争议纠纷。

法院判决:驳回原告项某的起诉。

争议焦点

人事争议与劳动争议的区别是什么?

第一,受理案件范围不同。人事争议仲裁范围:依据《人事争议处理规定》(人社部发〔2011〕88号)第2条,本规定适用于下列人事争议:(一)实施公务员法的机关与聘任制公务员之间、参照《中华人民共和国公务员法》管理的机关(单位)与聘任工作人员之间因履行聘任合同发生的争议;(二)事业单位与工作人员之间因解除人事关系、履行聘用合同发生的争议;(三)社团组织与工作人员之间因解除人事关系、履行聘用合同发生的争议;(四)军队聘用单位与文职人员之间因履行聘用合同发生的争议;(五)依照法律、法规规定可以仲裁的其他人事争议。根据《公务员法》第112条规定,法律、法规授权的具有公共事务管理职能的事业单位中除工勤人员以外的工作人员,经批准参照本法进行管理。劳动争议仲裁受案范围:依据《中华人民共和国劳动争议调解仲裁法》第2条的规定,中华人民共和国境内的用人单位与劳动者发生的下列劳动争议,适用本法:(一)劳动争议仲裁委员会的受案范围包括:因确认劳动关系发生的争议;(二)因订立、履行、变更、解除和终止劳动合同发生的争议;(三)因除名、辞退和辞职、离职发生的争议;(四)因工作时间、休息休假、社会保险、福利、培训以及劳动保护发生的争议;(五)因劳动报酬、工伤医疗费、经济补偿或者赔偿金等发生的争议;(六)法律、法规规定的其他劳动争议。根据劳动部《关于贯彻执行〈中华人民共和国劳动法〉若干问题的意见》(劳部发〔1995〕309号)第3条的规定,实行企业化管理的事业组织人员适用《劳动法》。根据法释

〔2003〕13号第1条的规定，法院在审理事业单位与其工作人员之间因辞职、辞退及履行聘用合同所发生的争议，适用《劳动法》的规定处理。《最高人民法院关于事业单位人事争议案件适用法律等问题的答复》（法函〔2004〕30号）第1条规定，事业单位与其工作人员之间因辞职、辞退及履行聘用合同所发生的争议，适用《劳动法》的规定处理；第2条规定，事业单位人事争议案件由用人单位或者聘用合同履行地的基层人民法院管辖；第3条规定，人民法院审理事业单位人事争议案件的案由为"人事争议"。

第二，对案件的管辖不同。人事争议案件管辖，以级别管辖为主，以属地管辖为辅；劳动争议案件管辖，以属地管辖为主，以级别管辖为辅。劳动争议双方当事人不在同一地区的，由劳动者工资关系所在地的劳动争议仲裁委员会管辖。

第三，适用的法律不同。处理人事争议案件，除《关于贯彻执行〈中华人民共和国劳动法〉若干问题的意见》（劳部发〔1995〕309号）第3条、《最高人民法院关于人民法院审理事业单位人事争议案件若干问题的规定》（法释〔2003〕13号）第1条的规定外，其他人事争议均适用《公务员法》等的规定；处理劳动争议案件，则适用《劳动法》《劳动合同法》的规定。

第四，适用程序不同。人事争议发生后，劳动者应以书面形式向劳动人事争议仲裁委员会申请仲裁。仲裁庭处理人事争议应先行调解，双方当事人调解达成协议的，仲裁庭应当依据协议内容制作调解书；双方当事人未能达成调解协议的，仲裁庭应当及时仲裁。当事人对仲裁裁决不服的，可以依法向人民法院提起诉讼；劳动争议发生后，劳动者可以先向本单位劳动争议调解委员会申请调解，这是与人事争议不同之处。双方当事人之间调解不成，当事人一方要求仲裁的，可以向劳动人事争议仲裁委员会申请仲裁。劳动者也可以直接向劳动人事争议仲裁委员会申请仲裁，对仲裁裁决不服的，可以向人民法院提起劳动争议民事诉讼。

第五，争议时效不同。人事争议仲裁时效：依据《公务员法》第105条规定，聘任制公务员与所在机关之间因履行聘任合同发生争议的，可以自争议发生之日起60日内申请仲裁。劳动争议仲裁时效：依据《劳动争议调解仲裁法》第 27 条第 1 款规定，劳动争议申请仲裁的时效期间为 1 年。仲裁时效期间从当事人知道或者应当知道其权利被侵害之日起计算。

 法律责任与后果

《劳动人事争议仲裁办案规则》第 2 条规定，本规则适用下列争议的仲裁：（一）企业、个体经济组织、民办非企业单位等组织与劳动者之间，以及机关、事业单位、社会团体与其建立劳动关系的劳动者之间，因确认劳动关系，订立、履行、变更、解除和终止劳动合同，工作时间、休息休假、社会保险、福利、培训以及劳动保护，劳动报酬、工伤医疗费、经济补偿或者赔偿金等发生的争议；（二）实施公务员法的机关与聘任制公务员之间、参照公务员法管理的机关（单位）与聘任工作人员之间因履行聘任合同发生的争议；（三）事业单位与其建立人事关系的工作人员之间因终止人事关系以及履行聘用合同发生的争议；（四）社会团体与其建立人事关系的工作人员之间因终止人事关系以及履行聘用合同发生的争议；（五）军队文职人员用人单位与聘用制文职人员之间因履行聘用合同发生的争议；（六）法律、法规规定由劳动人事争议仲裁委员会（以下简称仲裁委员会）处理的其他争议。

2008 年《劳动合同法》出台以后，民办非企业单位的聘用合同纠纷被明确纳入劳动合同的调整范围，更加明确了民办学校和教师之间是一种劳动关系。虽然由于教育的公益性，民办学校和教师之间民事契约的意思自治要受到《劳动法》《教师法》等公法的限制，但是这与公办学校和教师之间的人事关系仍然是完全不同的。

法律风险识别

判断某项纠纷是否构成劳动争议还是人事争议，主要从两个方面考察：争议双方主体是否为具有劳动关系的用人单位和劳动者；争议事项是否为劳动关系引起或者与之有直接的相关事项。而人事争议是事业单位与编制内工作人员之间因辞职、辞退及履行聘用合同发生的争议。

第二节 人事争议仲裁的法律风险识别

受聘人员与聘用单位发生人事争议后,直接向劳动人事争议仲裁委员会申请仲裁。人事仲裁是解决人事争议的法定和必经程序,因此,在解决人事争议案件中发挥着重要作用。

一、仲裁前置程序

(一) 人事争议纠纷申请人事争议仲裁程序

案例导引

100. 田某与某农业机械管理站聘用合同纠纷案①

原告田某系被告某农业机械管理站的职工,2016年因涉嫌滥用职权罪被法院判决有罪,原告不服提起上诉,某市中级人民法院于2017年8月裁定撤销原判,发回重审,法院于2018年10月11日作出(2017)陕0116刑初748号刑事判决书判决原告无罪。2016年12月8日,被告依据未生效的有罪判决,在无任何法律法规政策法令依据的情况下单方终止原告工作,停发原告所有工资及福利待遇,并要求原告退回了2016年3月29日(取保候审)至2016年12月8日部分工资及福利待遇。2016年1月1日至2016年12月7日,原告一直在单位正常上班,但被告在报送材料中显示原告未实际参加工作,这与事实严重不符。被告作为独立法人单位,不为原告补发应发工资待遇、恢复应有福利待遇,侵害了原告的合法权益。原告于2020年8月12日向当地劳动人事争议仲裁委员会申请劳动争议仲裁,仲裁委作出不予受理案件决定,原告遂向法院提起诉讼。

---

① 参见陕西省西安市长安区人民法院判决,(2022)陕0116民初2671号。

法院认为，被告某农业机械管理站为全额拨款事业单位，原告田某作为机关事业单位正式录用人员进入被告单位工作，其身份为事业单位干部，双方之间签订了聘用合同。原告向法院起诉主张被告补发其被采取强制措施和受刑事处罚后人民法院宣告无罪的工资待遇，该请求属于双方之间因履行聘用合同发生的争议，属于人民法院审理事业单位人事争议案件的范围。

但因该请求并未经过劳动人事争议仲裁委员会人事争议裁决，而只有对劳动人事争议仲裁委员会所作的人事争议仲裁裁决不服的，才能向人民法院提起诉讼，故本案应当驳回原告的起诉，由原告向当地劳动人事争议仲裁委员会申请人事争议仲裁。

法院判决：驳回原告田某的起诉。

争议焦点

人事争议是否需要履行仲裁前置的程序？

《劳动争议调解仲裁法》第5条规定，发生劳动争议，当事人不愿协商、协商不成或者达成和解协议后不履行的，可以向调解组织申请调解；不愿调解、调解不成或者达成调解协议后不履行的，可以向劳动争议仲裁委员会申请仲裁；对仲裁裁决不服的，除本法另有规定的外，可以向人民法院提起诉讼。《最高人民法院关于人民法院审理事业单位人事争议案件若干问题的规定》（法释〔2003〕13号）第2条规定，当事人对依照国家有关规定设立的人事争议仲裁机构所作的人事争议仲裁裁决不服，自收到仲裁裁决之日起15日内向人民法院提起诉讼的，人民法院应当依法受理。一方当事人在法定期间内不起诉又不履行仲裁裁决，另一方当事人向人民法院申请执行的，人民法院应当依法执行。

本案中，原告田某与被告某农业机械管理站之间的争议，属于因履行聘用合同中有关工资、福利等方面而发生的争议。田某申请了劳动争议仲裁，而没有申请人事争议仲裁。所以，田某应先向劳动人事争议仲裁委员会申请人事争议仲裁，对仲裁裁决不服的，再向人民法院提起诉讼。

（二）人事争议纠纷未经人事争议仲裁程序

案例导引

101. 李某与某医院聘用合同争议案①

原告李某与被告某医院人事争议纠纷一案中，经查本案是事业单位与实行聘用制的人员订立、履行、变更、解除或者终止劳动合同引发的争议，故本案基础法律关系应为人事争议纠纷。在人事争议纠纷中，法律、行政法规或者国务院另有规定的依照其规定；未作规定的，依照《劳动合同法》有关规定执行。在争议发生后，当事人可以向本单位劳动争议调解委员会申请调解，调解不成当事人一方要求仲裁的，可以向当地劳动人事争议仲裁委员会申请仲裁。当事人一方也可以直接向当地劳动人事争议仲裁委员会申请仲裁，对仲裁裁决不服的可以向人民法院提起诉讼。因原告的诉讼请求未经过仲裁裁决而直接向法院提起诉讼，不符合上述规定。

法院判决：驳回原告李某的诉讼。

争议焦点

人事争议纠纷未经人事争议仲裁程序，法院如何处理？

《人事争议处理规定》（人社部发〔2011〕88号）第3条规定，人事争议发生后，当事人可以协商解决；不愿协商或者协商不成的，可以向主管部门申请调解，其中军队聘用单位与文职人员的人事争议，可以向聘用单位的上一级单位申请调解；不愿调解或调解不成的，可以向劳动人事争议仲裁委员会申请仲裁。当事人也可以直接向劳动人事争议仲裁委员会申请仲裁。当事人对仲裁裁决不服的，可以向人民法院提起诉讼。

由此可知，人事争议仲裁是诉讼的前置程序，即人事争议不能直接向人民法院提起诉讼，只有经过仲裁程序当事人对仲裁裁决不服的，才可以向人

---

① 参见黑龙江省齐齐哈尔市铁锋区人民法院判决，（2021）黑0204民初2002号。

民法院提起诉讼。

没有经过仲裁程序，直接向人民法院提起诉讼的，人民法院不予受理；人民法院受理的，裁定驳回起诉。本案因原告的诉讼请求未经过仲裁裁决而直接向人民法院提起诉讼，人民法院作出驳回起诉的裁定。

二、人事争议仲裁的时效

人事争议仲裁时效期间从当事人知道或者应当知道其权利被侵害之日起计算，即人事争议仲裁时效的起始期间不是人事争议发生之日，而是权利受到侵害之日。

（一）仲裁时效期间的起算

102. 肖某与某医院人事争议案[①]

肖某于2013年6月24日入职某医院，双方签订聘用合同，约定合同期限为2013年6月24日至2015年12月31日。2013年7月17日，某县委机构编制委员会核准肖某入编某医院。

2015年9月14日，肖某与某医院签订规培协议，约定：某医院同意肖某到某总院进修或规培住院医师规范化培训内科专业；规培时间为2015年9月18日至2018年9月18日，共3年；肖某按住院医师规范化培训类别进修或规培，服务期不少于10年。协议还特别约定：肖某返院后必须服从某医院工作安排，并承诺服务期内不调动工作，自行要求调整岗位或辞职的，赔偿违约金；同时，赔偿某医院培训期间的工资、培训费、生活补助及福利待遇总额的3倍金额（按服务年限差的比例计算）等。2018年9月，肖某规培期满，但肖某未回某医院上班。某医院于2018年10月18日向肖某发出《关于要求肖某同志返院上班的通知》，肖某仍未回某医院上班。

[①] 参见福建省三明市清流县人民法院判决，（2023）闽0423民初359号。

2018年9月26日，肖某向当地劳动人事争议仲裁委员会提起仲裁，要求解除其与某医院的聘用合同。当地仲裁委作出不予解除肖某与某医院的人事关系的裁决，裁决书生效之日起10日内肖某回某医院工作。肖某不服仲裁裁决，向人民法院提起诉讼。2019年4月29日。终审判决生效后，肖某仍未回某医院上班。2019年12月16日，肖某返回某医院上班。2020年7月27日，肖某向某医院提出辞职，某医院未予回应，肖某单方面离职。

2021年6月11日，某医院向当地劳动人事争议仲裁委员会申请仲裁，请求：肖某继续履行双方签订的聘用合同和规培协议，立即返回某医院上班。仲裁委作出驳回某医院仲裁裁决。某医院不服该仲裁裁决，向一审法院提起诉讼。某医院不服该判决，提起上诉，二审法院于2022年6月9日判决驳回上诉，维持原判。

2023年1月6日，某医院再次向当地劳动人事争议仲裁委员会提起仲裁，要求肖某向某医院退还规培期间的工资、生活补助及福利待遇等费用。某医院不服仲裁裁决，向法院提起诉讼。

法院判决：肖某于本判决生效之日起15日内向某医院支付违约金及退还工资、生活补助及福利待遇费用。

争议焦点

本案中的仲裁时效起算时间如何确定？

《劳动争议仲裁调解法》规定的仲裁时效期间为一年，自当事人知道或者应当知道其权利被侵害之日起计算。肖某与某医院因聘用合同履行问题相互先后多次提起仲裁及诉讼，仲裁及诉讼期间双方对聘用合同是否应解除争执不下，二审法院在2022年6月9日终审裁判确认双方聘用合同解除，双方有关聘用合同解除后的违约责任、损害赔偿、权益返还等争议自此才产生，相关争议的仲裁时效自该终审裁判生效时起算，某医院据此于2023年1月6日就聘用合同解除后违约责任等问题提起仲裁，即本案的仲裁时效起算时间为2022年6月9日。

（二）超过仲裁时效

103. 徐某与某大学聘用合同争议案①

2012年4月13日，徐某与某大学签订聘用合同，合同期限为当日至2015年1月31日。某大学与徐某约定年薪30万元。2015年1月31日，某大学与徐某终止人事关系，但某大学未按约定支付薪酬。现徐某诉至法院，要求某大学支付2012年4月1日至2015年1月31日年薪差额及欠发年薪的经济补偿。

法院认为，徐某与某大学于2015年1月31日终止人事关系，而徐某于2016年3月18日才提出仲裁申请。现徐某并未提供相应证据证明存在时效中止或中断的情形，在此情况下，徐某的起诉已过时效，故法院对于徐某的全部诉讼请求，均不予支持。

法院判决：驳回徐某的全部诉讼请求。

争议焦点

本案中，原告提起的人事争议仲裁，是否超过仲裁时效？

《劳动争议调解仲裁法》第27条规定，劳动争议申请仲裁的时效期间为1年。仲裁时效期间从当事人知道或者应当知道其权利被侵害之日起计算。

前款规定的仲裁时效，因当事人一方向对方当事人主张权利，或者向有关部门请求权利救济，或者对方当事人同意履行义务而中断。从中断时起，仲裁时效期间重新计算。

因不可抗力或者有其他正当理由，当事人不能在本条第一款规定的仲裁时效期间申请仲裁的，仲裁时效中止。从中止时效的原因消除之日起，仲裁时效期间继续计算。

---

① 参见北京市海淀区人民法院判决，（2016）京0108民初9064号。

第 52 条规定，事业单位实行聘用制的工作人员与本单位发生劳动争议的，依照本法执行；法律、行政法规或者国务院另有规定的，依照其规定。

《最高人民法院关于人事争议申请仲裁的时效期间如何计算的批复》（法释〔2013〕23 号）规定，依据《劳动争议调解仲裁法》第 27 条第 1 款、第 52 条的规定，当事人自知道或者应当知道其权利被侵害之日起一年内申请仲裁，仲裁机构予以受理的，人民法院应予认可。

关于人事争议的仲裁时效，国务院有特别规定的，应当优先适用，此系《劳动争议调解仲裁法》第 52 条的明文规定。

本案中，徐某与某大学于 2015 年 1 月 31 日终止人事关系，人事争议申请仲裁的时效期间为 1 年。仲裁时效期间从当事人知道或者应当知道其权利被侵害之日起计算。徐某应在 2016 年 1 月 31 日前，向劳动人事争议仲裁委员会提出仲裁申请。但是，徐某直到 2016 年 3 月 18 日才提出仲裁申请，同时，徐某也不存在仲裁时效中止或中断的情形。所以，徐某的仲裁申请已超过仲裁时效。

法律责任与后果

《劳动人事争议仲裁办案规则》第 27 条规定，在申请仲裁的时效期间内，有下列情形之一的，仲裁时效中断：（一）一方当事人通过协商、申请调解等方式向对方当事人主张权利的；（二）一方当事人通过向有关部门投诉，向仲裁委员会申请仲裁，向人民法院起诉或者申请支付令等方式请求权利救济的；（三）对方当事人同意履行义务的。从中断时起，仲裁时效期间重新计算。

第 28 条规定，因不可抗力，或者有无民事行为能力或者限制民事行为能力劳动者的法定代理人未确定等其他正当理由，当事人不能在规定的仲裁时效期间申请仲裁的，仲裁时效中止。从中止时效的原因消除之日起，仲裁时效期间继续计算。

第一，人事争议仲裁时效的中断，是指在仲裁时效进行中，因法定事由的发生而阻碍时效的进行，致使以前经过的时效期间全部归于无效，从中断时起，人事争议仲裁时效期间重新计算。导致仲裁时效中断的原因有：当事人一方向对方当事人主张权利，或者向有关部门请求权利救济，以及对方当事人同意履行义务等。

第二，人事争议仲裁时效的中止，是指在仲裁时效进行中，当不可抗力或者其他法定情形发生时，仲裁时效期间停止计算，自阻碍时效继续的情形消失之日起，仲裁时效继续计算。仲裁时效中止的情形有：发生不可抗力事件，或者有其他正当理由等。

法律风险识别

如果没有发生仲裁时效中止、中断情形的，申请人在仲裁时效期限届满后提出仲裁申请的，劳动人事争议仲裁委员会不支持申请人的仲裁请求。

第一，聘用单位应当重视仲裁时效的规定，对受聘人员提起人事争议仲裁时，一定要在仲裁时效期限届满前提出；受聘人员提起仲裁的，聘用单位应主要审查受聘人员的仲裁请求是否已经超过仲裁时效。

第二，聘用单位作出的各种决定或者发出的任何通知，尤其是对受聘人员作出的辞退决定或者通知，都应当以书面形式作出并及时送达受聘人员，以避免双方就仲裁时效的起算、中断和中止等问题引发争议。

第三节　人事争议诉讼的法律风险识别

事业单位分类改革前，主要存在两种用工形式：一是实行企业化管理的事业单位，二是参照公务员制度管理的编制职工。前者与职工签订劳动合同，职工与单位发生人事争议的，按照《劳动法》或《劳动合同法》的相关规定，可以向人民法院提起劳动争议诉讼。对于参照公务员制度管理的编制职工，则应当参照《公务员法》第105条规定，聘任制公务员与所在机关之间因履行聘任合同发生争议的，可以自争议发生之日起60日内申请仲裁。省级以上公务员主管部门根据需要设立劳动人事争议仲裁委员会，受理仲裁申请。劳动人事争议仲裁委员会由公务员主管部门的代表、聘用机关的代表、聘任制公务员的代表以及法律专家组成。

当事人对仲裁裁决不服的,可以自接到仲裁裁决书之日起15日内向人民法院提起诉讼。仲裁裁决生效后,一方当事人不履行的,另一方当事人可以申请人民法院执行。

一、不属于人事争议受案范围

(一)聘用单位与受聘人员没有签订聘用合同

104. 李某与某科学研究院木材工业研究所聘用合同争议案①

李某于1986年初分配到某科学研究院木材工业研究所(以下简称"林科院"),成为该单位聘用的正式在编职工。1990—1992年,李某又响应林科院的号召,与单位签订停薪留职协议下海创业。1993年,国家取消停工留职,李某又回到林科院,被安排到林科院的××劳动服务公司。按所里要求,需要临时安排工作人员回家待岗,待岗期间享受国家给予的基本工资和福利待遇,李某属于待岗人员。1996年,林科院领导换届,召集待岗人员开会,出台新的解决待岗人员问题措施,李某被划归林科院人教处管理,待岗至今。林科院未与李某签订聘用合同,也没有为李某安排工作,故李某诉至法院。

法院认为,《最高人民法院关于人民法院审理事业单位人事争议案件若干问题的规定》(法释〔2003〕13号)第3条规定,本规定所称人事争议是指事业单位与其工作人员之间因辞职、辞退及履行聘用合同所引发的争议。李某未与林科院签署聘用合同,李某要求林科院对其进行人事工作岗位安排的请求不属于前述司法解释中规定的"辞职、辞退及履行聘用合同所引发的争议"范畴,故对李某的起诉法院依法予以驳回。

法院判决:驳回李某的起诉。

---

① 参见北京市海淀区人民法院判决,(2015)海民初字第20768号。

争议焦点

我国法院人事争议受案范围是什么？

《劳动人事争议仲裁办案规则》第2条规定，本规则适用下列争议的仲裁：

（一）企业、个体经济组织、民办非企业单位等组织与劳动者之间，以及机关、事业单位、社会团体与其建立劳动关系的劳动者之间，因确认劳动关系，订立、履行、变更、解除和终止劳动合同，工作时间、休息休假、社会保险、福利、培训以及劳动保护，劳动报酬、工伤医疗费、经济补偿或者赔偿金等发生的争议；（二）实施公务员法的机关与聘任制公务员之间、参照公务员法管理的机关（单位）与聘任工作人员之间因履行聘任合同发生的争议；（三）事业单位与其建立人事关系的工作人员之间因终止人事关系以及履行聘用合同发生的争议；（四）社会团体与其建立人事关系的工作人员之间因终止人事关系以及履行聘用合同发生的争议；（五）军队文职人员用人单位与聘用制文职人员之间因履行聘用合同发生的争议；（六）法律、法规规定由劳动人事争议仲裁委员会处理的其他争议。

本案中，李某因没有与林科院签署聘用合同引发的争议，属于林科院内部自主管理行为，不属于法院人事争议受案范围。

（二）职称评定

105. 陈某与某教育中心聘用合同争议案①

原告陈某于1990年复员转业到被告某教育中心工作。1998年1月，被告进行体制改革，原告为待岗人员，被告按《某培训中心综合体制改革（试点）实施办法》和《某教育中心实行人员聘用制实施方案》的规定向原告支付待

---

① 参见辽宁省大连市中级人民法院判决，（2016）辽02民终6115号。

岗工资。2009年8月，被告向原告补发1999年1月至2005年7月的生活费。2016年3月17日，原告向当地劳动人事争议仲裁委员会申请仲裁，该仲裁委员会作出不予受理决定。原告不服，诉至法院。一审宣判后，陈某不服一审判决，向二审法院提起上诉。

一审法院认为，原告要求被告支付2009年1月1日至2015年12月31日因未给原告参加职称评审减少的工资、支付因未支付工资造成原告的精神损害赔偿金10万元的诉讼请求，因不属于人民法院劳动争议案件受理范围，本院不予支持。

一审法院判决：驳回原告的诉讼请求。

二审法院认为，对于双方因职称评审发生的人事争议，上诉人陈某并未提交按照有关规定处理结论的证据。据此，一审法院判定上诉人陈某提出的2009年1月1日至2015年12月31日因未参加职称评审减少的工资诉讼请求，不属于法院受案范围，并无不当。上诉人陈某的上诉请求不能成立，应予驳回。一审判决认定事实清楚，适用法律正确，应予维持。

二审法院判决：驳回上诉，维持原判。

争议焦点

受聘人员与聘用单位之间因职称评审发生的人事争议纠纷，是否属于人民法院受案范围？

根据《人事争议处理规定》第36条规定，因考核、职务任免、职称评审等发生的人事争议，按照有关规定处理。本案中，陈某与某教育中心双方因职称评审发生人事争议，属某教育中心内部管理行为，按照《人事争议处理规定》，不属于人民法院受案范围，按有关规定进行处理。

（三）恢复编制

106. 梁某与某光学精密机械研究所聘用合同纠纷案①

原告梁某1982年大学毕业分配到被告某光学精密机械研究所处工作。2003年3月28日，被告作出《关于对梁某同志的辞退通知》，将原告梁某辞退。梁某向当地劳动人事争议仲裁委员会申请仲裁，请求被申请人某光学精密机械研究所撤销辞退决定，仲裁委作出裁决，梁某不服，申请复议被驳回，双方均向某区人民法院提起诉讼。梁某经过一审、二审、再审程序，均被法院裁定驳回后，遂向法院申请执行裁决书。法院于2011年3月7日发出执行通知。被告多次提出异议、复议。2014年2月13日，某市中级人民法院作出执行裁定，驳回被告的复议申请。

2014年3月10日，被告作出《关于撤销〈关于对梁某同志的辞退通知〉的决定》，同时决定为梁某安排工作，享受正式职工待遇。原告一直未按照被告的安排报到上班。

法院于2014年12月26日作出执行裁定书，裁定终结裁决书的执行。原告梁某不服提出执行异议，法院作出执行裁定，以该案已经执行完毕，裁定终结执行并无不当为由驳回了梁某的异议。梁某申请复议，某市中级人民法院于2019年12月24日作出执行裁定书，确认被告已经全部履行了裁定书确定的义务，为梁某安排了工作，如梁某按照通知要求报到上班，即能享受正式职工待遇。关于某光学精密机械研究所对梁某如何定级、定岗为技术岗位还是管理干部岗位，该内容应属某光学精密机械研究所的内部管理行为，不属于人民法院强制执行范围，梁某的复议理由没有法律依据，不予支持。

2020年8月24日，原告向当地劳动人事争议仲裁委员会申请仲裁，仲裁委作出不予受理决定。原告不服，诉至法院，请求被告为其恢复全民事业编制。

---

① 参见陕西省西安市长安区人民法院判决，（2020）陕0116民初11660号。

法院认为，本案中，原告、被告之间因辞退产生的争议，人民法院已经处理并执行完毕。原告要求被告某光学精密机械研究所为其恢复全民事业编制，属于行政管理范畴，不属于人民法院人事争议受案范围。

法院判决：驳回原告梁某的诉讼请求。

受聘人员与聘用单位之间恢复事业编制，是否属于人民法院受案范围？

《最高人民法院关于人民法院审理事业单位人事争议案件若干问题的规定》（法释〔2003〕13号）第3条规定，本规定所称人事争议是指事业单位与其工作人员之间因辞职、辞退及履行聘用合同所发生的争议。

本案中，原告与被告之间因辞退产生的争议，人民法院已经处理并执行。而对于原告梁某与被告某光学精密机械研究所因恢复梁某全民事业编制的争议，因事业编制的确认和核准属于行政部门的职权范围，归属于行政管理范畴，不在人民法院的人事争议受案范围内。

（四）科研经费

107. 杨某与某大学人事争议纠纷案①

某大学与杨某签订期限至2012年12月31日的聘用合同，其后双方再未签订聘用合同。2013年7月1日，某大学要求与杨某续签期限至2013年12月31日的聘用合同，同时还要求杨某签收终止聘用合同通知书，杨某未予同意，双方未续签聘用合同。2013年11月27日，某大学向杨某送达终止聘用合同通知书，双方人事关系于2013年12月31日终止。2011年12月28日、2013年3月7日，某大学分别从杨某科研经费及其他教师科研经费中划走50100元、81333.33元，用于支付杨某2012年、2013年的岗位津贴、业绩

---

① 参见北京市海淀区人民法院判决，（2014）海民初字第11224号；北京市第一中级人民法院判决，（2014）一中民终字第5953号。

津贴。

杨某认为,科研经费应由项目负责人支配,某大学将科研经费用于支付教师工资违反了学校及教育部关于科研经费管理的相关规定。杨某诉至法院,请求返还从其科研经费及其他教师科研经费中划走的款项。

法院认为,杨某因某大学科研经费管理、分配而引发纠纷的诉讼请求,不属于《最高人民法院关于人民法院审理事业单位人事争议案件若干问题的规定》第3条规定的辞职、辞退及履行聘用合同所发生的争议范畴。

法院判决:驳回杨某的起诉。

聘用单位与受聘人员之间关于科研经费管理、分配的纠纷,是否属于法院受案范围?

《人事争议处理规定》第2条第2项规定,本规定适用于下列人事争议:事业单位与工作人员之间因解除人事关系、履行聘用合同发生的争议。

本案中,杨某因某大学科研经费管理、分配而引发的纠纷,不属于履行聘用合同、解除人事关系的争议,这是聘用单位的内部管理行为,不属于人民法院的受案范围。现杨某提出的起诉,不符合法律规定,依法应予驳回。

(五)住房补贴

108. 王某与某科学技术研究所聘用合同争议案[①]

王某是转业军人。2010年7月,王某调入某科学技术研究所。几年来,王某多次提出申请,要求发放住房补贴,但某科学技术研究所答复王某需要将现住的军产房腾退后才能发放住房补贴或者先计发差额住房补贴。王某诉至法院,要求某科学技术研究所全额发放住房补贴。

---

① 参见北京市海淀区人民法院判决,(2016)京0108民初22885号。

法院认为，住房补贴是国家为解决职工住房问题给予的补贴资助，即将单位原有用于建房、购房的资金转化为住房补贴，分次（如按月）或一次性地发给职工，住房补贴政策的实质是停止实行住房福利性的实物分配模式。现王某要求某科学技术研究所发放住房补贴的请求，属于地方政府政策性福利调整的范围，显然不属于人民法院受理人事争议的受案范围，也不属于人民法院受理民事案件的范围。另外，住房补贴的发放主体也不是某科学技术研究所。现王某提出的起诉，不符合法律规定，依法应予驳回。

法院判决：驳回王某的起诉。

争议焦点

住房补贴与住房公积金的联系和区别是什么？

①住房补贴与住房公积金的联系。

第一，住房补贴与住房公积金在性质上都属于个人资金，个人不得随意提取使用。两种资金的个人性共同体现在：个人拥有自己名下的住房补贴账户和住房公积金账户，个人购房、租房、离退休和出国、出境定居可以提取账户的存款本息余额。

第二，住房补贴与住房公积金都不属于人民法院人事争议受案范围。住房补贴是受聘人员与住房和城乡建设局对住房补贴的申请、审核之间发生的争议，属于行政管理范畴；而住房公积金的诉讼是聘用单位与住房公积金管理中心之间因住房公积金的缴存、提取、使用、管理和监督而发生的争议，属于行政管理范畴。

②住房补贴与住房公积金的区别。

第一，二者作用不同。两种资金的共同用途都是购买和租赁住房。住房补贴的拥有人如果不缴纳住房公积金，则不能享受以上权益。而住房公积金的用途更广一些，根据《住房公积金管理条例》第5条规定，住房公积金应当用于职工购买、建造、翻建、大修自住住房，任何单位和个人不得挪作他用。住房公积金的拥有人有权享受政策性购房贷款，其贷款利率明显低于商业银行贷款。

第二,二者实施范围不同。住房补贴的范围较窄,住房补贴制度只在房价收入比在4倍以上的地区实行,而且只对没有享受国家房改优惠政策或享受不到足够的国有和集体企事业单位职工实行。而住房公积金的范围更广泛,根据《住房公积金管理条例》第2条第2款规定,本条例所称住房公积金,是指国家机关、国有企业、城镇集体企业、外商投资企业、城镇私营企业及其他城镇企业、事业单位、民办非企业单位、社会团体及其在职职工缴存的长期住房储金。该制度对所有地区的所有单位和职工实行。

第三,二者发放方式不同。住房补贴可以一次性发放,也可以按月分次发放。住房公积金实行逐月发放,直至职工退休。

第四,二者发放标准不同。住房补贴的发放标准相对复杂一些,各地具体执行的补贴标准也不同。国务院在《关于深化城镇住房制度改革的决定》中规定,住房公积金由在职职工个人及其所在单位,按职工个人工资和职工工资总额的一定比例逐月缴纳,归个人所有,存入个人公积金账户,用于购、建、大修住房,职工离退休时,本息余额一次结清,退还职工本人。目前(1994年)单位和个人住房公积金的缴交率分别掌握在5%,已超过这个比例的可以不变。外商投资企业及其中方职工的住房公积金缴交率,由各省、自治区、直辖市人民政府确定。

(六)政府主导改制

 案例导引

109. 高某与某报社聘用合同纠纷案①

再审申请人高某起诉被申请人某报社,要求其支付2002年至2012年10月拖欠工资、年终补贴、绩效工资、降温费、取暖费等66049元。形成这些拖欠的原因是,某报社不执行国家规定的工资制度和相关福利待遇政策。再审申请人提供的拖欠数据证据有被申请人法人的签字或单位加盖的公章。至

---

① 参见陕西省高级人民法院判决,(2021)陕民申2557号。

于因什么原因进行的拖欠计算,并不影响拖欠的事实。如果依法裁判被申请人应执行国家规定的相应时期的工资制度,那么就应该支付赔偿。关于支付赔偿的数目,被申请人可以出具相关时间段内发放的工资表和其他福利发放表与市人社局各年度审批的工资表进行对照,重新进行计算。

法院认为,高某主张的 2002 年至 2012 年 10 月拖欠工资、年终补贴、绩效工资、降温费、取暖费等费用,是因某报社出具《关于某报社转企改制申请财政补贴的请示》引起的,而某报社单位的改制并非企业自主进行的,此类争议不属于法院劳动人事争议案件的受案范围,原审法院不予处理,符合法律规定。高某的该项再审申请理由缺乏法律依据,本院不予支持。

再审法院判决:驳回高某的再审申请。

争议焦点

政府主导改制引发的争议,是否属于人民法院受案范围?

根据《最高人民法院关于人民法院审理事业单位人事争议案件若干问题的规定》(法释〔2003〕13 号)第 3 条规定,本规定所称人事争议是指事业单位与其工作人员之间因辞职、辞退及履行聘用合同所发生的争议。在改革过程中出现了大量改制问题,引发了人事争议,由于没有明确法律规定,人民法院不予受理此类案件。

法院判决:本案中,高某因政府主导改制引起的拖欠工资、年终补贴、绩效工资、降温费、取暖费等费用问题引发的争议,不属于法院的受理范围。

(七) 岗位设置与聘任

110. 唐某与某大学人事争议纠纷案①

再审申请人唐某认为,某大学根据《关于事业单位设置和人员聘任实施

---

① 参见广东省高级人民法院判决,(2014) 粤高法立民申字第 35 号。

工作中若干问题的处理意见》设定岗位时，将幼儿园教师岗位定位为辅助系列专业技术岗位。唐某本应确定为专业十一级，但某大学违背"按现聘职务或者岗位进入相应的岗位"原则，变更其工作岗位和内容，将其确定为工勤技能岗位技术工五级，侵害了其合法权益。请求判令某大学恢复其幼儿园教师职务，确定其为辅助系列专业技术十一级岗位。

法院认为，唐某的诉讼请求是对某大学岗位设置、聘任有异议，该争议属于某大学内部管理范畴，不属于《最高人民法院关于人民法院审理事业单位人事争议案件若干问题的规定》第3条规定的人事争议范围，二审法院据此认定本案争议不属于人民法院民事案件受理范围，驳回唐某的上诉并无不当。

再审法院判决：驳回唐某的再审申请。

争议焦点

受聘人员与聘用单位因岗位设置发生纠纷，是否属于人民法院的受案范围？

根据《最高人民法院关于人民法院审理事业单位人事争议案件若干问题的规定》第3条规定，本规定所称人事争议是指事业单位与其工作人员之间因辞职、辞退及履行聘用合同所发生的争议。

根据《人事争议处理规定》第2条第2项规定，本规定适用于下列人事争议：事业单位与工作人员之间因解除人事关系、履行聘用合同发生的争议。

人事争议与大学内部管理、规章制度、考核相关联，不属于人民法院的受案范围。

本案中，唐某对某大学岗位设置、聘任有异议，其与某大学之间发生的人事争议，属于大学内部管理行为，不属于人民法院的受案范围。

法律责任与后果

关于人事争议的受案范围，实践中有较大分歧。各地也相继处理审判指导意见，对此进行规范，但具体内容不尽相同，只有以下几类不构成人事争议，不属于人民法院受案范围：

（1）聘用单位未为受聘人员建立社会保险关系、欠缴社会保险费或者未按规定的工资基数足额缴纳社会保险费，受聘人员主张予以补缴而发生的纠纷；

（2）受聘人员与聘用单位因住房公积金发生的纠纷；

（3）受聘人员与聘用单位因参加工作时间认定、出生年龄确认、职称评定、编制恢复、聘用合同签订、科研经费数额及发放等发生的纠纷；

（4）受聘人员与聘用单位因岗位设置、聘任发生的纠纷；

（5）受聘人员对涉及本人的考核结果、处分决定等不服与聘用单位发生的纠纷。

审判事务中的基本趋势是，不论劳动人事争议仲裁委员会，还是人民法院，都不再受理上述争议的仲裁申请或者诉讼请求，聘用单位应对某项纠纷是否构成人事争议进行判断。主要依据争议双方的主体，争议事项是不是因聘用合同的履行、解除或者与之相关的事项而引起予以评定。

对于受聘人员提起的人事争议，即使人民法院已经受理，聘用单位也应当在收到立案通知书后审查该争议是否属于人事争议，对于不属于人事争议的，应在答辩期内向人民法院提出异议。

二、确认人事关系

案例导引

111. 孙某与某地质勘查院等聘用合同纠纷案[①]

原告孙某于1997年7月毕业分配至被告某地质勘查院工作。1998—2006年12月，经单位同意，原告孙某停薪留职。2007年1月，原告孙某回被告某

---

① 参见云南省昆明市盘龙区人民法院判决，（2020）云0103民初10864号。

地质勘查院处工作。2007年1月16日，被告某地质勘查院将原告调至被告某公司工作。2020年4月，原告孙某回到被告某地质勘查院工作至今。

2009年7月1日，原告孙某与被告某地质勘查院签订事业单位聘用合同，约定合同期限为2009年7月1日至2013年6月30日，某地质勘查院聘用原告在某公司从事技术13级岗位工作，原告孙某工资构成和标准、工资调整、奖金、津贴、补贴以及特殊情况下的工资支付等，均按照国家政策和单位的有关规定执行。

原告孙某社会保险由被告某地质勘查院缴纳。原告孙某2007年1月至2020年3月的工资由被告某公司发放，2020年4月至今的工资由被告某地质勘查院发放。2020年3月16日，被告某地质勘查院召开"关于孙某同志岗位调整"的会议，会议纪要记录：人力资源部解答了孙某关于新岗位薪酬待遇方面的疑问，并告知正式上岗时间。孙某在本次会议上表态，同意岗位调整，并服从组织安排，愿意接受新岗位。原告孙某在该会议纪要上签字。

原告向当地劳动人事争议仲裁委员会申请，确认原告与被告某地质勘查院自2015年1月1日至2020年10月1日存在人事关系。仲裁委作出驳回原告孙某的全部仲裁请求的决定。原告不服，向人民法院提起诉讼。

法院认为，合法的人事关系受法律保护，原告孙某及被告某地质勘查院对原告主张2015年1月1日至2020年10月1日存在人事关系无异议，故对原告主张2015年1月1日至2020年10月1日存在人事关系，本院予以确认。

法院判决：确认原告孙某与被告某地质勘查院2015年1月1日至2020年10月1日存在人事关系。

争议焦点

如何确定孙某与某地质勘查院的法律关系？

本案中，虽然原告2007年1月至2020年3月在被告某公司工作，但原告是根据被告某地质勘查院的调令至某公司工作的，在此期间也是由被告某地质勘查院为其缴纳社会保险费；2009年，原告与被告某地质勘查院签订聘用合同。2020年4月至今，原告回到某地质勘查院工作，工资由某地质勘查院发放，原告与地质勘查院在 2015 年 1 月 1 日至 2020 年 10 月 1 日存在人事关系。

 法律责任与后果

《关于在事业单位试行人员聘用制度的意见》（国办发〔2002〕35 号）第 1 条第 1 款规定，事业单位与职工应当按照国家有关法律、政策和本意见的要求，在平等自愿、协商一致的基础上，通过签订聘用合同，明确聘用单位和受聘人员与工作有关的权利和义务。人员聘用制度主要包括公开招聘、签订聘用合同、定期考核、解聘辞聘等制度。通过实行人员聘用制度，转换事业单位用人机制，实现事业单位人事管理由身份管理向岗位管理转变，由行政任用关系向平等协商的聘用关系转变，建立一套符合社会主义市场经济体制要求的事业单位人事管理制度。

最高人民法院《关于事业单位人事争议案件适用法律等问题的答复》（法函〔2004〕30 号）答复如下：

《最高人民法院关于人民法院审理事业单位人事争议案件若干问题的规定》（法释〔2003〕13 号）第 1 条规定，事业单位与其工作人员之间因辞职、辞退及履行聘用合同所发生的争议，适用《劳动法》的规定处理。

聘用单位应当在平等自愿、协商一致的基础上，与受聘人员签订聘用合同，明确聘用单位和受聘人员的权利与义务。

 法律风险识别

《事业单位人事管理条例》调整的对象是人事关系，存在人事关系是适用该条例的前提条件。聘用单位与受聘人员之间是否存在人事关系是适用《事业单位人事管理条例》最关键的因素。

认定人事关系应当满足以下几个条件：主体具有建立人事关系的资格；招聘单位上级主管部门审核后报同级组织、人事部门审批，办理编制；聘用单位与受聘人员具有建立人事关系的合意；由聘用单位法定代表人或者其委托人与受聘人员签订聘用合同，确立人事关系。

三、后合同义务

聘用合同解除后,聘用单位应当及时为受聘人员办理离职手续。实践中,聘用单位迟延为受聘人员办理档案交接、社会保险关系转移手续的情形,是违法行为。

(一)人事档案转移

112. 王某与某妇幼保健院辞职纠纷案①

王某于2018年8月1日入职某妇幼保健院,任职于医务科,职务为科员。2019年12月30日,王某提出辞职申请,某妇幼保健院各级领导于2020年1月6日签字批准,双方协商解除了聘用合同。2020年1月23日,王某按照某妇幼保健院要求完成工作交接。但某妇幼保健院迟迟未为王某办理人事档案及社会保险关系转移手续。事后某妇幼保健院以要求王某缴纳149万元的违约金和补偿金为条件,拒绝为王某办理离职手续。王某不服当地劳动人事争议仲裁委员会的裁决,特向本区人民法院提起诉讼,请求某妇幼保健院为王某办理人事档案和社会保险关系转移手续。

法院认为,聘用单位应当在解除或终止聘用合同后为受聘人员办理人事档案和社会保险关系转移手续。本案中,王某与某妇幼保健院之间的人事关系已经解除,故某妇幼保健院理应为王某办理人事档案和社会保险关系转移手续。

法院判决:某妇幼保健院于本判决生效后15日内为王某办理人事档案和社会保险关系转移手续。

---

① 参见北京市昌平区人民法院判决,(2020)京0114民初15338号。

第十章 人事争议处理的法律风险识别

争议焦点

聘用单位在与受聘人员解除聘用合同后，是否有义务为受聘人员办理人事档案和社会保险关系转移手续？

根据《劳动合同法》第50条规定，用人单位应当在解除或者终止劳动合同时出具解除或者终止劳动合同的证明，并在15日内为劳动者办理档案和社会保险关系转移手续。劳动者应当按照双方约定，办理工作交接。用人单位依照本法有关规定应当向劳动者支付经济补偿的，在办结工作交接时支付。用人单位对已经解除或者终止的劳动合同的文本，至少保存2年备查。

本案中，某妇幼保健院应在本判决生效后15日内为王某办理人事档案和社会保险关系转移手续。

（二）转移档案和社会保险关系的期限

113. 某中心卫生院与张某聘用合同纠纷案①

被告（乙方）张某通过事业单位统考进入原告（甲方）某中心卫生院处从事B超岗位工作，双方于2013年10月25日签订事业单位聘用合同，合同期限为2013年11月1日至2016年11月1日。合同还约定：乙方提出解除本合同，应当提前30日书面通知甲方，未能协商一致的，乙方应当继续履行；6个月后再次提出解除合同仍未能与甲方协商一致的，即可单方解除本合同，法律、法规另有规定的，从其规定。2022年1月24日，被告向原告提出辞职，未获批准；后被告继续履行聘用合同，直至2022年7月25日，被告再次向原告提出辞职申请。2022年7月29日，被告张某向当地劳动人事争议仲裁委员会申请仲裁，仲裁请求为：①依法裁决解除申请人与被申请人之间的聘用合同；②依法裁决被申请人办理转移申请人的人事档案、社会保险关系。

---

① 参见浙江省温州市苍南县人民法院判决，（2022）浙0327民初4405号。

原告某中心卫生院不服仲裁裁决，向法院提出诉讼请求：确认被告与原告的解除聘用合同行为无效。

法院认为，原告与被告双方签订的聘用合同在2016年11月1日到期。期满后，被告虽仍继续在原告处工作，但双方并未续签聘用合同。根据上述规定，被告作为受聘人员可以随时终止聘用合同。被告于2022年7月25日提出辞职申请并已送达原告，故被告主张双方聘用合同于2022年7月25日解除，本院予以支持。对原告请求确认与被告解除聘用合同行为无效的请求，本院不予支持。故此，原告有义务协助被告办理社会保险关系、人事档案转移等离职手续。

法院判决：确认张某与某中心卫生院之间的聘用合同于2022年7月25日解除，某中心卫生院于本判决生效之日起20日内协助张某办理社会保险关系、人事档案转移等离职手续。

争议焦点

聘用单位为受聘人员办理档案和社会保险关系转移的期限是如何规定的？

《劳动合同法》第50条规定，用人单位应当在解除或者终止劳动合同时出具解除或者终止劳动合同的证明，并在15日内为劳动者办理档案和社会保险关系转移手续。劳动者应当按照双方约定，办理工作交接。用人单位依照本法有关规定应当向劳动者支付经济补偿的，在办结工作交接时支付。用人单位对已经解除或者终止的劳动合同的文本，至少保存2年备查。

《事业单位试行人员聘用制度有关问题的解释》（国人部发〔2003〕61号）第5条第19项规定，聘用合同解除后，单位和个人应当在3个月内办理人事档案转移手续。单位不得以任何理由扣留无聘用关系职工的人事档案；个人不得无故不办理档案转移手续。

根据特别法优于一般法的原则，聘用单位应在解除或者终止聘用合同之日起3个月内为解除、终止聘用合同的人员办理人事档案、社会保险关系的转移手续。

法律责任与后果

《劳动合同法》第84条规定，用人单位违反本法规定，扣押劳动者居民身份证等证件的，由劳动行政部门责令限期退还劳动者本人，并依照有关法律规定给予处罚。用人单位违反本法规定，以担保或者其他名义向劳动者收取财物的，由劳动行政部门责令限期退还劳动者本人，并以每人500元以上2000元以下的标准处以罚款；给劳动者造成损害的，应当承担赔偿责任。劳动者依法解除或者终止劳动合同，用人单位扣押劳动者档案或者其他物品的，依照前款规定处罚。

聘用单位未依法为受聘人员办理档案和社会保险关系转移手续的，受聘人员可以向劳动行政部门投诉，由劳动行政部门责令聘用单位限期办理，并由劳动行政部门按照每人500元以上2000元以下的标准处以罚款；给受聘人员造成损害的，聘用单位应当承担赔偿责任。

法律风险识别

聘用单位应在聘用合同解除或者终止后15日内为受聘人员办理档案和社会保险关系转移手续。聘用单位没有及时为受聘人员办理档案交接手续的，受聘人员可以申请人事争议仲裁，对仲裁裁决结果不服的，还可以向人民法院提起诉讼。

四、举证责任

举证责任，是指当事人对诉讼中提出的主张提供证据加以证明的义务。当事人如果不能提供充分证据证明自己的主张，就要承担不利的法律后果。实践中，举证责任的分配，直接关系到案件审理的结果。

对于人事争议的案件而言，既遵循举证责任分配的一般原则，也存在特殊情形下的举证责任倒置。

举证责任的最基本原则是"谁主张，谁举证"，即当事人对自己提供的主张，有责任提供证据加以证明。

举证责任倒置,是指在某些法定情形下,把通常应当由提出事实主张的当事人承担的举证责任,直接分配给对方,由对方对于否认该事实存在提供证据。

案例导引

114. 某儿科研究所附属儿童医院与林某聘用合同纠纷案①

被告林某于 1990 年 8 月 31 日入职原告某儿科研究所附属儿童医院(以下简称"儿童医院"),担任副主任医师。2007 年 1 月 1 日,儿童医院与林某签订聘用合同。2015 年 1 月 1 日,双方续订日期为 2015 年 1 月 1 日至法定退休年龄的聘用合同。

1993 年,林某因结婚需要向儿童医院借地下室 17 号房使用。2013 年 11 月 27 日至 29 日,××区消防局、房管局、××街道办事处等多家单位对儿童医院处进行安全检查,发现儿童医院宿舍楼地下室存在安全隐患,通知儿童医院尽快整改。其中,涉及林某借住的 17 号地下室需要整改、搬迁。2013 年 12 月 3 日,儿童医院下发了让居住在宿舍楼地下一层的居住人员清空房屋的通告,林某对此非常抗拒,随后向××市医院管理局提交了关于清空房屋的信访件。

2013 年底至 2014 年 5 月,林某间断来儿童医院上班,但不出门诊,来医院报正常考勤,不来医院时用其休假补充。2014 年 5 月至今,林某再未来医院上班,心内科反复做其思想工作无果后于 2014 年 8 月起将林某考勤按缺勤上报。心内科和医院相关职能处室对林某进行过多次劝说,并告知林某所有的工作用品(工作服、听诊器和 U 盘等)均可随时到相关部门领取,但林某依然不予理睬,2014 年 8 月至今一直未到岗上班,儿童医院无法为其安排出门诊。林某的行为已经严重违反了双方签订的聘用合同。林某不来上班,儿童医院从 2015 年 8 月开始,不给林某发放绩效工资及福利待遇。

---

① 参见北京市朝阳区人民法院判决,(2017)京 0106 民初 9008 号;北京市第三中级人民法院判决,(2018)京 03 民终 516 号。

2016年，林某以儿童医院为被申请人向当地劳动人事争议仲裁委员会申请仲裁，请求儿童医院补发其2015年8月1日至2016年11月30日的绩效工资及2014年1月1日至2016年11月30日的福利待遇；儿童医院承担违约责任，支付违约金10000元。仲裁委作出裁决：儿童医院支付林某违约金，驳回了林某的其他仲裁请求。儿童医院不服该仲裁裁决，诉至本院。一审宣判后，林某不服一审判决，向二审法院提起上诉。

一审法院认为，本案中，双方在聘用合同中约定，"甲方（儿童医院）应为乙方（林某）提供符合国家规定的安全卫生的工作环境、必要的工作条件和劳动保护"。林某称因儿童医院将其房屋查封造成其工作服、听诊器、U盘等工作用品被锁在房屋内无法拿出，使其无法工作。双方系因房屋纠纷才产生了后续争议，林某提交的证据不足以证明其相关工作用品被锁在房屋内，无法取出；也不足以造成其无法工作从而认定儿童医院违约，林某的证据不能证明儿童医院未向其提供必要的工作条件。所以，儿童医院关于无须支付林某违约金的请求，于法有据，本院予以支持。

一审法院判决：原告儿童医院无须向被告林某支付违约金10000元。

二审法院认为，林某上诉理由缺乏事实依据，本院不予采信。林某续签上述聘用合同至2016年11月4日前均未上班，但鉴于本案争议起因及实际情况，现有证据均难以证明林某上述期间未上班是因儿童医院不提供必要工作条件，而须支付违约赔偿金的情形，故就林某的相关上诉主张，本院难以采纳。所以，林某的上诉理由不能成立，应予驳回；一审法院判决处理并无不当，应予维持。

二审法院判决：驳回上诉，维持原判。

争议焦点

林某的考勤由哪方举证？

《民事诉讼法》第67条第1款规定，当事人对自己提出的主张，有责任提供证据。当事人对自己提出的诉讼请求依据的事实有责任提供证据加以证明，没有证据或者证据不足以证明当事人的事实主张的，由负有举证责任的当事人承担不利后果。

本案中，儿童医院提出林某没有正常考勤，林某的考勤由儿童医院举证，即"谁主张，谁举证"。

儿童医院提出证据：

第一，2013年底至2014年5月，林某间断来医院上班，但不出门诊，来医院报正常考勤，不来医院时用其休假补充。

第二，2014年5月至今，林某未来医院上班，心内科反复做其思想工作未果，心内科核心小组讨论决定不再给林某报考勤。

第三，2014年8月12日，院级领导、人事处、医务部负责人、心内科开会讨论，就此问题进行协调，会议决定，林某的考勤继续由心内科报"考勤未出勤"。

法律责任与后果

《劳动争议调解仲裁法》第6条规定，发生劳动争议，当事人对自己提出的主张，有责任提供证据。与争议事项有关的证据属于用人单位掌握管理的，用人单位应当提供；用人单位不提供的，应当承担不利后果。

《劳动人事争议仲裁办案规则》第13条规定，当事人对自己提出的主张有责任提供证据。与争议事项有关的证据属于用人单位掌握管理的，用人单位应当提供；用人单位不提供的，应当承担不利后果。

第14条规定，法律没有具体规定、按照本规则第13条规定无法确定举证责任承担的，仲裁庭可以根据公平原则和诚实信用原则，综合当事人举证能力等因素确定举证责任的承担。

《最高人民法院关于适用〈中华人民共和国民事诉讼法〉的解释》（法释〔2015〕5号）第90条规定，当事人对自己提出的诉讼请求所依据的事实或者反驳对方诉讼请求所依据的事实，应当提供证据加以证明，但法律另有规定的除外。

在作出判决前，当事人未能提供证据或者证据不足以证明其事实主张的，由负有举证证明责任的当事人承担不利的后果。

《最高人民法院关于审理劳动争议案件适用法律问题的解释（一）》（法释〔2020〕26号）第44条规定，因用人单位作出的开除、除名、辞退、解除劳动合同、减少劳动报酬、计算劳动者工作年限等决定而发生的劳动争议，用人单位负举证责任。

依据"谁主张，谁举证"的原则，受聘人员对自己提出的事实，有责任提出证据予以证明，受聘人员有证据证明聘用单位掌握事实存在的证据，应当由聘用单位提供证据的，聘用单位不能提供的，应当承担不利后果。

法律风险识别

在人事争议案件中，与受聘人员相比，事业单位被课以更重的举证责任——举证责任倒置，导致其在诉讼过程中，常因证据不足败诉，而这也是聘用单位败诉的主要原因，同时暴露出聘用单位在人力资源管理中存在的漏洞。

第一，聘用单位应在管理工作过程中树立起证据意识，加强证据的管理，并掌握基本的举证技巧，否则在发生人事争议时，将无法证明自己的主张，承担不利的法律后果。

第二，聘用单位应在举证期限内，向劳动人事争议仲裁委员会提交证据，如果聘用单位直到开庭时才提交证据，应当承担不利后果。一般地，在仲裁阶段的举证期限由劳动人事争议仲裁委员会受理案件后，根据案件的具体情形而定，并且会在举证通知书或者应诉通知书中写明，即从聘用单位收到案件的举证通知书或者应诉通知书之日起10日或者15日提交证据。如果聘用单位未在指定的举证期限内提交证据的，应承担不利后果。

第三，聘用单位应在举证期限内，向人民法院提交证据材料，第一审普通程序案件不得少于15日，当事人提供新证据的第二审案件不得少于10日。适用简易程序的，举证期限由人民法院确定，但不得超过15日。法院送达的举证通知书中，会明确告知当事人人民法院指定的举证期限和相关的权利、义务。如果聘用单位超过举证期限才提交证据，应当承担不利后果。

11

第十一章

工勤人员劳动合同的法律风险识别

第十一章 工勤人员劳动合同的法律风险识别

事业单位岗位分为工勤岗位、技术岗位和管理岗位三种。工勤岗位，又称"工勤技能岗位"，是指在岗位设置中从事简单体力工作或一般技术工种的岗位，即工勤编制的工作人员。因工作性质，事业单位需要部分后勤保障工作人员，比如驾驶员、通信员、保安等，就属于工勤编制人员。

工勤岗位包括技术工岗位和普通工岗位，其中，技术工岗位分为一级至五级，共5个等级，普通工岗位不分等级。事业单位中的高级技师、技师、高级工、中级工、初级工，依次分别对应一级至五级工勤岗位。

工勤岗位作为聘用单位中的服务性和辅助性岗位，是保障聘用单位健康发展的重要力量，对保障后勤服务、辅助科研事业的发展发挥了不容忽视的作用。

第一节 工勤人员招聘与录用的法律风险识别

一、招聘广告

招聘广告，是指用人单位向社会公开发布的招聘信息，以吸引优秀人才前来应聘。

招聘广告在内容上是对招聘条件的概括，具体包括用人单位的基本情况、用人单位对工作岗位的基本需求、应聘者应当具备的基本能力、招聘条件和招聘办法等内容，如学历、经历、职称、技术资格等条件。招聘广告不同于录用条件，其并非确定聘用者的唯一条件，也无须详尽列明应聘者符合应聘岗位要求所应具备的全部条件。

案例导引

115. 招聘广告与劳动合同不一致——李某与某学校劳动争议纠纷案[①]

2013年，李某大学毕业后，被某学校的招聘广告吸引而前去应聘。该学校的招聘广告称："招聘学校后勤工作人员，受聘人员月薪6000元并提供住房补贴、通信补贴。"

李某与某学校签订了3年的劳动合同。劳动合同中约定，李某月薪6000元，但合同条款中没有关于住房补贴和通信补贴的内容，李某认为招聘广告内容中已经写明，就没有询问。李某工作半年后，发现某学校没有兑现招聘广告中的住房补贴和通信补贴，就向某学校询问此事，某学校以劳动合同中没有约定为由，拒绝向李某提供住房补贴和通信补贴。

李某以此为由，向当地劳动人事争议仲裁委员会提起仲裁，要求某学校支付住房补贴和通信补贴。

劳动人事争议仲裁委员会认为，李某与某学校之间签订的劳动合同中，没有约定关于住房补贴和通信补贴的条款，所以，双方之间没有对此达成意思表示一致，某学校履行了劳动合同约定的义务。招聘广告中虽然有此内容，但没有写入劳动合同的条款，不具备法律约束力。

仲裁裁决：驳回李某的仲裁请求。

争议焦点

（1）招聘广告与劳动合同的区别是什么？

招聘广告不同于劳动合同，二者有以下区别。

第一，二者主体不同。招聘广告是用人单位用工自主权的体现，是用人单位的单方行为；劳动合同则是用人单位和劳动者通过协商达成的协议，是双方合意的行为。

第二，二者性质不同。招聘广告面向不特定多数的潜在应聘者，目的是

[①] 肖胜方. 劳动合同法下的人力资源管理流程再造［M］. 北京：中国法制出版社，2013.

吸引劳动者前来应聘，属于要约邀请，一般没有法律约束力；而劳动合同是用人单位与劳动者通过要约和承诺形成双方合意的意思表示，劳动合同成立并生效，即对双方当事人产生法律约束力。

当招聘广告与劳动合同约定不一致时，对用人单位是否承担的法律责任有所不同。本案中，李某与某学校在劳动合同中没有约定关于住房补贴和通信补贴的条款，某学校没有违反劳动合同的约定，不承担支付住房补贴和通信补贴的责任。

（2）要约邀请与要约的区别。

第一，要约邀请是一方邀请对方向自己发出要约，即任何一方向对方发出一些信息，表达希望对方和自己订立劳动合同的愿望；用人单位通过招聘广告，表达希望符合条件的劳动者和自己订立劳动合同的愿望；劳动者向用人单位寄发个人简历，表达希望和用人单位订立劳动合同的愿望，这一程序就是要约邀请。

第二，从法律性质上看，要约是当事人旨在订立合同的意思表示；要约发出后，对要约人和受要约人都产生一定的约束力。在发出要约邀请后，要约邀请人撤回邀请的，要约邀请人一般不承担法律责任。

劳动合同中，要约邀请主要是发出的简历、招聘简章、招聘广告等；劳动合同中，要约的内容应当包括订立劳动合同的愿望、订立劳动合同的条件，以及要求对考虑答复的期限。

本案中，某学校发出的招聘广告属于要约邀请，没有法律约束力，所以不承担向李某支付住房补贴和通信补贴的责任。

法律责任与后果

《就业服务与就业管理规定》第 14 条第 1 项规定，用人单位招用人员不得有下列行为：（一）提供虚假招聘信息，发布虚假招聘广告。

第 67 条规定，……用人单位违反第 14 条第（一）、（五）、（六）项规定的，由劳动保障行政部门责令改正，并可处以 1000 元以下的罚款；对当事人造成损害的，应当承担赔偿责任。

一般而言，招聘广告属于要约邀请，聘用单位一般不承担法律责任，但是从用人单位自身的良好声誉考虑，用人单位应当避免在招聘广告中夸大其词，要如实反映用人单位的真实信息。用人单位发布虚假招聘广告对劳动者造成损害的，不仅要对劳动者承担赔偿责任，还要受到劳动保障行政部门的行政处罚，处 1000 元以下的罚款。

 法律风险识别

第一，招聘广告是用人单位准备招聘员工时的一种宣传手段，用人单位在发布招聘广告时，若不遵守法律规定，不仅会受到相应的行政处罚，而且会对用人单位的信誉造成不利影响；若在招聘广告中存在不合法、不真实的信息，则很容易对劳动者产生不利影响。所以，用人单位应把风险前移，从作出要约邀请即发出招聘信息时，就加强防范意识，为建立合法的劳动关系夯实基础。

第二，实践中，用人单位一旦与新入职的劳动者发生争议，招聘广告就可能成为劳动者劳动争议仲裁或者诉讼的有力证据。因此，用人单位在撰写和发布招聘广告时，要注意招聘广告内容应真实、合法。

第三，招聘广告内容应与劳动合同内容保持一致，在招聘广告中，用人单位最好注明"以最终劳动合同为准"，劳动合同内容要涵盖招聘广告中的录用条件、工资待遇等事项，如果用人单位在与劳动者签订的劳动合同中没有明确约定以上条款，当双方发生劳动争议时，就会以招聘广告内容作为劳动争议仲裁或者诉讼的依据。

二、录用通知

录用是用人单位的人事决策过程。对于拟录用的满足招聘条件且面试、体检过关的劳动者，用人单位向其发出录用通知书，通知劳动者前来签订劳动合同，并主动履行告知义务。为保留证据，用人单位应在录用阶段注重文件的签收程序，维护自身的合法权益。

录用通知书是用人单位向拟录用的应聘者发出的通知，意在告知劳动者已经被录用的情况，一般包括用人单位的录用意向，劳动者报到的时间、地点、手续、注意事项等内容，甚至包括工作岗位、劳动报酬、工作地点等信息。

 案例导引

116. 录用通知书的效力——蒋某与某公司劳动争议纠纷案[①]

2012年9月17日，被告某公司通过电子邮件向原告蒋某发出录用通知书，约定入职时间为2012年10月中旬，合同期限3年，试用期3个月，并约定了试用期工资和转正后的工资待遇，且对工作时间及其他福利进行了规定。

蒋某在2012年9月17日即向原单位提出辞职。2012年9月18日，某公司向蒋某发出电子邮件称公司要求月底入职，否则会考虑另一人选。2012年9月19日，蒋某电子邮件回复称最早10月15日报道。某公司电子邮件回复称，如果蒋某时间配合不了就只能放弃。2012年10月10日，蒋某原单位出具离职证明；2012年10月17日，蒋某与原单位正式解除劳动关系。

2012年10月11日，蒋某向当地劳动人事争议仲裁委员会申请仲裁，要求某公司承担缔约过失责任，仲裁委作出不予受理决定。蒋某不服，向人民法院提起诉讼。一审宣判后，蒋某不服一审判决，向二审法院提起上诉。

一审法院认为，某公司在2012年9月17日通过电子邮件向蒋某发出录用通知书，该通知书详细规定了蒋某的工资标准、工作时间、福利待遇等情况，故某公司的该项行为已构成双方将建立劳动关系的承诺。在此过程中，某公司并无缔约过失行为。从过错来看，某公司不存在故意违反诚实信用原则的过错，故蒋某主张某公司承担缔约过失责任不符合缔约过失责任的成立要件。

一审法院判决：驳回蒋某的诉讼请求。

二审法院认为，双方劳动合同成立后未能建立劳动关系的原因在于，某公司在未与蒋某协商一致的情况下，改变了双方原定的入职时间，导致双方

---

① 参见广东省深圳市中级人民法院判决，（2013）深中法劳终字第1574号。

订立的劳动合同无法实际履行。考虑到某公司在发出录用通知的次日即提出了变更入职时间的邮件，某公司已经构成缔约过失责任，应当支付蒋某赔偿金。

二审法院判决：被上诉人某公司应于本判决生效之日起10日内向蒋某支付赔偿金。

争议焦点

（1）某公司与蒋某建立劳动关系的过程中是否存在缔约过失责任？

缔约过失责任，是指在合同的订立过程中，一方因违背其依据的诚实信用原则产生的先合同义务，而致另一方的信赖利益损失，并应承担损害赔偿责任。

劳动合同的订立程序即劳动合同订立经过的过程，需要经过要约和承诺。

但是，从实践情况来看，双方运用要约邀请的程序更频繁，不论是用人单位还是劳动者，对于自己发出的招聘广告或者个人简历，都是不受约束的，劳动合同的订立程序是多个要约邀请的反复，即双方协商的过程，当一方向另一方提出的所有内容具体而确定，并且自己接受其约束时，该意思表示才作为要约，对方按照该要约作出的同意意思表示，就是承诺，这时双方对合同内容达成一致意见。

本案中，某公司认可其曾于2012年9月17日以电子邮件的方式向蒋某发出录用通知书。该通知书明确某公司同意录用蒋某，同时该通知书明确了蒋某的工作部门、职位、在2012年10月中旬入职、合同期限3年，以及试用期3个月、试用期月薪和转正后月薪、工作时间及其他福利等内容。因此，该通知书表明双方当事人已于2012年9月17日就双方建立劳动合同达成合意，虽然尚未正式签订书面劳动合同，但双方的劳动合同至此已通过双方的要约、承诺并达成合意而成立。

对于双方劳动关系未能建立的责任，由于某公司在未与蒋某协商一致的情况下，单方面改变约定的入职时间，使双方订立的劳动合同无法实际履行，考虑到某公司在发出录用通知的次日即提出了变更入职时间的邮件，已经构成缔约过失责任，某公司应当向蒋某支付赔偿金。

（2）录用通知书与劳动合同有什么区别？

录用通知书不同于劳动合同，用人单位向劳动者发出录用通知书，通知劳动者在一定期限内报到后，没有与劳动者签订劳动合同即让劳动者工作，这种方式存在着潜在的法律风险。

第一，二者成立的要求不同。录用通知书成立是用人单位向劳动者发出明确、具体、包含具体内容的录用通知，且劳动者能够证明其收到了该通知。劳动合同成立的标志是劳动者和用人单位就合同的主要条款达成合意。有的录用通知书内容中包括了劳动报酬、工作时间和地点、工作内容、休息休假等劳动合同所应具备的条款，并由双方当事人签章确认，实际为一份合法有效的劳动合同。

第二，是否双方合意行为。一般而言，录用通知书是用人单位单方面作出的录用意向，仅包括决定录用、通知报到、注意事项等内容，一般要求劳动者到用人单位签订劳动合同，并不需要劳动者事先签字确认，即使劳动者在收到录用通知书后及时答复，也仅仅是表明双方就将要签订的劳动合同达成了合意，实质上劳动合同并没有形成。而劳动合同是劳动者和用人单位双方合意的行为，不是一方当事人的单方行为。

（3）劳动合同订立过程中缔约过失责任适用的范围是什么？

第一，在劳动合同不成立情况下的缔约过失责任。这是典型的劳动合同缔结过程中的缔约过失责任，是指在劳动合同的缔结阶段由于一方未尽到善良注意的义务，没有秉承诚信原则而随意进行磋商，甚至恶意进行磋商，对另一方因此遭受的损失应当承担赔偿责任。

第二，劳动合同因一方或者双方过错导致无效的缔约过失责任。用人单位与劳动者在订立劳动合同时应遵循诚实信用的原则，由于用人单位原因订立的无效合同，对劳动者造成损害的，应当承担赔偿责任。

第三，劳动合同有效情况下的缔约过失责任。对于有效劳动合同在履行过程中产生的争议，一般通过违约责任进行救济。

本案属于第一种类型。

法律责任与后果

《中华人民共和国民法典》（以下简称《民法典》）第471条规定，当事人订立合同，可以采取要约、承诺方式或者其他方式。

第474条规定，要约生效的时间适用本法第137条①的规定。

第500条规定，当事人在订立合同过程中有下列情形之一，造成对方损失的，应当承担赔偿责任：（一）假借订立合同，恶意进行磋商；（二）故意隐瞒与订立合同有关的重要事实或者提供虚假情况；（三）有其他违背诚信原则的行为。

录用通知书对劳动者和用人单位都产生法律约束力，任何一方违反都应承担违约责任。

在录用通知书送达劳动者之前，用人单位可以撤回，该通知不发生要约的法律效力。但是，一般而言，录用通知书是不能撤销的，因为录用通知书上注明了期限，劳动者可以主张自己合理信赖录用通知是不可撤销的，并已经做好了工作的准备，要求用人单位承担缔约过失责任。

法律风险识别

第一，用人单位应根据录用通知书的报到日期，先与劳动者签订劳动合同，再安排劳动者工作，否则将承担不订立书面劳动合同的法律责任。

第二，用人单位应保证确实需要录用该劳动者，才能发出录用通知书；否则，应在录用通知书中注明不予录用的除外情形。因为录用通知书一经发出便具有了法律效力，用人单位不得随意单方变更和解除。

第三，用人单位的录用通知书中，应注明劳动者具体的承诺时间，如在劳动者收到录用通知书而不能按时报到时，用人单位有取消此职位或者录用

---

① 《民法典》第137条规定，以对话方式作出的意思表示，相对人知道其内容时生效。以非对话方式作出的意思表示，到达相对人时生效。以非对话方式作出的采用数据电文形式的意思表示，相对人指定特定系统接收数据电文的，该数据电文进入该特定系统时生效；未指定特定系统的，相对人知道或者应当知道该数据电文进入其系统时生效。当事人对采用数据电文形式的意思表示的生效时间另有约定的，按照其约定。

其他劳动者的权利。

第四，用人单位的录用通知书中，应明确约定双方的违约责任。劳动者与用人单位对录用通知书达成合意后，劳动者在录用通知书规定的期限内没有报到，用人单位可以要求劳动者承担相应的违约责任。

第五，用人单位应在劳动者入职体检合格之后，再向其发出录用通知书。这样，用人单位既能根据体检结果决定是否录用劳动者，又能避免引发就业歧视，从而防止劳动争议纠纷的发生。

三、抵押金条款

抵押金条款又称"保证金条款"，是约定劳动者向用人单位交纳一定数量货币或者其他财物，而在有特定违约或者解约行为时不予退还，并以此作为缔结劳动关系前提条件的合同条款。

我国法律禁止用人单位以任何形式向劳动者收取保证金和押金等财物。

案例导引

117. 某大学与抄某劳动争议纠纷案①

2005年9月，原告抄某在被告某大学后勤部工作，担任宿舍楼及教学楼门卫，双方未签订书面劳动合同，某大学也未给抄某缴纳社会保险。2020年3月后，抄某未再返回某大学工作。2020年8月8日，某大学收到抄某邮寄送达的《解除劳动关系通知书》。

2020年8月6日，抄某以某大学未与其签订书面劳动合同，某大学返还抄某岗位风险抵押金为由，向当地劳动人事争议仲裁委员会提起仲裁。仲裁裁决书送达双方当事人后，抄某不服，向人民法院起诉。一审宣判后，某大学不服一审判决，向二审法院提起上诉。

一审法院认为，某大学系事业单位法人，具备用人主体资格。首先，抄

---

① 参见河南省焦作市中级人民法院判决，（2021）豫08民终1497号。

某于2005年9月到某大学工作时未达到法定退休年龄，具备劳动者主体资格；其次，某大学负有对学生及教学设施进行管理的责任，抄某从事的宿舍及教学楼门卫工作属于某大学教学工作的组成部分；最后，某大学未举证证明其依法制定的各项劳动规章制度的内容，也未举证证明其已告知抄某无须受前述规章制度的约束。所以，应认定抄某与某大学之间系劳动关系。

关于岗位风险抵押金返还问题，某大学收取该笔款项违反《劳动合同法》规定，不得要求劳动者提供担保或者以其他名义收取劳动者财物，抄某该项诉求，予以支持。

一审法院判决：确认某大学与抄某之间的劳动关系于2020年8月6日解除，返还抄某风险抵押金。

二审法院认为，抄某于2005年9月到某大学工作，主要工作岗位为宿舍楼及教学楼门卫，抄某的工作内容是某大学的工作组成部分，抄某接受某大学的管理，从事的是某大学安排的有报酬的劳动。某大学主张抄某系后勤集团独立核算单位聘用的人员，抄某和某大学之间系劳务关系。但某大学后勤集团并不是独立法人，不具备有效的用工主体资格，某大学的该项主张法院不予采纳。因此，一审法院判决认定抄某和某大学之间系劳动关系并无不当。岗位风险抵押金返还问题上诉理由均不成立，某大学上诉请求均应予以驳回，一审法院认定事实清楚，判决并无不当，应予维持。

二审法院判决：驳回上诉，维持原判。

争议焦点

用人单位向劳动者收取的风险抵押金是否合法？

《劳动合同法》第9条规定，用人单位招用劳动者，不得扣押劳动者的居民身份证和其他证件，不得要求劳动者提供担保或者以其他名义向劳动者收取财物。

本案中，某大学违反《劳动合同法》的规定，向抄某收取风险抵押金的行为违法，应予返还。

第十一章　工勤人员劳动合同的法律风险识别

法律责任与后果

《劳动部关于印发〈关于贯彻执行《劳动法若干问题的意见〉的通知》（劳部发〔1995〕309号）第2条第24款规定，用人单位在与劳动者订立劳动合同时，不得以任何形式向劳动者收取定金、保证金（物）或抵押金（物）。对违反以上规定的，应按照劳动部、公安部、全国总工会《关于加强外商投资企业和私营企业劳动管理切实保障职工合法权益的通知》（劳部发〔1994〕118号）和劳动部办公厅《对"关于国有企业和集体所有制企业能否参照执行劳部发〔1994〕118号文件中的有关规定的请示"的复函》（劳办发〔1994〕256号）（废止）的规定，由公安部门和劳动行政部门责令用人单位立即退还给劳动者本人。

《劳动合同法》第84条规定，用人单位违反本法规定，扣押劳动者居民身份证等证件的，由劳动行政部门责令限期退还劳动者本人，并依照有关法律规定给予处罚。用人单位违反本法规定，以担保或者其他名义向劳动者收取财物的，由劳动行政部门责令限期退还劳动者本人，并以每人500元以上2000元以下的标准处以罚款；给劳动者造成损害的，应当承担赔偿责任。劳动者依法解除或者终止劳动合同，用人单位扣押劳动者档案或者其他物品的，依照前款规定处罚。

劳动者入职时，用人单位不得以任何形式收取、扣押劳动者的财物，亦不得采取其他方法变相收费，更不得扣押劳动者1个月的工资或一部分工资。否则，劳动行政部门会对用人单位给予行政处罚——按照每人500元以上2000元以下的标准处以罚款。

法律风险识别

实践中，很多用人单位为了保护自身的利益，在招聘时，要求重要工作岗位或者掌握了用人单位财产的劳动者提供风险抵押金。对此，《劳动合同法》明确规定，用人单位招用劳动者，不得向劳动者收取财物；否则，用人单位会被处以行政处罚并应当承担赔偿责任。

第二节　工勤人员劳动合同订立的法律风险识别

劳动合同是证明用人单位与劳动者建立劳动关系及双方权利、义务的基本依据，也是劳动争议的核心证据。因此，用人单位在与劳动者签订劳动合同时，应当订立书面劳动合同。

一、电子劳动合同

建立劳动关系，应当订立书面劳动合同。当前，因互联网衍生出的各类电子产品，已逐渐取代传统的报刊、书籍等，成为主要的信息传播方式，其将原来印刷在纸张上的文字通过互联网载体，以电子形式表现出来，从电子产品中阅读到的资讯、文章等，同样属于书面形式的范畴。因此，电子劳动合同应属于书面劳动合同。劳动合同电子化，在一定程度上颠覆了人们对书面劳动合同的认知。

案例导引

118. 田某与某公司劳动争议纠纷案①

田某于2014年1月24日进入某公司从事销售工作，双方签订了期限为2014年1月24日至2019年1月23日的书面劳动合同，田某的工资标准为5000元/月。按照劳动合同约定，田某的QQ邮箱为其确认的电子邮件收件地址。2016年8月2日，田某被调往某公司深圳办事处担任副主任，其工资调整为10000元/月，田某同意该工作调动并前往深圳任职。2019年1月18日，某公司人力资源部通过电子邮件的方式向田某发送了续签劳动合同通知。田某在1月19日向某公司人力资源部发送了回复邮件，提出等其返回成都后再

---

① 参见2019年度成都法院劳动争议十大典型案例之十：电子劳动合同的有效性确认案。

与公司订立书面劳动合同请求。2019年1月20日，某公司人力资源部通过电子邮件向田某发送了劳动合同电子版，要求田某确认该劳动合同的具体条款，并在3日内提出修改意见，否则视为对该劳动合同内容无异议。田某收到了该邮件但未作回复。2019年1月23日，某公司人力资源部通过邮件方式，向田某发送了加盖公司电子印章的劳动合同电子版。

2019年9月12日，某公司召开董事会，决定撤销深圳办事处，公司要求田某返回成都继续履行劳动合同，福利待遇不变，田某不同意，希望与公司协商解除劳动合同。双方未能就劳动合同解除事宜达成一致。

田某向当地劳动人事争议仲裁委员会提起仲裁，要求某公司支付没有续签劳动合同的2倍工资。后田某不服仲裁裁决，向人民法院提起诉讼。

法院认为，书面劳动合同，一般是指用人单位和劳动者通过文字形式确定劳动关系，以及明确双方权利和义务的书面协议。书面协议有别于口头约定，主要体现在两个方面：一是书面协议必须有文字约定，二是书面协议需要通过有形的载体予以表现。

本案中，田某主张，书面劳动合同必须是纸质劳动合同。但是，电子劳动合同属于书面劳动合同。人力资源和社会保障部办公厅于2020年3月10日印发了《人力资源社会保障部办公厅关于订立电子劳动合同有关问题的函》，电子劳动合同的效力得到了进一步明确，因此，用人单位可以与劳动者订立电子劳动合同。

法院判决：驳回田某的诉讼请求。

争议焦点

电子劳动合同的效力如何？

《人力资源社会保障部办公厅关于订立电子劳动合同有关问题的函》（人社厅函〔2020〕33号）答复如下：

用人单位与劳动者协商一致，可以采用电子形式订立书面劳动合同。采用电子形式订立劳动合同，应当使用符合电子签名法等法律法规规定的可视为书面形式的数据电文和可靠的电子签名。用人单位应保证电子劳动合同的生成、传递、储存等，满足电子签名法等法律法规规定的要求，确保其完整、准确、不被篡改。符合《劳动合同法》规定和上述要求的电子劳动合同一经订立即具有法律效力，用人单位与劳动者应当按照电子劳动合同的约定，全面履行各自的义务。

实践中，电子合同和电子签名的法律效力已得到认同，并且已在政务服务中对电子签名加以运用。电子劳动合同的效力得到了进一步明确，因此，用人单位可以与劳动者订立电子劳动合同。

在实务中，判断用人单位与劳动者订立的电子劳动合同是否有效，应当重点审查以下几个方面：一是用人单位的送达是否有效，二是用人单位是否履行协商的程序，三是需要确认用人单位是否有主动订立劳动合同的具体行为。

本案中，某公司与田某之间签订的电子劳动合同是有效劳动合同。

法律责任与后果

《电子劳动合同订立指引》第 1 条规定，本指引所指电子劳动合同，是指用人单位与劳动者按照《劳动合同法》《民法典》《中华人民共和国电子签名法》等法律法规规定，经协商一致，以可视为书面形式的数据电文为载体，使用可靠的电子签名订立的劳动合同。

第 2 条规定，依法订立的电子劳动合同具有法律效力，用人单位与劳动者应当按照电子劳动合同的约定，全面履行各自的义务。

第 3 条规定，用人单位与劳动者订立电子劳动合同的，要通过电子劳动合同订立平台订立。

第 13 条规定，劳动者需要电子劳动合同纸质文本的，用人单位要至少免费提供一份，并通过盖章等方式证明与数据电文原件一致。

《民法典》第 469 条规定，当事人订立合同，可以采用书面形式、口头形式或者其他形式。书面形式是合同书、信件、电报、电传、传真等可以有形地表现所载内容的形式。以电子数据交换、电子邮件等方式能够有形地表现所载内容，并可以随时调取查用的数据电文，视为书面形式。

《劳动合同法》第 82 条规定，用人单位自用工之日起超过 1 个月不满 1

年未与劳动者订立书面劳动合同的，应当向劳动者每月支付 2 倍的工资。

用人单位违反本法规定不与劳动者订立无固定期限劳动合同的，自应当订立无固定期限劳动合同之日起向劳动者每月支付 2 倍的工资。

用人单位与劳动者之间通过电子邮件签订劳动合同，只要用人单位得到劳动者的回复确认，就可视为双方订立书面劳动合同，如果没有得到劳动者的确认，则用人单位需承担自用工之日起超过 1 个月不满 1 年未与劳动者订立书面劳动合同的责任，应当向劳动者每月支付 2 倍的工资。

法律风险识别

劳动合同电子化，在一定程度上颠覆了人们对书面劳动合同的认知。

采用电子形式订立劳动合同，应当使用符合电子签名法等法律法规规定的，可视为书面形式的数据电文和可靠的电子签名。

用人单位在与劳动者通过电子形式订立劳动合同时，一定注意劳动者的回复确认行为，否则，可能面临承担未签订书面劳动合同支付 2 倍工资的赔偿。

二、事实劳动关系

在实践中，用人单位由于管理上的疏忽，或者法律认识上的偏差，在用工时没有及时与劳动者签订劳动合同，或者劳动合同到期后没有及时与劳动者续签劳动合同，这些都构成事实劳动关系。

用人单位与劳动者建立劳动关系，应当订立书面劳动合同。即现行法律规定，排除了事实劳动关系存在的合法性，所有劳动关系建立的同时，都必须签订书面劳动合同。

案例导引

119. 田某与某职业技术教育中心劳动争议纠纷案①

原告田某于 2014 年 2 月 17 日开始在被告某职业技术教育中心（事业法

---

① 参见山东省菏泽市成武县人民法院判决，(2015) 成民初字第 356 号。

人）门岗做保安。2014年11月3日,被告无故辞退原告。原告在岗期间,被告以每月800元的工资(菏泽市2014年最低工资标准为1200元)发放给原告,上班时间是三人轮流24小时在岗,加班和节假日不发工资。原告与被告之间未签订书面劳动合同。原告向当地劳动人事争议仲裁委员会提起仲裁,因不服仲裁裁决,向人民法院提起诉讼,请求被告支付克扣原告的工资及原告双倍工资。

法院认为,原告于2014年2月17日进入被告单位从事门卫保安工作,此时即与被告建立了事实劳动关系。《劳动合同法》第85条规定,……劳动报酬低于当地最低工资标准的,应当支付其差额部分。据此规定,原告要求被告补足劳动关系存续期间的工资差额,于法有据,本院予以支持。《劳动合同法》第82条第1款规定,用人单位自用工之日起超过1个月不满1年未与劳动者订立书面劳动合同的,应当向劳动者每月支付2倍的工资。被告与原告未签订书面劳动合同,原告要求被告支付双倍工资,于法有据,本院予以支持。

法院判决:限被告某职业技术教育中心于判决生效后3日内支付原告田某差额工资及双倍工资、经济补偿。

争议焦点

用工之日、劳动关系建立和劳动合同签订三者的关系如何界定?

对于用工之日、劳动关系建立和劳动合同签订三者之间的关系,《劳动合同法》第7条规定,用人单位自用工之日起即与劳动者建立劳动关系。第10条规定,建立劳动关系,应当订立书面劳动合同。已建立劳动关系,未同时订立书面劳动合同的,应当自用工之日起1个月内订立书面劳动合同。用人单位与劳动者在用工前签订劳动合同的,劳动关系自用工之日起建立。

据此,用工就等于建立劳动关系,但签订书面劳动合同与用工的关系较为复杂,时间上未必一致,主要存在以下三种情况。

第一,在用工的同时签订书面劳动合同,即"同时签用"。这是最不容易引起劳动争议的方式。用工之日是建立劳动关系之时,建立劳动关系之时是劳动者开始在用人单位的管理、监督、指挥下提供劳动之时，是计算劳动者工资的起始时间，也是劳动者在该用人单位工作年限的起算时间。

第二，在用工后订立，即"先用后签"。对于建立劳动关系早于签订劳动合同的情形，即只要在1个月内补签，就不违法。

第三，在用工前签订劳动合同，即"先签后用"。对于这种建立劳动关系晚于签订劳动合同的情形，用工前签订劳动合同的情况是完全合法的。

《劳动合同法》规定引起劳动关系产生的法律事实是用工，其目的是保护事实劳动关系中劳动者的权益。

 法律责任与后果

《贵州省高级人民法院、贵州省人力资源和社会保障厅关于印发〈关于劳动争议案件若干问题的会议纪要〉的通知》（黔高法〔2012〕136号）第5条第27项规定，在用人单位未安排劳动者工作期间，如果用人单位未与劳动者签订书面劳动合同，因劳动者未提供劳动，劳动者请求支付未签订书面劳动合同2倍工资的，不予支持。

劳动者提供劳动，而用人单位自用工之日起超过1个月不满1年未与劳动者订立书面劳动合同的，应当向劳动者每月支付2倍的工资。

 法律风险识别

第一，签订书面劳动合同是我国《劳动法》《劳动合同法》中对用人单位的强制性要求。

第二，用人单位从用工之日起超过1个月不满1年未与劳动者签订书面劳动合同的，应当向劳动者每月支付2倍的工资，并与劳动者补订书面劳动合同。

第三，用人单位自用工之日起满1年未与劳动者签订书面劳动合同的，自用工之日起满1个月的次日至满1年的前1日向劳动者每月支付2倍的工资，并视为自用工之日起满1年的当日已经与劳动者订立无固定期限劳动合同，应当立即与劳动者补订书面劳动合同。

第四，用人单位未与劳动者签订书面劳动合同是因劳动者未提供劳动的，用人单位无须向劳动者支付2倍工资。

第三节 工勤人员劳动合同解除的法律风险识别

用人单位单方解除劳动合同，法律规定有事先通知工会的程序要求，即用人单位单方与劳动者解除劳动合同时，务必事先通知工会。除此之外，用人单位单方面解除劳动合同时，务必向劳动者送达解除劳动合同通知书，没有送达的，解除不发生效力。

劳动合同与聘用合同解除的区别如下。

劳动合同的解除规则根据《劳动合同法》设立，具有普适性与一般性；聘用合同的解除受政策影响较大，无专门法律对其解除规则进行规定。

一、劳动者过错——试用期不符合录用条件

录用条件作为试用期考核的主要依据，与具体岗位有关，岗位的变化必然使录用条件发生变化。

录用条件，是指用人单位在招用劳动者时提出的具体要求和标准，包括文化程度、技能程度、身体、品质等条件。

录用条件一般包括资质条件、工作能力条件以及职业道德条件三个方面。

案例导引

120. 张某与某发展委员会劳动争议纠纷案[①]

2019年7月30日，原告通过某省人事考试网参加了被告面向社会公开招录的机关工勤人员选拔考试。考试通过后，原告于2019年11月1日入职被告

---

① 参见辽宁省沈阳市皇姑区人民法院判决，（2021）辽0105民初3772号之一。

单位，职务为司机。2020年4月24日，原告与被告签订劳动合同一份，约定劳动合同期为2019年11月1日至2022年10月31日，从事驾驶员工作，工作地点为被告处。其中，试用期自2019年11月1日至2020年4月30日，月工资标准为3000元，试用期满后需进行试用期考核。考核结果合格，继续执行本合同；考核结果不合格，解除劳动关系。

2020年3月30日，被告向其单位各处室下发了《工勤人员试用期考核工作方案》的通知，并对原告进行了试用期考核，考核结果为不合格，并通知原告。2020年4月30日，原告与被告以原告个人原因主动提出离职申请为由，签订解除劳动合同证明书，落款处有原告、被告双方签字盖章。被告于当日向原告下发了劳动关系解除告知书，并由原告签收。

原告张某向当地劳动人事争议仲裁委员会提出仲裁申请，请求被告支付违法解除劳动合同的经济赔偿金。后原告张某不服仲裁裁决，遂诉讼至法院。

法院认为，原告主张被告系违法解除劳动合同并要求支付经济赔偿金问题，因原告与被告在劳动合同中约定了试用期满后需进行试用期考核，考核结果合格，继续执行本合同；考核结果不合格，解除劳动关系，并按月平均工资标准的2倍予以补偿。现被告主张在原告劳动合同试用期满时，对原告进行试用期考核，并提供考核标准系依据《工勤人员试用期考核工作方案》，考核结果为原告不符合录用条件。且在《解除劳动合同证明书》及《劳动关系解除告知书》中均载明系因原告个人原因主动提出离职，并经原告签字确认。同时，被告也向原告支付了经济赔偿金。故本院认为原告与被告应视为协商一致解除劳动合同，原告诉求于法无据，本院不予支持。

法院判决：驳回原告的诉讼请求。

争议焦点

招聘条件与录用条件的区别是什么？

第一，二者成立的前提条件不同。招聘条件是用人单位用工自主权的体现，由用人单位单方确定即可；而录用条件虽然是用人单位制定，但必须告知劳动者并由劳动者确认后，才对其生效。

第二,二者的适用主体不同。招聘条件是面向不特定多数的潜在应聘者,录用条件则适用于符合招聘条件拟录用的特定应聘者。

第三,二者的适用阶段不同。招聘条件适用于招聘阶段签订劳动合同之前,录用条件则适用于签订劳动合同后试用期结束前。

第四,二者的法律性质不同。招聘条件仅在于设定招聘人员的初步资格,如果应聘者不符合招聘条件,但用人单位仍然愿意将其招收,并与其签订劳动合同,那么用人单位不能以不符合招聘条件为由与其解除劳动合同;而录用条件是确定用人单位是否最终正式录用应聘者的具体标准,即使已经签订劳动合同,如果不符合录用条件,用人单位也有权与其解除劳动合同。

法律责任与后果

《劳动合同法》第39条第1款规定,劳动者有下列情形之一的,用人单位可以解除劳动合同:(一)在试用期间被证明不符合录用条件的。

第87条规定,用人单位违反本法规定解除或者终止劳动合同的,应当依照本法第47条规定的经济补偿标准的2倍向劳动者支付赔偿金。

《劳动法》第25条规定,劳动者有下列情形之一的,用人单位可以解除劳动合同:(一)在试用期间被证明不符合录用条件的。

一旦过了试用期,用人单位不得以不符合录用条件为由解除与劳动者之间的劳动合同,否则就属于违法解除劳动合同,须承担相应的法律责任。

法律风险识别

第一,用人单位应有明确的录用条件,并已经向劳动者公布。用人单位应在与劳动者签订劳动合同之前,制作《录用条件确认函》,也可以把录用条件直接约定在劳动合同条款中,并写明如果劳动者在试用期内被证明不符合录用条件,用人单位可以随时解除劳动合同,由劳动者签名确认,在日后发生劳动争议纠纷时,作为证明劳动者确实知道录用条件的证据。

第二,应当有确凿的证据证明劳动者不符合录用条件。实践中,通常表现为考核办法以及考核的记录。因此,用人单位应当加强考核管理,并做好相关文件的留存工作。对于劳动者在试用期的表现，用人单位应保留记录和客观的评价标准。

第三，劳动者试用期满后，用人单位不得再以不符合录用条件为由解除劳动合同。所以，不符合录用条件的结论一定要在试用期内作出。试用期是一个时间上的界限，只要到了约定的期限，就不能以不符合录用条件为由解除劳动合同。

第四，劳动者在试用期内被证明不符合录用条件，被用人单位依法解除劳动合同的，用人单位无须支付经济补偿。

第五，用人单位在试用期内解除与劳动者的劳动合同需遵循法定程序，否则，属于违法解除劳动合同，需承担支付经济赔偿金的责任。

第六，为避免劳动争议过程中用人单位承担举证不能的责任，应明确考核流程、考核方法及考核标准，考核结果须经劳动者签字确认。

二、劳动者无过失

（一）劳动者不能胜任工作

所谓不能胜任工作，是指不能按照要求完成劳动合同中约定的任务或者同工种、同岗位人员的工作量。用人单位可以与不能胜任工作的劳动者解除劳动合同，这是法律赋予用人单位的一项基本权利。

案例导引

121. 郭某与某第一人民医院劳动争议纠纷案①

原告郭某自1980年9月起即在被告某第一人民医院处工作至今，但是被告提供的事业单位聘用合同中原告的签名经鉴定系伪造，故此种情形应视为原告与被告应签订但未签订聘用合同。2016年12月23日，原告在被告单位

---

① 参见甘肃省兰州市七里河区人民法院判决，（2018）甘0103民初1557号；甘肃省兰州市中级人民法院判决，（2018）甘01民终2597号。

高压氧室工作期间,不能胜任本职工作,不服从科室工作安排,故原告的科室领导陈某申请将其调离该科室,且原告曾向××市纪委信访室实名举报陈某违规违纪,后经调查,原告的举报不属实,原告的行为违反了被告制定的《规章制度汇编》"职工奖惩制度"第5条第5款、第6款规定的"无理取闹、恐吓威胁单位领导、严重影响工作秩序和社会秩序的严重错误"。某第一人民医院纪律检查委员会案件调查笔录中并未明确显示原告不能胜任本职工作,原告的举报是为了维护自己的合法权益,被告的证据不足以证明原告存在违反被告制定的规章制度的行为。

为此,郭某向当地劳动人事争议仲裁委员会提出申请,依法判令某第一人民医院补发其2017年2月至9月的工资、奖金及一切福利。后郭某不服仲裁裁决,向人民法院提起诉讼。一审宣判后,某第一人民医院不服一审判决,向二审法院提起上诉。

一审法院认为,本案属于事业单位与其建立劳动关系的劳动者订立、履行、变更、解除或者终止劳动合同的情形,适用我国《劳动合同法》的相关规定。某第一人民医院纪律检查委员会案件调查笔录中其他同事的谈话并无原告不能胜任本职工作的内容,被告未向原告出具过其工作具体失误及不能胜任工作的其他客观证据,原告举报的被举报人陈某和被告主观意见不足以证明原告不能胜任科室工作,也不能证明原告的行为系"无理取闹、恐吓威胁单位领导、严重影响工作秩序和社会秩序的严重错误",故法院认定被告的证据证明力不足,原告不存在违反被告制定的规章制度的行为。

依据我国《劳动合同法》规定,用人单位应当将直接涉及劳动者切身利益的规章制度和重大事项决定公示,或者告知劳动者。被告并未举证其将《规章制度汇编》和对原告的待岗处分决定予以公示或告知原告,且结合本案事实认定部分,被告未能证明原告存在违反医院规章制度的行为,其应承担举证不能的责任,对原告要求被告补发其2017年2月至9月的工资、奖金、福利的诉讼请求,法院予以支持。

一审法院判决:被告某第一人民医院于本判决生效之日起15日内向原告郭某支付2017年2月至9月扣发的工资、奖金、福利。

二审法院认为,劳动者有依法享有工资报酬的权利。郭某工作具体失误及不能胜任工作,某第一人民医院没有证据支持,本院不予支持。综上所述,某第一人民医院的上诉请求不能成立,应予驳回;一审判决认定事实清楚,适用法律正确,审理程序合法,应予维持。

二审法院判决:驳回上诉,维持原判。

争议焦点

(1)不能胜任工作如何认定?

《劳动部办公厅关于印发〈关于《劳动法》若干条文的说明〉的通知》(劳办发〔1994〕289号)第26条第3款规定,本条第2项中的"不能胜任工作",是指不能按要求完成劳动合同中约定的任务或者同工种、同岗位人员的工作量。用人单位不得故意提高定额标准,使劳动者无法完成。

要认定劳动者是否胜任工作,一是按照事先的约定;二是在事先没有约定的情况下,按照同工种、同岗位劳动者的工作量进行衡量。

本案中,某第一人民医院纪律检查委员会案件调查笔录中,其他同事的谈话并无原告不能胜任本职工作的内容,某第一人民医院未向郭某出具过其工作具体失误及不能胜任工作的其他客观证据。所以,不能认定郭某不能胜任工作。

(2)"末位淘汰"制与不能胜任工作的区别是什么?

《贵州省高级人民法院、贵州省人力资源和社会保障厅关于劳动争议案件若干问题的会议纪要》(黔高法〔2012〕136号)第7条第35项规定,用人单位在劳动合同期限内通过"末位淘汰"或者"竞争上岗"等形式单方解除与劳动者的劳动合同,如果经审查劳动者不符合《劳动合同法》第40条规定情形的,应认定为违法解除劳动合同。

"末位淘汰"制是用人单位根据本单位的总体目标和具体目标,结合岗位的实际情况,设定一定的考核指标体系,以此指标为标准对劳动者进行考核,根据考核结果对靠后的劳动者进行淘汰的绩效管理制度。

"末位淘汰"制可以激发劳动者的工作积极性,淘汰工作能力差的劳动者，提高劳动者的整体素质。

从本质来看，"末位淘汰"制实际就是用人单位以劳动者考核处于末位为由单方解除与劳动者的劳动合同。

所以，劳动者在用人单位绩效考核中处于末位，并不等同于不能胜任工作，不符合用人单位单方解除劳动合同的法定条件，用人单位不能以此为由单方解除劳动合同。

 法律责任与后果

《劳动合同法》第40条第2项规定，有下列情形之一的，用人单位提前30日以书面形式通知劳动者本人或者额外支付劳动者1个月工资后，可以解除劳动合同：（二）劳动者不能胜任工作，经过培训或者调整工作岗位，仍不能胜任工作的。

第87条规定，用人单位违反本法规定解除或者终止劳动合同的，应当依照本法第47条规定的经济补偿标准的2倍向劳动者支付赔偿金。

《劳动法》第26条第2项规定，有下列情形之一的，用人单位可以解除劳动合同，但是应当提前30日以书面形式通知劳动者本人：（二）劳动者不能胜任工作，经过培训或者调整工作岗位，仍不能胜任工作的。

用人单位以不能胜任工作为由解除与劳动者的劳动合同，在保障自身权利时，也有相应的限制性条件，不能任意妄为，否则，须承担赔偿责任。

用人单位对不能胜任工作的劳动者不能直接辞退，而是必须先进行培训或者调整工作岗位，如果仍不能胜任，才可以解除劳动合同。在这种情况下，用人单位仍需要向劳动者支付经济补偿。

 法律风险识别

实践中，用人单位以劳动者不能胜任工作为由解除劳动合同时，出现的败诉率较高，为避免发生败诉风险，用人单位需注意以下事项。

第一，用人单位应事先对岗位职责及绩效考核作出规定，约定工作量、确定岗位职责和绩效目标，让劳动者签署。为了避免以后双方发生劳动争议，考核认定结果应该由劳动者签字确认。

第二,用人单位需要有确切的劳动者不能胜任工作的事实和证据。如用人单位内部规章制度、岗位说明书、日常考核、劳动者不能胜任工作的具体证据等,以免发生劳动争议时,举证困难,而承担败诉的风险。

第三,用人单位在劳动合同期限内不能以"末位淘汰"或者"竞争上岗"等考评结果作为单方面解除劳动合同的依据,否则,劳动者若以用人单位违法解除劳动合同为由,可以请求用人单位继续履行劳动合同或者支付赔偿金。

第四,如果经过培训或者调整工作岗位后,劳动者仍不能胜任工作岗位,用人单位可以与劳动者解除劳动合同,但是用人单位需要提前30日书面通知劳动者本人,或者额外支付劳动者1个月的代通知金。

(二)客观情况发生重大变化

劳动合同订立时依据的"客观情况"是指履行原劳动合同必要的客观条件,因不可抗力或者出现致使劳动合同全部或者部分条款不能履行或者没有必要履行的其他情况,如自然条件、用人单位迁移、被兼并、用人单位资产转移等。

案例导引

122. 阚某与某市场监督管理局劳动争议纠纷案[①]

1983年4月,阚某到某市场监督管理局(某工商行政管理局)工作,双方之间形成劳动关系,阚某属于工人岗位。2005年4月27日,某工商行政管理局制定历史遗留人员分流安置方案,具体分流安置办法:此次分流安置工作,先为2005年底达到法定退休年龄人员核定工资办理退休手续;其他人员采取考试的办法,择优录用12名工勤编制人员;剩余人员依法解除劳动关系实行一次性经济补偿,按保险政策补办1990—2004年的养老保险和失业保险

---

① 参见吉林省吉林市船营区人民法院判决,(2018)吉0204民初1064号。

手续。阚某被归入历史遗留人员范围，并在考试中未能通过。

2008年4月18日，某工商行政管理局发出解除劳动关系的通知，内容为：依据《某工商行政管理局历史遗留人员分流安置工作方案》及补充意见之规定，你与原市工商行政管理局间的劳动关系于2008年5月30日予以解除。2008年5月23日，某工商行政管理局在《北方法制报》上将上述解除劳动关系通知内容向阚某公告送达。2008年5月30日之后，阚某未到某工商行政管理局上班。

2015年6月，阚某向当地劳动人事争议仲裁委员会申请仲裁，要求裁定某工商行政管理局解除与阚某劳动关系无效。仲裁委作出申请不予受理的决定，阚某不服仲裁裁决，向人民法院提起诉讼。

法院认为，《劳动法》第26条第3项规定，有下列情形之一的，用人单位可以解除劳动合同，但是应当提前30日以书面形式通知劳动者本人：（三）劳动合同订立时所依据的客观情况发生重大变化，致使原劳动合同无法履行，经当事人协商不能就变更劳动合同达成协议的。某工商行政管理局在庭审中陈述，1990年后，因客观情况发生重大变化，解除与阚某之间的劳动关系。但原某工商行政管理局于2008年4月18日单方作出解除与阚某劳动关系通知前，未能举证其提前30日以书面形式通知阚某，对解除劳动关系通知也未采取直接送达或邮寄送达方式向阚某本人送达，而是采取在《北方法制报》公告的方式通知阚某解除劳动关系，上述行为均不符合法律规定，应视为解除劳动关系程序违法。

法院判决：某工商行政管理局于2008年5月30日解除与阚某劳动关系违法。

争议焦点

用人单位因客观情况发生重大变化解除与劳动者之间的劳动合同，需要满足什么条件？

第一，订立劳动合同时依据的客观情况发生重大变化。

第二，变化结果导致劳动合同无法履行。

第三，当事人双方协商变更合同但没有达成一致意见。

实践中，用人单位可以依法制定规章制度对客观情况发生重大变化的具体情况进行规定，并提前向劳动者进行公示。

本案中，某工商行政管理局制定历史遗留人员分流安置方案，解除与阚某之间的劳动关系，但是因未采取直接送达或邮寄送达方式向阚某本人送达，出现程序瑕疵，导致原某工商行政管理局与阚某之间解除劳动合同程序违法。

法律责任与后果

《劳动合同法》第46条第3项规定，有下列情形之一的，用人单位应当向劳动者支付经济补偿：（三）用人单位依照本法第40条规定解除劳动合同的。

《劳动法》第26条第3项规定，有下列情形之一的，用人单位可以解除劳动合同，但是应当提前30日以书面形式通知劳动者本人：（三）劳动合同订立时所依据的客观情况发生重大变化，致使原劳动合同无法履行，经当事人协商不能就变更劳动合同达成协议的。

用人单位要提前30日以书面形式通知劳动者本人，或者额外支付1个月的代通知金，才能单方解除与劳动者之间的劳动合同。此外，用人单位还应当给予劳动者相应的经济补偿。

法律风险识别

实践中，用人单位在需要解除与劳动者的劳动合同时，无法在法定情形中找到适宜条款，就把"客观情况发生重大变化"作为宽泛的解释和理解，很容易导致法律风险。

用人单位在根据客观情况发生重大变化解除订立合同时，必须与劳动者履行协商程序。用人单位只有与劳动者协商一致的情况下，才能解除劳动合同。如果用人单位未经与劳动者协商一致解除劳动合同的，就会被视为违法解除劳动合同。所以，征询劳动者是否愿意变更劳动合同内容，用人单位应保留是否协商一致的证据，以免处于不利地位。

三、经济性裁员

经济性裁员，是指用人单位在濒临破产进行法定整顿期间或者生产经营状况发生严重困难等情况下，为改善生产经营状况而裁减部分劳动者的一种手段。

为减少用人单位的经营成本，法律赋予用人单位单方解除劳动合同的权利。因此，法律对经济性裁员的条件更为苛刻。

123. 王某与某部队医院劳动争议纠纷案①

原告王某于 2012 年 1 月 17 日进入被告某部队医院处从事驾驶员工作，双方于 2012 年 3 月 1 日订立一份书面劳动合同，约定劳动合同期限为 2012 年 3 月 1 日至 2015 年 6 月 30 日，被告对原告实行标准工时制度；双方在 2015 年 6 月 1 日订立的变更（续签）劳动合同显示，双方续签固定劳动合同期限为 2015 年 7 月 1 日至 2020 年 6 月 30 日。2019 年 9 月 24 日，某联勤保障中心政治工作部出具《关于明确社会聘用人员消化分流过渡期有关问题的通知》，内容是经军级以上单位审批后，允许适当聘用或者短期新聘社会人员，合同期限一般不超过 1 年，最长不超过 2022 年 9 月，并明确解聘程序将其社会聘用人员消化分流，并支付解聘人员相应经济补偿。

2019 年 12 月 10 日，被告在其内网上传《拟裁减后勤保障类聘用人员情况说明》，主要内容为：被告根据上级文件政策要求，拟裁减后勤保障类聘用人员 48 人，特向全体员工进行情况说明，并附《后勤保障类聘用人员裁减方案（草案）》告知裁减方案实施步骤，裁员时间为 2020 年 1 月 12 日。

2019 年 12 月 10 日，被告召开员工大会告知员工即将进行的裁员进行情况说明、方案（草案）宣读以及意见征询，原告参与此次会议。2020 年 1 月

---

① 参见广西壮族自治区桂林市中级人民法院判决，（2021）桂 03 民终 1008 号。

8 日，××市人力资源和社会保障局出具《关于经济性裁员备案的函》告知被告收悉其提交的《后勤保障类聘用人员裁减方案》文本及相关本案材料。2020 年 1 月 12 日，被告公布《后勤保障类聘用人员裁减方案》，决定对原告实行裁员处理。

2020 年 1 月 13 日，被告向原告出具《解除劳动合同通知书》，并支付给原告解除劳动合同经济补偿。

2020 年 4 月，王某向当地劳动人事争议仲裁委员会提出仲裁申请，请求某医院支付违法解除劳动合同经济赔偿金。王某对仲裁裁决不服，向法院提起诉讼。一审宣判后，王某不服一审判决，向二审法院提起上诉。

一审法院认为，被告系军队改革政策产生的裁员行为，原告未提交被告裁员依据、程序不符合法律规定，而导致解除与原告劳动合同行为属于违法终止劳动合同的证据，原告应承担举证不能的不利后果。故对于原告提出被告终止与其劳动合同行为属于违法解除劳动合同的主张，法院不予采信。原告要求被告支付其违法解除劳动合同赔偿金，依据不足，法院不予支持。

一审法院判决：驳回原告王某的诉讼请求。

二审法院认为，本案虽不属于经济性裁员的性质，但被告与原告王某解除劳动合同系因贯彻落实国防和军队改革需求，双方劳动合同订立时依据的客观情况已经发生重大变化，致使劳动合同无法履行，被告解除与王某的劳动合同有法律依据；且本案不存在不得解除劳动合同的情形，本院对王某本案属违法解除劳动的主张不予认可。

二审法院判决：驳回上诉，维持原判。

争议焦点

王某与某部队医院之间是否属于经济性裁员？

《劳动合同法》第 41 条规定，有下列情形之一，需要裁减人员 20 人以上或者裁减不足 20 人但占企业职工总数 10% 以上的，用人单位提前 30 日向工会或者全体职工说明情况，听取工会或者职工的意见后，裁减人员方案经向劳动行政部门报告，可以裁减人员：（一）依照企业破产法规定进行重整的；

(二)生产经营发生严重困难的;(三)企业转产、重大技术革新或者经营方式调整,经变更劳动合同后,仍需裁减人员的;(四)其他因劳动合同订立时所依据的客观经济情况发生重大变化,致使劳动合同无法履行的。

裁减人员时,应当优先留用下列人员:(一)与本单位订立较长期限的固定期限劳动合同的;(二)与本单位订立无固定期限劳动合同的;(三)家庭无其他就业人员,有需要扶养的老人或者未成年人的。

用人单位依照本条第一款规定裁减人员,在6个月内重新招用人员的,应当通知被裁减的人员,并在同等条件下优先招用被裁减的人员。

本案中,某部队医院与王某解除劳动合同系因贯彻落实国防和军队改革需求,双方劳动合同订立时依据的客观情况已经发生重大变化,致使劳动合同无法履行,属于《劳动合同法》第41条第1款第4项的规定:其他因劳动合同订立时所依据的客观经济情况发生重大变化,致使劳动合同无法履行的。

法律责任与后果

《劳动法》第27条规定,用人单位濒临破产进行法定整顿期间或者生产经营状况发生严重困难,确需裁减人员的,应当提前30日向工会或者全体职工说明情况,听取工会或者职工的意见,经向劳动行政部门报告后,可以裁减人员。

用人单位依据本条规定裁减人员,在6个月内录用人员的,应当优先录用被裁减的人员。

《劳动合同法》第46条第4项规定,有下列情形之一的,用人单位应当向劳动者支付经济补偿:(四)用人单位依照本法第41条第1款规定解除劳动合同的。

第47条规定,经济补偿按劳动者在本单位工作的年限,每满1年支付1个月工资的标准向劳动者支付。6个月以上不满1年的,按1年计算;不满6个月的,向劳动者支付半个月工资的经济补偿。劳动者月工资高于用人单位所在直辖市、设区的市级人民政府公布的本地区上年度职工月平均工资3倍的,向其支付经济补偿的标准按职工月平均工资3倍的数额支付,向其支付经济补偿的年限最高不超过12年。本条所称月工资是指劳动者在劳动合同解除或者终止前12个月的平均工资。

为了保障劳动者的合法权益，防止用人单位滥用经济性裁员的单方解除权，法律对经济性裁员设置了各种严格的限制条件。

一是实体条件。企业必须确实达到一定的困难程度或者客观情况发生变化导致劳动合同无法继续履行，并且满足裁减人数要求。

二是程序条件。企业必须提前30日通知全体劳动者或者工会，听取工会或者劳动者意见后，并向劳动行政部门报告。

如果用人单位对不符合经济性裁员条件的劳动者进行经济性裁员，则用人单位构成违法解除劳动合同。用人单位经济性裁员即使满足实体条件，没有按照法定程序进行，也将面临违法解除劳动合同的风险。

法律风险识别

第一，《劳动法》《劳动合同法》对经济性裁员的认定、实体条件、程序条件、对象限制等方面都作了明确具体的规定，用人单位违反这些规定将承担相应的法律风险。

第二，用人单位在选择经济性裁员解除劳动合同时，应十分谨慎。只要采用经济性裁员，就要遵守法律规定，尤其是程序上的规定。

第三，针对无固定期限劳动合同的劳动者，可以适用经济性裁员解除劳动合同。

第四节　社会保险和公积金的法律风险识别

参加社会保险属于用人单位和劳动者的法定义务，具有强制性。《劳动合同法》实施后，明确规定了社会保险属于劳动合同的必备内容，用人单位和劳动者不能通过协商一致改变社会保险的内容。

一、生育保险待遇

生育保险,是指女性劳动者由于怀孕、分娩不能工作,收入暂时中断,国家和社会给予其必要物质帮助的社会保险制度。

生育保险不仅包括对女职工生育子女花费的生育手术费用、住院费等费用的补偿,还包括通过建立社会生育基金的方式,对女职工在规定的生育假期内因未从事劳动而不能获得工资收入的补偿。

案例导引

124. 安某与某实验小学劳动争议纠纷案①

2005年1月1日,原告安某与某市某幼儿园签订聘用合同。2009年3月,某幼儿园由被告某实验小学接收管理,原告一直在被告处工作至今,现在被告后勤处工作。其间,被告给原告发放部分工资低于某市最低工资标准。原告以灵活就业形式参保。原告自2019年1月1日至2019年2月21日担任后勤职务,由于与被告发生保险问题提出辞职,于2019年2月21日被告解除与原告的劳动关系。原告于2019年2月25日向被告提出申请,与被告签订无固定期限的劳动合同。

至2020年1月14日,原告的社会保险已经自2004年8月缴纳至2019年11月。因被告未及时缴纳生育险,造成原告未能享受国家生育险政策。医院出具了原告二孩出生证明和相关分娩费用单据。

2019年7月,原告向当地劳动人事争议仲裁委员会提出仲裁申请,要求被告支付原告的生育保险损失。原告不服仲裁裁决,于法定期限内向法院提起诉讼。

法院认为,原告提交了2013年5月31日生育情况的医疗费单据,参加新型农村合作医疗保险的医疗报销,以未参加生育保险为由,要求被告支付生

---

① 参见山东省日照市东港区人民法院判决,(2019)鲁1102民初6941号。

育保险损失。劳动者与用人单位之间发生的劳动争议,当事人不服劳动人事争议仲裁委员会作出的裁决,依法向人民法院起诉的,人民法院应当受理。但依据《劳动争议调解仲裁法》第 27 条规定,劳动争议申请仲裁的时效期间为 1 年。因原告的该项诉讼请求超过仲裁时效和诉讼时效,故对于原告要求被告支付原告的生育保险损失的诉讼请求本院不予支持。

法院判决:驳回原告的诉讼请求。

争议焦点

用人单位没有给劳动者缴纳社会保险,后来补缴社会保险,如何计算仲裁时效?

用人单位事先未为劳动者缴纳社会保险,后来为劳动者缴纳社会保险的,劳动者主张补缴此前的社会保险,以用人单位开始为劳动者缴纳社会保险之日为劳动争议发生之日。如果仲裁时效期间超过 1 年的仲裁时效,法院不予受理。

本案中,原告提交的是 2013 年 5 月 31 日生育情况的医疗费单据,2019 年 7 月才向劳动人事争议仲裁委员会提起仲裁,已经超过仲裁时效。

法律责任与后果

《女职工劳动保护特别规定》第 7 条规定,女职工生育享受 98 天产假,其中产前可以休假 15 天;难产的,应增加产假 15 天;生育多胞胎的,每多生育 1 个婴儿,增加产假 15 天。

女职工怀孕未满 4 个月流产的,享受 15 天产假;怀孕满 4 个月流产的,享受 42 天产假。

《社会保险法》第 53 条规定,职工应当参加生育保险,由用人单位按照国家规定缴纳生育保险费,职工不缴纳生育保险费。

第 54 条规定,用人单位已经缴纳生育保险费的,其职工享受生育保险待遇;职工未就业配偶按照国家规定享受生育医疗费用待遇。所需资金从生育保险基金中支付。

生育保险待遇包括生育医疗费用和生育津贴。

第55条规定，生育医疗费用包括下列各项：（一）生育的医疗费用；（二）计划生育的医疗费用；（三）法律、法规规定的其他项目费用。

第56条规定，职工有下列情形之一的，可以按照国家规定享受生育津贴：（一）女职工生育享受产假；（二）享受计划生育手术休假；（三）法律、法规规定的其他情形。

生育津贴按照职工所在单位上年度职工月平均工资计发。

用人单位没有给劳动者缴纳社会保险费用的，应承担给付社会保险费的责任，这是法律的强制性规定。生育保险费由用人单位按照国家规定缴纳，劳动者不缴纳生育保险费。

法律风险识别

第一，根据《社会保险法》的规定，用人单位已经缴纳生育保险费的，其职工享受生育保险待遇；职工未就业配偶按照国家规定享受生育医疗费用待遇。所需资金从生育保险基金中支付。生育保险待遇包括生育医疗费用和生育津贴。

第二，如果劳动者已经参加新型农村合作医疗保险，当地无法再同时缴纳城镇职工医疗保险的，则用人单位无须再为劳动者缴纳。

第三，生育保险的覆盖范围是我国的全体职工，不仅包括女职工，还包括男职工。

二、住房公积金

住房公积金，是指机关、事业单位、企业及其在职职工缴存的专项用于住房消费支出的个人长期住房储金。

住房公积金制度只在城镇设立，由两部分组成，一部分是职工所在单位缴存，另一部分是职工个人缴存。没有工作的城镇居民不实行住房公积金制度，离退休职工也不实行住房公积金制度。

第十一章 工勤人员劳动合同的法律风险识别

 案例导引

125. 康某与某镇人民政府劳动争议纠纷案①

自1991年起,原告康某先后在某区公所、某镇人民政府工作,担任驾驶员一职。

2008年11月14日,原告与被告双方签订了无固定期限劳动合同。双方在合同中对工作内容和工作时间、劳动报酬、休假、纪律要求等作了约定。原告系被告处非在编临聘人员,从事驾驶员工作,2018年2月办理退休手续。

2015年10月28日,某镇党政办向财政所出具通知,内容是:"根据2015年10月21日党政联席会研究决定,康某自2015年1月起工资调整,第13个月工资(奖励工资)按本人基本工资计发;综合目标奖按科员60%计发;养老保险按企业的100%计发;医疗保险按临聘人员计发;工伤生育险按原来执行标准不变。"

2020年5月27日,原告以被告未支付住房公积金、应赔偿损失等为由向当地劳动人事争议仲裁委员会申请仲裁。仲裁裁决送达后,原告不服诉至法院。

法院认为,原告要求被告赔偿因未办理住房公积金账户、未缴纳住房公积金,致使住房公积金管理机构不能补办,导致原告不能享受住房公积金而给原告造成的损失是否成立的问题。依据现行《住房公积金管理条例》的相关规定,住房公积金制度是我国住房制度改革、实行住房分配货币化的一项重要制度,由此产生的争议应该由住房公积金管理中心负责处理,不属于人民法院劳动争议案件处理范围,本院不予处理。

法院判决:驳回原告康某的诉讼请求。

争议焦点

住房公积金诉讼是否属于法院受案范围?

---

① 参见四川省自贡市富顺县人民法院判决,(2020)川0322民初2326号。

《劳动争议调解仲裁法》第2条第4项规定，中华人民共和国境内的用人单位与劳动者发生的下列劳动争议，适用本法：（四）因工作时间、休息休假、社会保险、福利、培训以及劳动保护发生的争议。

福利，是指用人单位用于补助职工及其家属和举办集体福利事业的费用，包括集体福利费、职工上下班交通补助费、探亲路费、取暖补贴、生活困难补助费等。住房公积金没有明确纳入福利的范围，因此住房公积金争议不属于劳动争议范畴。

本案中，康某与某镇人民政府之间因住房公积金发生的劳动争议纠纷，不属于人民法院受案范围。

法律责任与后果

《住房公积金管理条例》第38条规定，违反本条例的规定，单位逾期不缴或者少缴住房公积金的，由住房公积金管理中心责令限期缴存；逾期仍不缴存的，可以申请人民法院强制执行。

对于用人单位未缴或者少缴劳动者住房公积金的情况，劳动者有权要求住房公积金管理中心依法处理。

法律风险识别

第一，因住房公积金发生的劳动争议纠纷，不属于劳动人事争议仲裁委员会和人民法院的受案范围，但是，为了规范管理用人单位的需要，建议在劳动合同和规章制度中写明缴纳住房公积金的条款。

第二，对于住房公积金缴存的基数低于或者等于当地公布的本年度最低工资标准的劳动者，用人单位应当按照规定为其缴存住房公积金。

第三，用人单位一直没有建立住房公积金制度，新开户后要为劳动者补缴住房公积金。用人单位开户后，未缴或者少缴住房公积金的用人单位和劳动者，应当按照有关规定予以补缴。用人单位未缴或者少缴且逾期不补缴住房公积金的，由住房公积金管理中心依照国务院《住房公积金管理条例》的规定予以处理。

第五节 工时的法律风险识别

工作时间和休息休假是劳动基准法的重要组成部分。为了保障劳动者休息权的实现,设立有利于劳动者身心健康的工作时间和休息时间,《劳动法》通过强制立法确立了工时基准。

一、加班费

加班,是指用人单位由于生产经营的需要,经与工会和劳动者协商后,安排劳动者在法定工作时间外,延长工作时间。劳动者因个人原因在正常工作时间外工作不属于加班。

实践中,劳动者与用人单位之间关于加班费的劳动争议一直是热点问题。在综合计算工时制下,劳动者综合计算工作时间超过法定标准工作时间的部分,应视为延长工作时间,并应按规定支付劳动者延长工作时间的工资。在不定时工作制下,因为不存在延时加班和休息日加班的情形,所以一般不存在支付加班费的问题。只有在标准工时制下,用人单位才安排劳动者在休息日加班,而又不能安排补休、延时加班和在法定节假日加班,用人单位应当依据法定标准向劳动者支付加班费。

案例导引

126. 某国际实验学校与姚某劳动争议纠纷案[①]

原告姚某在 2007 年 4 月进入被告某国际实验学校处工作,双方未签订劳动合同。自 2007 年 4 月起,某国际实验学校为姚某缴纳社会保险。2012 年 4 月 1 日,某市人民政府办公厅印发《关于义务教育改制学校整改有关问题的

---

① 参见湖南省长沙市岳麓区人民法院判决,(2016)湘 0104 民初 457 号。

会议纪要》，同意将某国际实验学校改制为公办学校；对现有工勤人员实行全员聘用，并与某国际实验学校签订劳动合同。

某国际实验学校明确在 2015 年 7 月 16 日至 7 月 20 日与员工签订劳动合同。2015 年 8 月 29 日，某国际实验学校向工会委员会发出《解除劳动合同工会函》，内容为："因姚某旷工多日，学校决定与其解除劳动关系。学校将对工会的意见进行研究，作出最终处理决定。"某国际实验学校在 2015 年 9 月 2 日向姚某出具《解除劳动合同通知书》。某国际实验学校支付原告姚某工资至 2015 年 7 月。

原告与被告双方因加班工资等问题未能达成一致意见，原告姚某于 2015 年 10 月 14 日向当地劳动人事争议仲裁委员会申请仲裁，要求被告向其支付 2007 年 4 月至 2014 年 6 月的加班工资。原告不服仲裁裁决，遂向法院提起诉讼。

法院认为，关于加班工资，原告提交的证据足以证明其加班的事实。用人单位安排劳动者在休息日工作，又不能安排劳动者补休的，应向劳动者支付加班费，本院予以支持。

法院判决：某国际实验学校向姚某支付加班工资。

争议焦点

（1）加班工资的支付标准是什么？

《劳动法》第 44 条规定，有下列情形之一的，用人单位应当按照下列标准支付高于劳动者正常工作时间工资的工资报酬：（一）安排劳动者延长工作时间的，支付不低于工资的 150%的工资报酬；（二）休息日安排劳动者工作又不能安排补休的，支付不低于工资的 200%的工资报酬；（三）法定休假日安排劳动者工作的，支付不低于工资的 300%的工资报酬。

《工资支付暂行规定》第 13 条规定，用人单位在劳动者完成劳动定额或规定的工作任务后，根据实际需要安排劳动者在法定标准工作时间以外工作的，应按以下标准支付工资：（一）用人单位依法安排劳动者在日法定标准工作时间以外延长工作时间的，按照不低于劳动合同规定的劳动者本人小时工资标准的150%支付劳动者工资;(二)用人单位依法安排劳动者在休息日工作,而又不能安排补休的,按照不低于劳动合同规定的劳动者本人日或小时工资标准的200%支付劳动者工资;(三)用人单位依法安排劳动者在法定休假节日工作的,按照不低于劳动合同规定的劳动者本人日或小时工资标准的300%支付劳动者工资。

实行计件工资的劳动者,在完成计件定额任务后,由用人单位安排延长工作时间的,应根据上述规定的原则,分别按照不低于其本人法定工作时间计件单价的150%、200%、300%支付其工资。

经劳动行政部门批准实行综合计算工时工作制的,其综合计算工作时间超过法定标准工作时间的部分,应视为延长工作时间,并应按本规定支付劳动者延长工作时间的工资。

实行不定时工时制度的劳动者,不执行上述规定。

用人单位休息日安排劳动者加班的,应先按同等时间安排其补休,不能安排补休的,应当支付加班工资;用人单位法定节假日安排劳动者加班的,支付加班工资。

(2) 对劳动者的加班和值班如何界定?

界定一项工作是加班还是值班,关键要看当值期间是否允许劳动者休息。如果当值期间有工作需进行处理,没工作时,可以休息,这种情况应当认定为值班。

(3) 加班与值班的劳动报酬有什么区别?

加班与值班都是工作时间的延伸。加班是工作时间的延长,即加班的工作内容仍然与之前的本职工作是一致的,只是时间段上的延伸。值班的工作大多是临时设置,并且多是承担着与本职工作无关的工作。

劳动者加班,用人单位应当依据《劳动法》不同的标准支付加班费。但是值班不同,值班津贴或值班补贴的标准由单位自主确定。

法律责任与后果

《劳动法》第41条规定,用人单位由于生产经营需要,经与工会和劳动者协商后可以延长工作时间,一般每日不得超过1小时;因特殊原因需要延长工作时间的,在保障劳动者身体健康的条件下延长工作时间每日不得超过3小时,但是每月不得超过36小时。

第42条规定,有下列情形之一的,延长工作时间不受本法第41条规定的限制:(一)发生自然灾害、事故或者因其他原因,威胁劳动者生命健康和财产安全,需要紧急处理的;(二)生产设备、交通运输线路、公共设施发生故障,影响生产和公众利益,必须及时抢修的;(三)法律、行政法规规定的其他情形。

第43条规定,用人单位不得违反本法规定延长劳动者的工作时间。

《最高人民法院关于审理劳动争议案件适用法律问题的解释(一)》(法释〔2020〕26号)第42条规定,劳动者主张加班费的,应当就加班事实的存在承担举证责任。但劳动者有证据证明用人单位掌握加班事实存在的证据,用人单位不提供的,由用人单位承担不利后果。

《劳动争议调解仲裁法》第6条规定,发生劳动争议,当事人对自己提出的主张,有责任提供证据。与争议事项有关的证据属于用人单位掌握管理的,用人单位应当提供;用人单位不提供的,应当承担不利后果。

对于加班费的事实,如果劳动者有证据证明用人单位掌握加班事实存在的证据,而用人单位不提供的,则由用人单位承担不利后果。

法律风险识别

第一,用人单位应与劳动者对加班费的计算基数作出约定,原则上加班费的标准是劳动者每月的固定工作收入,一般为基本工资和岗位工资,不包括奖金、津贴、补贴等福利待遇。即劳动合同中对工资有约定的,按不低于劳动合同约定的劳动者本人所在岗位相对应的工资标准确定;劳动合同中工资没有约定的,按照集体合同确定;劳动合同、集体合同中对工资都没有约定的,按照劳动者本人正常的劳动所得工资确定。但是,用人单位不得以劳动者的基本工资或者最低工资作为加班费的计算基数,否则,在发生劳动争议时,不能得到仲裁机构和法院的支持。

第二,用人单位应当健全考勤制度,并做好考勤记录的工作,否则,一旦不能举证劳动者加班事实,就要承担举证不能的不利后果。

第三,明确加班审批制度,通过制度明确加班审批的具体流程,明确未经审批自行在工作时间外工作的不视为加班;通过制度明确不视为加班的情况,如未按照制度规定的加班申请流程申报和审批的,在非工作时间劳动者从事与本职工作无关的加班的等情况。

第四,对于休息日加班的,调休优先。应优先安排调休,确因工作需要无法调休的,支付加班费用。

第五,用人单位应当按照工资支付周期编制工资支付记录表,并至少保存2年备查。劳动者与用人单位因加班工资问题发生劳动争议时,在2年的保存期间内,由用人单位承担举证责任。如果用人单位不能提供与争议相关的加班工资支付记录证据,就要承担举证不能的不利后果。

二、年休假

为了保证劳动者平等享有休息权,充分调动劳动者的工作积极性,我国《劳动法》制定了带薪年休假制度。年休假属于法定休假日,但不是法定节假日,享受年休假需要满足一定的条件,且年休假由用人单位安排。用人单位应当保证劳动者享有带薪年休假的权利。

127. 杨某与某文物考古研究所劳动争议纠纷案①

某文物考古研究所系财政拨款事业单位,聘用了一批具有基本考古专业技能的编外人员,其中包括杨某。2013年10月,杨某入职某文物考古研究所从事田野考古工作。劳动关系存续期间,双方未签订书面劳动合同,某文物考古研究所没有为杨某缴纳社会保险。

---

① 参见湖北省武汉市武昌区人民法院判决,(2018)鄂0106民初8597号。

2017年12月9日,杨某以某文物考古研究所未依法缴纳社保、未及时支付年休假工资等为由,解除了其与某文物考古研究所之间的事实劳动关系。2018年1月2日,杨某向当地劳动人事争议仲裁委员会提起仲裁,请求裁令某文物考古研究所支付年休假工资。后杨某不服仲裁裁决,诉至法院。

法院认为,某文物考古研究所未提供证据证明已安排杨某休过带薪年休假或支付过未休年休假工资,应承担举证不能的不利后果,故法院酌情认定某文物考古研究所向杨某支付未休年休假工资。

法院判决:某文物考古研究所应按照杨某日工资收入(按照劳动者本人的月工资除以月计薪天数 21.75 天进行折算)的 300% 支付其未休年休假工资报酬。

争议焦点

(1) 劳动者年休假天数如何计算?

《劳动法》第 45 条规定,国家实行带薪年休假制度。劳动者连续工作 1 年以上的,享受带薪年休假。具体办法由国务院规定。

《职工带薪年休假条例》第 3 条规定,职工累计工作已满 1 年不满 10 年的,年休假 5 天;已满 10 年不满 20 年的,年休假 10 天;已满 20 年的,年休假 15 天。

国家法定休假日、休息日不计入年休假的假期。

第 5 条规定,单位根据生产、工作的具体情况,并考虑职工本人意愿,统筹安排职工年休假。

年休假在 1 个年度内可以集中安排,也可以分段安排,一般不跨年度安排。单位因生产、工作特点确有必要跨年度安排职工年休假的,可以跨 1 个年度安排。

《企业职工带薪年休假实施办法》第 3 条规定,职工连续工作满 12 个月以上的,享受带薪年休假。

本案中,杨某从 2013 年 10 月到 2017 年 12 月在某文物考古研究所工作,累计工作时间满 4 年。根据《职工带薪年休假条例》的规定,职工累计工作已满1年不满10年的，年休假5天。所以，杨某工作4年的年休假天数是：4×5＝20（天）。

（2）劳动者未休年休假享受什么工资待遇？

《企业职工带薪年休假实施办法》第10条第1款规定，用人单位经职工同意不安排年休假或者安排职工年休假天数少于应休年休假天数，应当在本年度内对职工应休未休年休假天数，按照其日工资收入的300%支付未休年休假工资报酬，其中包含用人单位支付职工正常工作期间的工资收入。

本案中，某文物考古研究所应按照杨某日工资收入的300%支付其未休年休假工资报酬。

 法律责任与后果

《职工带薪年休假条例》第4条规定，职工有下列情形之一的，不享受当年的年休假：（一）职工依法享受寒暑假，其休假天数多于年休假天数的；（二）职工请事假累计20天以上且单位按照规定不扣工资的；（三）累计工作满1年不满10年的职工，请病假累计2个月以上的；（四）累计工作满10年不满20年的职工，请病假累计3个月以上的；（五）累计工作满20年以上的职工，请病假累计4个月以上的。

第5条第3款规定，单位确因工作需要不能安排职工休年休假的，经职工本人同意，可以不安排职工休年休假。对职工应休未休的年休假天数，单位应当按照该职工日工资收入的300%支付年休假工资报酬。

第7条规定，单位不安排职工休年休假又不依照本条例规定给予年休假工资报酬的，由县级以上地方人民政府人事部门或者劳动保障部门依据职权责令限期改正；对逾期不改正的，除责令该单位支付年休假工资报酬外，单位还应当按照年休假工资报酬的数额向职工加付赔偿金；对拒不支付年休假工资报酬、赔偿金的，属于公务员和参照公务员法管理的人员所在单位的，对直接负责的主管人员以及其他直接责任人员依法给予处分；属于其他单位的，由劳动保障部门、人事部门或者职工申请人民法院强制执行。

《企业职工带薪年休假实施办法》第6条规定，职工依法享受的探亲假、婚丧假、产假等国家规定的假期以及因工伤停工留薪期间不计入年休假假期。

第10条规定，用人单位经职工同意不安排年休假或者安排职工年休假天数少于应休年休假天数，应当在本年度内对职工应休未休年休假天数，按照其日工资收入的300%支付未休年休假工资报酬，其中包含用人单位支付职工正常工作期间的工资收入。

用人单位安排职工休年休假，但是职工因本人原因且书面提出不休年休假的，用人单位可以只支付其正常工作期间的工资收入。

第一，用人单位未安排劳动者休年休假又不依法支付带薪年休假工资的，由县级以上地方人民政府人事部门或者劳动保障部门依据职权责令限期改正。

第二，用人单位未按照法律规定或者劳动合同约定及时向劳动者支付未休年休假工资报酬的，用人单位应按劳动者日工资收入的300%支付其未休年休假工资报酬。

第三，对拒不支付年休假工资报酬、赔偿金的，由劳动保障部门申请人民法院强制执行。

法律风险识别

第一，用人单位主动安排劳动者带薪年休假是用人单位的义务，即使劳动者不主动申请休年休假，也不能视为劳动者放弃该项权利。

第二，用人单位因工作需要不能安排劳动者休年休假或者安排劳动者休年休假的天数少于应休年休假天数或者跨一个年度安排年休假的，必须征得劳动者的同意。

第三，用人单位经劳动者同意不安排年休假或者安排年休假少于应休年休假天数的，应当在本年度内对劳动者应休未休年休假天数，按照其日工资收入的300%支付未休年休假工资报酬。

第四，只有在用人单位安排劳动者休年休假，而劳动者因本人原因且书面提出不休年休假的情况下，用人单位才可以只支付其正常工作期间的工资收入。

第十二章

劳务派遣和劳务外包的法律风险识别

第十二章 劳务派遣和劳务外包的法律风险识别

后勤部门主要采取人事代理、借调等多种非标准用工方式解决后勤用工问题，以规避签订劳动合同和劳务派遣方式的法律规定。劳务外包作为一种灵活用工方式，实践中，常与劳务派遣用工方式相混淆。

第一节 劳务派遣用工方式的法律风险识别

劳务派遣是一种特殊的用工形式，在一般的劳动关系中，用工单位就是用人单位，用人单位承担全部的劳动用工风险。劳务派遣用工实际上是用人单位转嫁全部或者部分用工风险给第三方承担的一种用工模式。所以，劳务派遣中存在三方主体，即用工单位、劳务派遣单位和被派遣劳动者。

在劳务派遣中，三方的法律关系是：劳务派遣单位与被派遣劳动者建立劳动关系，用工单位与劳务派遣单位订立劳务派遣协议，劳务派遣单位把被派遣劳动者派遣至用工单位提供劳动，劳动过程由用工单位管理，工资和社会保险费等由用工单位提供给劳务派遣单位，再由劳务派遣单位支付给劳动者并为劳动者办理社会保险登记和缴费等各项事务；被派遣劳动者与用工单位并无直接的法律关系，双方的权利、义务关系由法律直接规定；用工单位向劳务派遣单位就提供的服务支付劳务费。

一、劳务派遣单位资质

案例导引

128. 宋某与某后勤服务公司、某师范学院劳动争议纠纷案①

宋某于 2012 年 12 月 1 日进入某后勤服务公司工作。2013 年 1 月 1 日，宋某和某后勤服务公司签订劳动用工合同，该合同期限为 3 年，自 2013 年 1 月 1 日至 2016 年 1 月 1 日；宋某从事驾驶员工作；工资现金发放，工资标准

---

① 参见江苏省南京市鼓楼区人民法院判决，(2013) 鼓民初字第 4831 号。

为××市最低工资标准。宋某工作期间，负责驾驶某师范学院（原名为"某教育学院"）从北京西路77号校区至浦口校区的班车。宋某的工资、福利由某后勤服务公司发放。2012年12月至2013年3月，宋某的工资发放记录显示，由邵某代领及2012年年终奖励450元。对于2013年3月工资672元，宋某未从邵某处领取。2013年3月13日，某后勤服务公司下属的某教育学院后勤管理处汽车队向宋某出具《辞退通知书》，内容为："在2012年12月1日至2013年3月13日期间，宋某多次擅离岗位。其中，2013年3月13日，未发教学班车，造成教学保障事故，给车队工作带来负面影响。从2013年3月31日终止劳动合同。"梁某同时确认宋某自2013年3月13日以后未上班。

在某后勤服务公司的考勤记录中，2013年3月13日后未有宋某出勤的记录。某后勤服务公司陈述，将宋某辞退后，其工作岗位已经安排其他驾驶员。宋某则辩称其从未参加过单位考勤，自己一直上班至2013年9月15日，从事驾驶员工作，但其无法提供自己上班的证据，也不能回答所开车辆的车牌号等车辆情况。2013年4月1日，宋某向某后勤服务公司领导递交书面申诉材料，要求继续履行劳动合同。

某后勤服务公司成立于2005年12月23日，其地址和某师范学院地址一致，该后勤服务公司的经营范围为中餐餐饮服务、物业管理、花卉销售、工程维修、水电设备维护保养、室内外装饰、票务代理，其与某教育学院、某国际预科专修学院等高校签订后勤托管合同。在某后勤服务公司，共有8名驾驶员系事业单位工人编制，其余均为签订劳动合同的驾驶员，其工资收入为2000~3000元/月。

宋某认为，某师范学院系违法设立派遣单位，请求确认其和某师范学院存在劳动关系，其各项赔偿应由某后勤服务公司支付，某师范学院承担连带责任。宋某向当地劳动人事争议仲裁委员会提出仲裁申请，该仲裁委员会未支持原告仲裁申请，原告遂诉至法院。

法院认为，某后勤服务公司、某师范学院和宋某之间并不存在劳务派遣关系，和宋某形成劳动关系的为某后勤服务公司，故宋某要求和某师范学院之间签订劳动合同的诉讼请求，无事实和法律依据，法院不予支持。

法院判决：驳回原告宋某的诉讼请求。

争议焦点

某后勤服务公司、某师范学院和宋某之间是否形成劳务派遣关系？

劳务派遣，是指由劳务派遣单位与被派遣劳动者订立劳动合同，由被派遣劳动者向实际用工单位给付劳务，劳务派遣单位与被派遣劳动者之间存在劳动关系，但劳动力给付的事实发生在被派遣劳动者与实际用工单位之间。

第一，某后勤服务公司不具备劳务派遣公司经营资质，并非劳务派遣公司，在其经营范围内并不包含"劳务派遣"；第二，某后勤服务公司和宋某签订的劳动合同明确约定宋某为驾驶员，宋某驾驶某师范学院的校车仅是某后勤服务公司对其职务的具体安排，为宋某发放工资、奖金、福利的仍为某后勤服务公司；第三，目前，高校后勤部门社会化、企业化现象十分普遍，后勤部门经过资源整合成立后勤服务公司，其主要职责是为高校教学服务，故后勤服务公司招收员工为高校服务并不违反法律规定。

本案中，宋某虽入职某后勤服务公司，但某后勤服务公司、某师范学院和宋某之间并未形成劳务派遣关系。

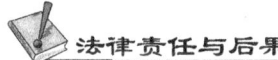

法律责任与后果

《劳动合同法》第57条规定，经营劳务派遣业务应当具备下列条件：（一）注册资本不得少于人民币200万元；（二）有与开展业务相适应的固定的经营场所和设施；（三）有符合法律、行政法规规定的劳务派遣管理制度；（四）法律、行政法规规定的其他条件。

经营劳务派遣业务，应当向劳动行政部门依法申请行政许可；经许可的，依法办理相应的公司登记。未经许可，任何单位和个人不得经营劳务派遣业务。

第67条规定，用人单位不得设立劳务派遣单位向本单位或者所属单位派遣劳动者。

第92条规定，违反本法规定，未经许可，擅自经营劳务派遣业务的，由劳动行政部门责令停止违法行为，没收违法所得，并处违法所得1倍以上5倍以下的罚款；没有违法所得的，可以处5万元以下的罚款。

劳务派遣单位、用工单位违反本法有关劳务派遣规定的，由劳动行政部门责令限期改正；逾期不改正的，以每人5000元以上10000元以下的标准处以罚款，对劳务派遣单位，吊销其劳务派遣业务经营许可证。用工单位给被派遣劳动者造成损害的，劳务派遣单位与用工单位承担连带赔偿责任。

《劳务派遣暂行规定》第20条规定，劳务派遣单位、用工单位违反劳动合同法和劳动合同法实施条例有关劳务派遣规定的，按照劳动合同法第92条规定执行。

《劳动合同法实施条例》第28条规定，用人单位或者其所属单位出资或者合伙设立的劳务派遣单位，向本单位或者所属单位派遣劳动者的，属于劳动合同法第67条规定的不得设立的劳务派遣单位。

用工单位选择不具备劳务派遣资质的劳务派遣单位派遣劳动者，若其行为违反了《劳动合同法》中关于劳务派遣的规定，会受到劳动行政部门责令改正，并被处以罚款的行政处罚。

 法律风险识别

第一，用工单位在采用劳务派遣用工形式时，一定要选择具有劳务派遣合法资质的单位。《劳动合同法》《劳务派遣暂行规定》对劳务派遣单位的资质有明确规定。用工单位在选择劳务派遣单位时，应当对其资质进行严格审查。对于劳务派遣用工行为，必须设定清晰的劳务派遣单位（用人单位）和用工单位之间的权利义务。一旦双方约定的责权不清晰，是引发这类争议最常见的原因之一。

第二，用人单位不得自行设立劳务派遣公司，将劳动者重新纳入被派遣劳动者之列，这种行为违反了《劳动合同法》的规定，会受到劳动行政部门的责令改正，并被处以罚款的行政处罚。

第三，用工单位在使用被派遣劳动者时，要审查劳务派遣单位与被派遣劳动者之间签订的劳动合同，确保劳务派遣单位与被派遣劳动者之间是劳动关系。

二、用工单位义务

 案例导引

129. 丁某与某人才服务公司、某中学劳动合同纠纷案①

2013年8月29日,原告丁某与被告某人才服务公司签订期限为2013年8月1日至2015年7月31日的书面劳动合同,其中约定被告某人才服务公司将原告派遣至被告某中学从事教师工作,原告每月工资2795元。2015年7月31日,原告与被告某人才服务公司的劳动合同因合同到期终止。

2016年7月29日,原告丁某向当地劳动人事争议仲裁委员会提起仲裁,请求某人才服务公司、某中学支付2014年10月1日至2015年7月31日的工资差额。原告不服裁决,向人民法院提起诉讼。

法院认为,原告主张其2014年10月至2015年7月的增资工资由两部分组成,其中一部分是依据《关于调整事业单位工作人员基本工资标准的实施方案》(国办发〔2015〕3号)规定应当给予补发的工资,对此,当地劳动人事争议仲裁委员会裁决被告某中学应当给付,被告某中学并无异议,且在收到裁决书后也已履行完毕,故本院予以确认。

另一部分增资工资,原告主张是依据《劳动合同法》第62条第1款第(5)项规定,用工单位某中学连续用工应当给予的正常工资调整。对此,本院认为,被告某中学对于劳务派遣人员已按照国家对事业单位工作人员同样的薪酬调整机制进行了薪资调整,故原告再要求被告给予增资,缺乏依据,本院不予支持。

法院判决:驳回原告诉讼请求。

---

① 参见上海市普陀区人民法院判决,(2017)沪0107民初5650号。

争议焦点

（1）被派遣劳动者的劳动报酬标准如何确定？

《劳动合同法》第11条规定，用人单位未在用工的同时订立书面劳动合同，与劳动者约定的劳动报酬不明确的，新招用的劳动者的劳动报酬按照集体合同规定的标准执行；没有集体合同或者集体合同未规定的，实行同工同酬。

第60条规定，劳务派遣单位应当将劳务派遣协议的内容告知被派遣劳动者。劳务派遣单位不得克扣用工单位按照劳务派遣协议支付给被派遣劳动者的劳动报酬。劳务派遣单位和用工单位不得向被派遣劳动者收取费用。

第62条规定，用工单位应当履行下列义务：（一）执行国家劳动标准，提供相应的劳动条件和劳动保护；（二）告知被派遣劳动者的工作要求和劳动报酬；（三）支付加班费、绩效奖金，提供与工作岗位相关的福利待遇；（四）对在岗被派遣劳动者进行工作岗位所必需的培训；（五）连续用工的，实行正常的工资调整机制。用工单位不得将被派遣劳动者再派遣到其他用人单位。

第63条规定，被派遣劳动者享有与用工单位的劳动者同工同酬的权利。用工单位应当按照同工同酬原则，对被派遣劳动者与本单位同类岗位的劳动者实行相同的劳动报酬分配办法。用工单位无同类岗位劳动者的，参照用工单位所在地相同或者相近岗位劳动者的劳动报酬确定。

劳务派遣单位与被派遣劳动者订立的劳动合同和与用工单位订立的劳务派遣协议，载明或者约定的向被派遣劳动者支付的劳动报酬应当符合前款规定。

本案中，根据《劳动合同法》的规定，被派遣劳动者享有与用工单位的劳动者同工同酬的权利，连续用工的，实行正常的工资调整机制。被告某中学已经依据《关于调整事业单位工作人员基本工资标准的实施方案》（国办发〔2015〕3号）规定补发了原告丁某从2014年10月至2015年7月的工资，原告不能再次要求被告给予补发工资。

(2) 劳务派遣教师与员额制教师的区别是什么？

员额制教师是公办中小学因教育教学需要，按照规定程序办理，由教育主管部门统一招录、实行备案管理的非事业编制身份教师。

第一，工资及福利待遇不同。劳务派遣教师工资低、同工不同酬、同校不同酬；员额制教师的待遇是参照教师编制的在编人员相关标准执行的，其工资福利、教育培训、日常管理等所需经费列入本级财政预算予以保障，职称也参照在编教师进行评定。

第二，职业稳定性不同。劳务派遣教师稳定性差、工资低，职称学校不应当协助参评；员额制教师所有招聘是按照事业单位工作人员选拔程序进行的，由教育局考核评价，进出需要按照规定程序办理，职称也参照在编教师进行评定。

法律责任与后果

《劳动合同法》第 58 条规定，劳务派遣单位是本法所称用人单位，应当履行用人单位对劳动者的义务。劳务派遣单位与被派遣劳动者订立的劳动合同，除应当载明本法第 17 条规定的事项外，还应当载明被派遣劳动者的用工单位以及派遣期限、工作岗位等情况。

劳务派遣单位应当与被派遣劳动者订立 2 年以上的固定期限劳动合同，按月支付劳动报酬；被派遣劳动者在无工作期间，劳务派遣单位应当按照所在地人民政府规定的最低工资标准，向其按月支付报酬。

《劳务派遣暂行规定》第 5 条规定，劳务派遣单位应当依法与被派遣劳动者订立 2 年以上的固定期限书面劳动合同。

第一，一般情况下，被派遣劳动者的劳动报酬由劳务派遣单位发放，但实际上最终是由用工单位发放。如果用工单位把劳务费支付给劳务派遣单位后，劳务派遣单位以各种理由拖欠或者克扣被派遣劳动者的劳动报酬，用工单位也需要承担连带责任。

第二，用工单位在使用被派遣劳动者时应遵守劳动法律的相关规定，保障被派遣劳动者同工同酬，按照法律规定支付加班费、绩效奖金、与工作岗位相关的福利待遇。否则，劳动行政部门可以对用工单位处以行政处罚；情节严重的，还会处以罚款。

 法律风险识别

第一，劳务派遣单位与被派遣劳动者签订的劳动合同，除具备劳动合同的必备条款外，还应载明被派遣劳动者的用工单位、派遣期限、工作岗位等内容，其中，合同期限不得少于2年。

第二，劳务派遣协议的具体内容一般包括以下条款：明确劳务派遣单位与用工单位的名称、岗位地址和人员数量等；派遣期限，劳动报酬金额与支付时间、支付方式，社会保险费缴纳方式等，违反协议的责任划分。在劳务派遣协议中，明确双方的权利、义务，避免约定不明、权责不清、设计不规范。双方应在协议中就派遣岗位、派遣劳动者数量、派遣期限、劳动报酬等条款明确约定，明确双方的责任与义务，以免发生争议。

第三，为了减少被派遣劳动者对用工单位造成的损失，可以在劳务派遣协议中明确约定：被派遣劳动者造成用工单位经济损失的，视为劳务派遣单位违反合同约定，应当承担违约责任；造成用工单位损失的，应由劳务派遣单位承担赔偿责任。

第四，用工单位不能接受被派遣劳动者的辞职，也不能解除被派遣劳动者，只能把被派遣劳动者退回劳务派遣单位。

第五，为避免劳务派遣单位拖欠或者克扣被派遣劳动者的劳动报酬，用工单位可以在劳务派遣协议中与劳务派遣单位约定被派遣劳动者的劳动报酬具体发放日期、劳动报酬数额。如果劳务派遣单位没有按照协议规定向被派遣劳动者发放工资，则应当承担违约责任。

三、劳务派遣单位与用工单位的连带责任

130. 某卫生计生培训中心与孟某、某人力资源服务中心劳动争议纠纷案[①]

2010年6月30日,原告某人力资源服务中心与被告孟某签订劳动合同(劳务派遣专用),约定:劳动合同期限为2010年7月1日至2012年6月30日。在劳动合同期限内,某人力资源服务中心派遣孟某到某卫生局职业高级中学工作。派遣期限为2010年7月1日至2012年6月30日。用工单位安排孟某在服务岗位从事服务员工作。合同期满后,继续工作。

第三人某卫生局职业高级中学更名为"某卫生计生培训中心"(甲方),与某人力资源服务中心(乙方)签订劳务派遣合作协议,约定:乙方按照甲方要求从2010年1月1日起派遣20名劳务人员到甲方工作,甲方安排劳务人员的具体工作,并向乙方支付劳务服务费用。当协议终止时,如遇派遣劳务人员劳动合同未到期的,本协议自动延续至派遣劳务人员劳动合同到期日。

原告某人力资源服务中心为被告孟某缴纳社会保险费至2015年9月。2015年8月20日,被告停止工作。2015年9月30日,第三人某卫生计生培训中心向原告某人力资源服务中心出具退工证明,2015年10月1日起将孟某予以退回。2016年5月23日,原告出具解除劳动合同证明,其中记载,被告单位工作起止时间为2010年7月1日至2015年9月30日,解除劳动合同原因为劳动者严重违反用人单位规章制度,解除劳动合同时间为2015年9月30日。

被告孟某本人书写放弃对某人力资源服务中心的法律诉求。2016年6月3日,被告孟某向当地劳动人事争议仲裁委员会申请仲裁,请求原告及第三人连带支付违法解除劳动合同赔偿金,第三人承担连带赔偿责任。该仲裁裁决

[①] 参见辽宁省大连市中级人民法院判决,(2016)辽02民终7597号。

作出后，原告及第三人不服，均起诉至人民法院。一审宣判后，某卫生计生培训中心不服一审判决，向二审法院提起上诉。

一审法院认为，用人单位违反《劳动合同法》规定解除劳动合同的，应当向劳动者支付赔偿金。用工单位给被派遣劳动者造成损害的，劳务派遣单位与用工单位承担连带赔偿责任。本案因第三人的退工行为造成了被告被解除劳动合同的实际损失，第三人对此应当与原告承担连带赔偿责任。因被告已经放弃对原告的诉求，故第三人应当支付被告违法解除劳动合同赔偿金。

一审法院判决：第三人某卫生计生培训中心于本判决生效之日起 10 日内支付被告孟某违法解除劳动合同赔偿金。

二审法院认为，违法解除劳动合同赔偿金应由用工单位支付。

本案中，孟某在声明中有"引起的任何法律后果与责任均由用工单位（某卫生计生培训中心）承担"的表述，但该声明系由被上诉人孟某向某人力资源服务中心出具，上述表述涉及第三方利益，且未得到上诉人某卫生计生培训中心确认或追认，故此表述应为无效。上诉人某卫生计生培训中心作为用工单位，不具备独立承担给付违法解除劳动合同赔偿金的法律资格。而一审法院在认可被上诉人孟某放弃对某人力资源服务中心法律诉求有效的前提下，认定上诉人某卫生计生培训中心独立给付被上诉人孟某违法解除劳动合同赔偿金于法无据。综上所述，某卫生计生培训中心的上诉请求成立，予以支持。

二审法院判决：撤销一审法院民事判决，驳回被上诉人孟某的全部诉讼请求。

争议焦点

某卫生计生培训中心是否承担连带责任？

根据《劳动合同法》规定，用人单位违反本法规定解除劳动合同的，应当向劳动者支付赔偿金。用工单位给被派遣劳动者造成损害的，劳务派遣单位与用工单位承担连带赔偿责任。

本案中，孟某系以劳务派遣方式到某卫生计生培训中心处工作，某人力资源服务中心与孟某之间形成劳动关系,某卫生计生培训中心是孟某的用工主体,无法独立承担依法应由劳务派遣单位某人力资源服务中心承担的民事责任。

孟某在2016年5月23日的书面声明中明确表示"放弃对某人力资源服务中心的法律诉求","引起的任何法律后果与责任均由用工单位(某卫生计生培训中心)承担",这份声明系孟某向某人力资源服务中心出具。因上述表述涉及第三方利益,且未得到第三人某卫生计生培训中心确认或追认,故应为无效。孟某为完全民事行为能力人,有权利处分、放弃自身权利,且应对自身处分、放弃权利的行为承担法律后果。孟某既已放弃了对某人力资源服务中心的法律诉求,而某卫生计生培训中心作为用工单位不具备独立承担给付违法解除劳动合同赔偿金的法律资格。

所以,因孟某放弃对某人力资源服务中心的法律诉求,某卫生计生培训中心不承担连带责任。

 法律责任与后果

《贵州省高级人民法院、贵州省人力资源和社会保障厅关于劳动争议案件若干问题的会议纪要》(黔高法〔2012〕136号)第17条规定,劳动者与劳务派遣单位或用工单位发生劳动争议的,劳动者可以向劳动合同履行地、劳务派遣单位所在地或者用工单位所在地的劳动争议仲裁委员会申请仲裁。劳动者同时向两个以上有管辖权的劳动争议仲裁委员会申请仲裁的,由最先立案的劳动争议仲裁委员会管辖。

劳动争议仲裁委员会作出裁决后,劳动者不服的,可向作出裁决的劳动争议仲裁委员会所在地的基层人民法院提起诉讼。

第18条规定,根据《劳动合同法》第92条和《劳动合同法实施条例》第35条规定,劳务派遣关系中,用工单位违反其法定义务,造成劳动者损害的,由用工单位承担赔偿责任,劳务派遣单位承担连带赔偿责任;劳务派遣单位违反其法定义务,造成劳动者损害的,由劳务派遣单位承担赔偿责任,用工单位承担连带赔偿责任。

用工单位承担连带责任是被派遣劳动者为用工单位提供劳动之日起，至被派遣劳动者被退回劳务派遣单位之日止，即用工单位只对在用工单位用工期间的被派遣劳动者的劳动承担连带赔偿责任。

《劳动合同法实施条例》第35条规定，用工单位违反《劳动合同法》和本条例有关劳务派遣规定的，由劳动行政部门和其他有关主管部门责令改正；情节严重的，以每位被派遣劳动者1000元以上5000元以下的标准处以罚款；给被派遣劳动者造成损害的，劳务派遣单位和用工单位承担连带赔偿责任。

第一，因用人单位违反《劳动合同法》规定解除与被派遣劳动者的劳动合同的，应当向其支付赔偿金。用人单位给被派遣劳动者造成损害的，劳务派遣单位与用工单位承担连带赔偿责任。

第二，用工单位违反《劳动合同法》关于劳动派遣规定的，会受到劳动行政部门责令改正，并被处以罚款的行政处罚；如果给被派遣劳动者造成损害的，劳务派遣单位与用工单位还需承担连带赔偿责任。

 法律风险识别

第一，用工单位要在劳务派遣协议中明确约定与劳务派遣单位双方的责任与义务，细化责任分担，明确约定因劳务派遣单位给劳动者造成损害而导致用工单位损失的，劳务派遣单位应承担赔偿责任。劳务派遣单位与用工单位可以详细列举造成损害的条款，并量化赔偿标准，明确赔偿责任划分，避免发生争议时，双方责任不清。

第二，劳务派遣单位与用工单位向被派遣劳动者承担连带赔偿责任后，可以根据双方约定的劳务派遣协议确定是哪方的责任，并向有责任的一方追偿。劳务派遣协议没有约定或者约定不明的，可以按照"谁用工、谁受益、谁负责"的原则予以确认。

第二节　劳务派遣与其他用工方式的区别

后勤部门为了降低用工成本，在不考虑岗位性质的前提下，采用非标准用工方式，规避了法律的强制性规定。为避免以合法形式掩盖非法目的，对劳动者权益的侵犯，减少后勤部门的用工风险，有必要对实践中的非标准用工方式进行厘清。

一、劳务派遣与劳动合同的区别

第一，用工主体不同。劳务派遣中，用工单位通过劳务派遣单位招收劳动者，即招工与用工发生分离，成为劳务派遣用工；一般劳动关系中，由用人单位直接招收和使用劳动者，成为劳动合同用工。

第二，合同期限不同。劳务派遣合同的期限为2年以上固定期限；劳动合同的期限分为固定期限和无固定期限，其中，固定期限的长短由用人单位和劳动者协商约定。

第三，解除劳动合同不同。劳务派遣情况下，解除劳动合同分为被派遣劳动者解除劳动合同、用人单位（劳务派遣单位）解除劳动合同、用工单位把劳动者退回劳务派遣单位后，劳务派遣单位再与劳动者解除劳动合同；《劳动合同法》对劳动合同解除作了规定，分为劳动者解除劳动合同（当事人双方协商一致解除劳动合同、劳动者单方解除劳动合同）和用人单位解除劳动合同（双方协商一致解除劳动合同、用人单位单方解除劳动合同）。

二、劳务派遣与人事代理的区别

从表面上来看，劳务派遣与人事代理都涉及劳动者、用人单位及二者之外的第三方，劳务派遣机构和人事代理机构都需要给劳动者代缴社会保险费等，在很多方面具有一定的相似性。但实质上这是两种完全不同的制度。

第一，劳动者与人事代理中介机构或者劳务派遣单位的关系不同。在劳务派遣关系中，劳动者与劳务派遣单位之间是劳动关系，双方之间签订劳动合同，受《劳动合同法》的调整和规范。而在人事代理关系中，劳动者与人事代理中介机构之间的关系则要具体分析，在劳动者委托进行人事代理的情况下，二者是委托关系，受《民法典（合同编）》的调整；在单位委托进行人事代理的情况下，二者之间并不存在法律关系。

第二，劳动者与实际用人单位的关系不同。在劳务派遣关系中，劳动者与实际用工单位之间则没有合同关系，实际用工单位对劳动者的管理和使用基于其与劳务派遣单位的劳务派遣协议；在人事代理关系中，劳动者与实际用人单位之间是劳动关系。

第三，调整的法律规范不同。劳务派遣受《劳动合同法》的调整，而人事代理则是受《民法典》的调整。

第四，内容完全不同。劳务派遣是以劳务派遣单位与劳动者之间的劳动合同为基础，其内容是《劳动合同法》规定的权利和义务；人事代理的内容则是委托方与受托方由《民法典》规定的权利和义务，由双方协商确定。

第五，实际用人单位所承担的义务和责任不完全相同。在劳务派遣关系中，《劳动合同法》规定的用人单位的义务是由劳务派遣单位承担，实际用工单位承担的义务则依据其与劳务派遣单位之间的劳务派遣协议来确定，包括对劳动者的实际管理和使用；而在人事代理关系中，用人单位是劳动关系的主体之一，不仅负有对劳动者的管理使用权，而且负有《劳动法》上规定的义务。

三、劳务派遣与借调的区别

有时，在用工形态方面劳务派遣与借调很难区分，导致有些用人单位利用借调的做法，行劳务派遣之实，规避法律规定，因此，有必要予以区分。

第一，用工单位与用人单位之间是否存在某种关系。在劳务派遣中，用工单位与用人单位可以完全不相关；而在借调关系中，出借单位与借调单位一般存在某种程度的密切关系。

第二,用人单位是否有资质。在劳务派遣中,签订的是劳务派遣协议,用人单位须是具备派遣资质的劳务派遣公司;而在借调关系中,签订的是借调协议,出借单位没有资质。

第三,协议是否有偿。劳务派遣协议是有偿的;而借调协议一般是无偿的。

第四,是否有法律的明确规定。《劳动合同法》《劳动合同法实施条例》中明确对劳务派遣进行了规范,而借调却没有明确的法律规范,只散见于一些规章之中,导致借调无法可依。有时在用工形态方面二者很难区分,导致有些企业利用借调的做法,行劳务派遣之实,规避法律规定。

第五,是否属于企业间人事变动。在劳务派遣制度下,劳动者与用人单位建立劳动关系的目的即在于被派遣至其他单位工作,其本身是一种营利性的劳动力供求业务形式;而借调本质上是单纯的企业间人事变动,是基于用人单位的经营需要而产生的。

第六,是否存在法律限制。法律对劳务派遣设置了特殊规则,如派遣单位的市场准入资格、派遣工的比例限制和岗位限制等;而借调并无此类的限制。

第三节　劳务外包的法律风险识别

劳务外包是一种经营方式,不是一种标准用工方式,其在法律中定义为"承揽",外包承揽是法律定义的一种经营方式。劳务外包是指把人事管理的部分或全部工作外包给一个服务机构完成。劳务外包的发包企业对劳务外包单位的员工不进行直接管理,其工作形式和工作时间由劳务外包单位自己安排确定。劳务外包是发包单位将某项业务外包给其他专业公司或者组织完成的一种对外合作形式。

在实践中,"假外包、真派遣"行为极其隐蔽,"发包"单位与"承包"单位之间签订的外包合同要素齐全,部分"发包"单位称系基于承揽业务的要求进行现场监督，界限难以区分。劳动者作为弱势一方，往往不清楚两企业之间的法律关系，也不掌握相关证据，如何识别"假外包、真派遣"合同及认定合同效力成为该类案件审判的难点。

131. 某公司与某大学劳务外包案[①]

2012年8月7日，某公司与某大学签订天然草坪养护合同，将学校体育馆的绿化、管理工作外包给了某公司，且在2012年9月前某大学存在多次向某公司支付款项的行为。现某公司称其与某大学的托管关系已经在2011年12月31日终止，2012年4月至5月，某公司只对某大学体育场的草坪进行过两次短期维护。原告敖某为某公司员工，受某公司指派到某大学从事保洁与场馆管理工作。敖某早在2012年之前就在某大学从事草坪养护和场馆的管理工作，当时是某公司对其进行劳动管理并向其支付工资。在某公司与某大学的托管关系终止后，原告敖某在2012年1月至8月接受某大学的劳动管理，工资由某大学直接支付。某公司表示，在2012年1月前，敖某受其雇用在某大学从事体育场馆的绿化及管理工作；某公司和敖某从2012年1月1日开始，用人单位变更为某大学。从2012年1月起，某公司未再雇用敖某。此后，某大学不认可与敖某存在劳动关系，单方通知敖某解除合同。敖某向法院起诉，请求某大学支付违法解除劳动合同的赔偿金和拖欠的加班费。

法院认为，某大学将学校的有关业务一体外包给某公司，再由某公司安排敖某到某大学处理有关事务。劳务外包将劳动关系外化，用人单位将劳动业务外包给其他单位，由其他单位承担用工风险。在劳务外包合同中，如果发包人拖欠承包人合同价款，承包人就会将其作为拖欠劳动者劳动报酬的抗辩事由。

本案中，敖某一直认为自己的用人单位是某大学，以至于向某大学主张支付劳动报酬的权利，但是支付劳动报酬的用人单位是某公司。

[①] 参见北京市第一中级人民法院判决，(2014)一中民终字第00478号。

法院判决：敖某的诉讼请求法院不予支持。

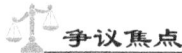 争议焦点

（1）敖某与某大学、某公司之间有怎样的法律关系？

在劳务外包法律关系中，存在着承包单位、发包单位以及相关劳动者三方主体。劳务外包合同属于劳务合同，而发包单位与劳动者之间一般不存在法律关系，由承包单位全权负责对劳动者的培训、管理以及劳动报酬的支付事宜，发包单位只需要承担外包协议中约定的外包费用即可，一般不对员工进行直接管理。

本案中，某大学是发包单位，某公司是承包单位，某大学和某公司之间签订的是承包协议，发包单位与承包单位之间是劳务关系。敖某与某公司之间是劳动关系，敖某的劳动过程由某公司管理，敖某与某大学之间不存在劳动关系。

（2）劳务外包与劳务派遣的区别是什么？

劳务外包一般按照事先确定的劳务单价根据劳务外包单位完成的工作量结算，其合同标的一般是"事"；劳务派遣一般按照派遣的时间和费用标准，根据约定派遣的人数结算费用，其合同标的一般是"人"。即劳务外包下，发包方买的是"劳务"；而劳务派遣下，用工单位买的是"劳动力"。

第一，合同标的不同。劳务外包合同标的为服务，强调的是劳动成果；而劳务派遣合同标的为被派遣劳动者，强调的是劳动过程。在劳务外包情形下，法律并没有强制要求承包单位提供的服务必须是特定范围的业务。而《劳务派遣暂行规定》第3条规定，用工单位只能在临时性、辅助性或者替代性的工作岗位上使用被派遣劳动者。

第二，结算方式不同。劳务外包合同以完成某项特定任务为基础，按照任务分解出来的节点进行结算，支付的条件为承包单位是否完成相应的节点进度。劳务外包服务的结算标准是"工作量"，是"项目数"。劳务派遣合同则是以被派遣劳动者的数量为基础，按照固定的时间频率进行结算，支付的条件为被派遣劳动者是否向用工单位提供了劳动。劳务派遣服务的结算标准

是"劳动力",是"员工数"。

第三,承包单位的独立性。在劳务外包情形下,发包单位只能间接管理外包劳动者,即发包单位向承包单位指定的管理人反映情况并让其解决问题。换言之,承包单位是管理外包劳动者的独立执行者。在劳务派遣情形下,用工单位通常可以依照单位内部的管理制度对被派遣劳动者进行直接管理。

第四,对劳动者管理的主体不同。在劳务外包模式下,发包单位对承包单位的员工不进行直接管理,其工作组织形式、工作时间和工作内容等由承包单位自行安排确定。在劳务派遣模式下,被派遣劳动者按照用工单位的组织形式和工作时间安排进行劳动,受用工单位的管理。

第五,资质要求不同。劳务承包单位既可以是法人或其他组织,也可以是个人,法律没有对其设定经营准入的限制。从事劳务派遣必须是依法经行政部门许可按公司法设立的法人公司,未取得许可禁止从事劳务派遣的业务。

第六,服务性质不同。劳务外包提供的是针对某个相对独立项目的全部劳务服务;而对用工单位而言,劳务派遣单位提供的是被派遣劳动者。

第七,用工需求不同。对劳务外包而言,发包单位需要的是承包单位为自己完成约定的"工作量",至于承包单位使用多少劳动力,与发包单位没有实质关系。对劳务派遣而言,用工单位需要的是劳务派遣单位为自己提供约定数量的"被派遣劳动者",至于被派遣劳动者完成多少工作量,与劳务派遣单位并不相关。

第八,用工范围不同。劳务外包是为发包单位提供特定项目而非特定岗位的外包人员,并且外包人员应该占项目用工数量的全部。劳务派遣是为用工单位提供特定岗位而非特定项目的被派遣劳动者,而被派遣劳动者通常只占某个相对独立项目用工总数的一部分。

第九,合同性质不同。在劳务外包协议中,发包单位依据承包单位完成的工作量结算费用,结算方法是"工作数量×单价"。劳务外包签订的是劳务外包合同,劳务派遣签订的是劳务派遣合同,服务性质不同,协议性质也完全不同。

第十,相互关系不同。劳务外包只是发包单位与承包单位的双方发生关系,发包单位与承包单位员工之间并不存在任何法律关系,也无须签订任何协议;劳务派遣是三方合作关系,被派遣劳动者与劳务派遣单位和用工单位都存在法律关系。用工单位应该与被派遣劳动者就工作岗位、劳动纪律、奖金计算、安全生产、保守商业秘密等事项签订岗位职责协议。

第十一,适用法律不同。劳务外包作为一个经营服务项目,发包单位与承包单位之间的关系处理适用《民法典(合同编)》;劳务派遣作为一种用工形式,劳务派遣单位、用工单位、被派遣劳动者三方关系处理适用《劳动合同法》。

第十二,违法后果不同。在劳务外包服务中,发包方与承包方的外包人员并不直接发生法律关系,除必须确保能提供必要的安全生产条件以外,无须对承包方外包人员承担任何法律责任;在劳务派遣关系中,如果因为工作给被派遣劳动者造成损害时,那么劳务派遣单位与用工单位按《劳动合同法》必须承担连带赔偿责任。

第十三,财务处理不同。在劳务外包中,承包单位在发包单位支付的外包费用中向从事劳务外包工作的劳动者支付劳动报酬;在劳务派遣中,被派遣劳动者工资总额纳入用工单位工资总额的统计范围。

 法律责任与后果

《劳动合同法》第66条第1款规定,……劳务派遣用工是补充形式,只能在临时性、辅助性或者替代性的工作岗位上实施。

《劳务派遣暂行规定》第4条规定,用工单位应当严格控制劳务派遣用工数量,使用的被派遣劳动者数量不得超过其用工总量的10%。

第27条规定,用人单位以承揽、外包等名义,按劳务派遣用工形式使用劳动者的,按照本规定处理。

2011年,最高人民法院《全国民事审判工作会议纪要》(法办〔2011〕442号)第59条规定,建设单位将工程发包给承包人,承包人又非法转包或者违法分包给实际施工人,实际施工人招用的劳动者请求确认与具有用工主体资格的发包人之间存在劳动关系的,不予支持。

发包单位在选择承包单位时，应审查承包单位的资质，发包单位存在发包给不具备用工主体资格或业务资质的企业等违法发包行为的，依法承担连带责任。

发包单位与承包单位之间签订的"劳务外包合同"因虚假的意思表示而无效，不具有法律效力，系"假外包、真派遣"的情形，发包单位依法承担连带责任。劳动保障行政部门对审查不合格的单位及违法用工行为，应按照《劳动合同法》的相关规定给予相应行政处罚。

法律风险识别

第一，发包单位应重视劳务外包合同的起草，通过合同条款强化对承包人的约束，明确承包人对指派现场工作员工的管理责任；在实际履行中，要强化和敦促承包人对现场员工的监督，避免越俎代庖直接对承包人指派的员工进行"员工化"管理。只有这样，才能避免造成劳务外包与劳务派遣的混淆，从而减少因两者界限不清而引发的法律争议。

第二，发包单位与外包人员无隶属关系，却按照外包人员的工资、社会保险、福利待遇、加班费、承包单位的管理费核算外包费用，容易引发劳动争议。

第三，因承包单位不与外包人员签订劳动合同，为规避可能承担的法律责任，防范措施如下：因外包人员的工作地点在发包单位，为避免牵连发包单位，发包单位需要监督承包单位与外包人员签订劳动合同，可以要求承包单位提供加盖其公章的劳动合同复印件或提供外包人员劳动合同明细单（包括合同签订时间、合同期限、合同起止日期等）。如劳动合同到期，发包单位还应监督承包单位及时与外包人员续签劳动合同。